生命，因阅读而美好！

1683

维也纳之战

哈布斯堡王朝和奥斯曼帝国的生死对决

[英] 安德鲁・惠克罗夫特 著
黄美瑜 译

天地出版社 | TIANDI PRESS

图书在版编目（CIP）数据

1683维也纳之战：哈布斯堡王朝和奥斯曼帝国的生死对决 /（英）安德鲁·惠克罗夫特著；黄美瑜译. —成都：天地出版社, 2018.5（2020年4月重印）

ISBN 978-7-5455-3268-5

Ⅰ. ①1… Ⅱ. ①安… ②黄… Ⅲ. ①战争史—研究—欧洲—1683 Ⅳ. ①E509

中国版本图书馆CIP数据核字（2017）第248406号

THE ENEMY AT THE GATE by Andrew Wheatcroft

著作权登记号 图字：21-2017-658

1683WEIYENA ZHI ZHAN:HABUSIBAOWANGCHAO HE AOSIMANDIGUO DE SHENGSIDUIJUE

1683维也纳之战：哈布斯堡王朝和奥斯曼帝国的生死对决

出品人	杨 政
著 者	[英] 安德鲁·惠克罗夫特
译 者	黄美瑜
责任编辑	张秋红 沈海霞
装帧设计	罗四夕
责任印制	葛红梅
出版发行	天地出版社 （成都市槐树街 2 号 邮政编码：610014） （北京市方庄芳群园 3 区 3 号 邮政编码：100078）
网 址	http://www.tiandiph.com
电子邮箱	tianditg@163.com
经 销	新华文轩出版传媒股份有限公司
印 刷	长沙鸿发印务实业有限公司
版 次	2018年5月第1版
印 次	2020年4月第2次印刷
开 本	710mm×1000mm 1/16
印 张	19.5
字 数	255千字
定 价	55.00元
书 号	ISBN 978-7-5455-3268-5

咨询电话：（028）87734639（总编室）

购书热线：（010）67693207（市场部）

献给

德尼丝·古尔尼·惠克罗夫特

1914~2007

母亲，你使他胎化，是你成全了他的初始；
他是你的新生命，你把有爱的世界，
俯身射上初生的眼睛而抵拒陌生世界。

——里尔克《杜伊诺哀歌之第三哀歌》

（本译文摘自张索时译《里尔克的绝唱》）

序

1963年8月下旬，我第一次去维也纳，是在贝尔格莱德坐火车前往的[1]。出火车站不远，我找到一个昏暗肮脏的旅馆。我这辈子没住过那么糟糕的旅馆，可怕程度连塞维利亚的工人平价旅社都比不上，房间里臭虫、蟑螂横行。但我只住得起那间旅馆。其他垂头丧气的访客，带着以粗绳捆扎的卡纸板手提箱，来来去去，但都住不久。我则住了很久，因为我在隔壁街认识了一个好心的当地人，可以去他那里喝汤吃面包打发三餐，大概每隔几天，还能喝到一杯赎罪的涩味白酒。

1683年，在两百八十年前，前来围攻维也纳的奥斯曼大军，就在这个地点扎营。那是历史上土耳其人第二次围攻维也纳。1529年秋，第一次围攻时，他们就去过那里。当然，1963年时，已没有蛛丝马迹或回忆可追溯那两场恶战，而我也

1. 这班火车起于雅典，往西北蜿蜒而缓慢行驶。

几乎未听人谈起它们。能见到的，就只是更近一场攻击留下的痕迹。1945年，苏联红军部队与纳粹武装党卫军打了十二天的巷战，最终于4月13日拿下了维也纳。十八年后，我仍可在一栋公寓大楼的高处，见到当时留下的累累弹痕。

在那几个月前，我在马德里人文学院后面停车场墙上，见到一样的痕迹；在我们上课的那些房子里，共和派曾拼死奋战，逐楼撤退，最终击退了佛朗哥将军非洲兵团的追击。这是1936年初冬的故事。在维也纳见到那些弹痕，让我一阵战栗：我知道它们的来历。即使已距那段历史很遥远，此刻我沉浸在生机勃勃的维也纳饮食、艺术、音乐、文化中，当下的感觉也与一般人无异，但我还是有种不安——对战争、暴力、生死搏斗的不安。

我祖母曾是奥匈帝国的子民，对1908年之前的事，怀有浪漫回忆。满怀祖母所灌输给我的那些回忆，十八岁时的我觉得维也纳并不迷人且让人有点失望。但那些弹痕累累的墙——在有些地方那就像张丑陋的大麻脸——却在我脑海中久久挥之不去。第二次来时，我至少对1683年土耳其人围攻市中心的事有所了解。约翰·斯托的《维也纳攻防战》是我的旅游指南，当年（1946年）才出版不久。我每天沿着同一条路线，在市中心穿街过巷，试图将1683年所发生的事与该区矗立的建筑串联在一块。城里大部分地方的街道布局与1683年时大同小异，但这时（还未列为世界遗产之时），已没有标记或牌匾可诉说数百年前所发生的事。

我很快设立了自己的地标：一家贩卖美味新鲜腊肠外加一碟泡菜、一份亮晶晶马铃薯沙拉的肉品店；一间供应平价好葡萄酒（9、10月时最佳）的破旧酒吧。后来，我搭电车到城外格林津的葡萄酒村，或搭火车到克洛斯特新堡大修道院附近的酒馆，找到更好喝的葡萄酒。接下来的几十年，我那些常去的老地方渐渐消失，即使没有其他欧洲城市消失得那么快。而20世纪80年代地铁的建造——那是在一个世纪前拆除旧城墙、建造环城大道之后，维也纳最浩大的市政工程——标志着1914年前旧世界的终结。

事实上，这反倒促成了旧世界重见天日。原以为已拆掉的旧城墙和城堡，其实仍存在于这座19~20世纪的新城之下，至少仍存在痕迹和基础。这本书完成前的几个月，我告诉一友人，在国家剧院附近有人在挖掘。工人挖地基，以便建造新办公大楼，结果挖出像是旧拱顶的东西。墙与瓦砾的颜色古怪且淡，我不确定是砖造还是石造。他说他知道我看到的是什么——维也纳城墙。19世纪50年代起，环城大道工人将城墙一块一块拆下，拆到地面下一点点时就停手，以便为这道路工程留下坚实的地基。因此，如果你知道去哪里找的话，维也纳城墙，或者是该城墙的残余，仍在原处，一如俄罗斯人进攻该城墙留下的痕迹在1963年时仍在原处一样。[1]

知道历史事件在哪里发生很重要。四处看看是不错的选择，当地地理景观往往已不复原貌。在这段历史于笔下渐渐成形且日趋成熟之时，我另外去了一些战场和其他可凭吊历史的遗址。事实上，那些地方多是历史不明之地。在那里，没有人知道早被遗忘已久的战役曾在哪里开打，甚至没有人讲得出那些地名。有时我运气较好。在今天的奥地利、匈牙利交界处，莫格斯多夫村附近的圣哥达之役的遗址上头，有座小丘俯瞰战场。当地一位热心人士和村民，在小丘上盖了座小型纪念馆。[2]那场战役是莫格斯多夫村最重大的历史事件。[3]但那纪念馆所记录的，只是漫长复杂历史中被割离的一刻，也很难看出来龙去脉。

因此，这不是容易理解的历史。由于某种恐惧（我主要的研究课题）一样短暂且难以捉摸的东西作祟，我不清楚什么东西会是重要又有用的。后来多亏有研

1. 这位友人是克里斯多夫·杜菲（Christopher Duffy），对围城和围城战法的了解无人能及。人们为建造地铁而往更深处挖，挖出许多更古老的手工制品。

2. 我想，这是因为得到了州立博物馆的宝贵建言。

3. 在河边平地上还有一大理石十字架和大理石牌匾。

究奥斯曼和匈牙利历史卓然有成的历史学家帕尔·福多指点，我才了解为何会有这样的事。有一天，在布达佩斯，走出科学院时，他告诉我，对于在奥斯曼和匈牙利境内发生的许多可怕之事，我们知之甚详。我们可能知道某种暴行在哪里发生；甚至可能知道谁受害或他们的遭遇。但这些可怕之事，都未能创造出适用于所有类似情况的一般概念与一贯说法。每件事都是独一无二的，除非我们能切实提出那事的普遍之处。[1]历史一团乱，乱得叫我们吃惊。

我在无意间走进了一块辽阔而只有局部耕耘的领域，关于15、16世纪的历史，已有大量优秀作品问世，而关于17世纪的则很少，关于18世纪的几乎没有。[2]因此，我把焦点放在这段较晚的时期，以1683年维也纳攻防战为核心，直到哈布斯堡和奥斯曼土耳其这两大帝国冲突的最后时期为止。[3]为使本书看上去不会那么冗杂无序，我不得不略而不提这场对抗奥斯曼帝国的战争中其他的参与者，不得不舍弃有关维也纳的人物与在伯罗奔尼撒半岛、岛屿、地中海所发生之战役的资料。有关克里米亚半岛和俄罗斯往东扩张、最终将势力伸入中亚诸汗国的资料，也有很大部分没有提及。对于中国的部分，我也是百般不舍地被迫割舍。[4]

1. 2005年9月5日到匈牙利科学院。

2. 维吉尼亚·阿克桑（Virginia Aksan）的不凡之作《奥斯曼战争》（*Ottoman Wars*）是例外。此作深入探讨了奥斯曼帝国，但有关哈布斯堡王朝的部分，不得不依赖二手资料。

3. 以维也纳攻防战为题的英语著作，有两部属于上乘之作，一是约翰·斯托（John Stoye）的《维也纳攻防战》（*The Siege of Vienna*），一是汤马士·巴克（Thomas M.Barker）的《双鹰和新月》（*Double Eagle and Crescent*）。两书都从攻防战开始之前说起，而以该战结束时告终。

4. 17世纪之前，西方人口中的东方，主要指欧洲东边、南边的伊斯兰地区；中国通常被称作契丹（Cathay）或鞑靼地区（Tartaria）。对东方的恐惧，并非只与伊斯兰有关。13世纪蒙古人横扫欧亚，引发欧洲人恐惧，10世纪时似乎势不可挡的马扎尔人也曾引发欧洲人恐惧。在更早，有中亚部落民族匈奴人西迁的恐怖故事，如爱德华·吉本在《罗马帝国衰亡史》里所记录的阿提拉风暴和阿瓦尔人的天生勇武。从18世纪的吉本到20世纪的斯宾格勒的《西方的没落》，一直不乏以吉本笔下人类史上最可怕且或许最壮大的场景为主题的著作。

就奥斯曼、哈布斯堡后期的军事对抗来说，最新的原始资料，仍是那些写于19世纪的资料。这场圣战曾占据历史舞台的中心许久，但到了圣战晚期，该圣战已跌出历史中心的舞台。第一次到维也纳的几年里，研究之路未把我引向17世纪的军事史，而引入了9、20世纪的军事史。经过档案室的整理，重点将奥地利放置于国际武器买卖者的角色，我在施泰尔小镇埋头查询当时的航海日志和存货清单，度过了愉快的几个星期。在那里我去了维也纳战争档案馆的密室数次。但一直以来，在许多史料里，都潜藏着某种未明言的恐惧：恐惧竞争者或对手会取代匈牙利帝国；恐惧未做好准备，恐惧科技落后，技不如人。最后，当我转而探讨其他哈布斯堡的主题时，仍察觉到这股几乎未曾消失的隐隐焦虑。那焦虑从何而来？

大部分书籍需要在正文开始前预为解说。首先，我得益于一些学者的研究，也就是说，我的想法承袭自某些学者。我想写这本书想了很久，但若没有罗兹·默菲的《奥斯曼战争，1500~1700》在1999年出版和卡罗琳·芬克尔的《奥斯曼的梦想：奥斯曼帝国史，1300~1923》在2005年出版，这本书不可能写成。当代出版品对于土耳其人那种根深蒂固的负面看法，我从来不信。我可以说明这些负面观点如何通过书籍、小册子、绘画，甚至茶杯和瓷砖，在西方世界一个接一个滋生，但我提不出另一种看法。默菲和芬克尔摒除了某些刻板观点，更重要的，他们也缩小了双方在战场作为上实际的差距。西方作家认为土耳其人的行径超出人类正常范畴，他们残酷、好色、受盲目信仰的不断驱策，因此，在他们笔下，土耳其人无异于人格变态的民族，奥斯曼帝国几乎不可能有别的行径，例如人道行径。但其实这一形象根本与实情不符，从法医学角度得到的证据也一再表明那些刻板看法不实，这种情况令人不安。

另一位对我思想有所启蒙者，是奥地利社会人类学家安德烈·金格里奇。大部分资料和我对历史事件的较深入研究，都不适用于任何思想架构。金格里奇将对西欧以东的地区所发展出来的观念——从该地区的民族和文化所发展出来的观念，称作边境东方主义（frontier Orientalism）。我尝试以这概念去解读我的资料——那些资料前后涵盖的时期，比金格里奇原本所描述的时期长得多。这概念给了我一个基本模板，让我可将一个个证据像拼图一样拼出完整面貌。我想未来历史学家会发现边境东方主义是个无限好用的概念。

本书并非根据原始手稿写成（只有一两处例子用到原始手稿），而是根据16~18世纪出版的资料写成，这些资料来源于那个时代对此历史事件的知情者。那些是我已研究了二十几年、至今仍在研究的资料。如今，我仍在挖掘遭埋没的历史，并正在改变对研究过之资料的看法。偶尔，我们无法得知别人如何形成其看法，但我们可以了解资料如何呈现在他们眼前。自15世纪迄今，情况改变不大，一如你手上这本书，有人决定将其出版，希望从中获利。而有些书、小册子的印刷出版则是出于别的动机，但我所用过的资料，大部分都属于营利性质。它们是待卖的产品，而印刷业者（当时的出版商）努力使它们尽可能为潜在顾客所买走。促销的关键手法之一，就是替它们配上雕版书、木刻版书插图。在识字率较低的年代，这招特别管用。

想要了解某书是否大卖，方法之一是查明印了几版，在市场上卖了多久。如果某书出版了别的语言版本，那书想必又得到了新一批不同的读者。我们需要慢慢查探这些网络。有些书本催生了为整个欧陆人民所信持的看法。英国人保罗·莱科特的著作，已出版多版且被译成了法语（两次）、荷兰语、德语、意大利语、波兰语、俄语；维也纳被围期间一直住在城里的律师约翰·彼得·冯·费尔克伦，写了一本小书，于1684年在布鲁塞尔出版了法语、拉丁语两种版本，在林茨出了德语版，在维也纳、威尼斯、那不勒斯出了意大利语版，在克拉科夫出了波兰语版，在伦敦出了英语版。还有一些书只是剽窃一些已出版书籍的内容，挂上不同书名出版。手写稿是最常见的传播方式，但传播范围相当有限，而印刷书、木版书或雕版书、小册子，则是为了更大规模销售而问世的东西，是可买卖的商品。从这角度来看，后人所收藏的印刷书珍本上的记述，往往比大档案馆所收藏之手写稿的内容更能揭露大众的态度和看法。

如何才能理解真正发生的事？可以用华丽的文明冲突（与失败）思维模式来检验，结果头一次检验证据，模式就不管用。比如审视“穆斯林衰落”这观点：从中世纪初期几场大胜之后，穆斯林就踏上了漫长的江河日下的路程。但我也不觉得这观点站得住脚。本书用了不同的措辞。我所谈及的是（奥斯曼）土耳其人，而非穆斯林。奥斯曼帝国是非常虔诚的穆斯林国家，但除了奥斯曼帝国的伊斯兰文化，他们还有明确的突厥语文化传统。近来，历史学家避用土耳其人一词，原因是奥斯曼帝国认为土耳其人是乡巴佬，觉得被叫作土耳其人是一大侮辱。事实也的确如此。但在这同时，他们也自豪于自己是土耳其先祖的出身。再怎么说，来自突厥语族的认同，为凯末尔的新国家——土耳其共和国——提供了一种意识形态。

哈布斯堡王朝在偶然间成为奥斯曼帝国在西方长久的死对头。波兰人、匈牙利人也各自有一段与奥斯曼帝国冲突的历史，那是与哈布斯堡、奥斯曼帝国冲突史有所不同且同样重要的历史。但奥斯曼、哈布斯堡的对抗，是两个帝国的对抗，双方都想取得某种支配和管辖权。两者共通之处较多。这两个古老帝国，在第一次世界大战后灭亡，但在灭亡的许久之前，就老朽不堪（在其竞争者眼中）。老朽不堪的认知、古老过时的仪式、19世纪末期对他们老态龙钟、看笑话式的包容，这些不只在1900年时不符事实，且还歪曲了他们的历史。本书以两者历史开始合流之时为开头，以两者不再相互杀戮之时作结。战争能揭隐发微，诊出弊病，就像具有折射力的棱镜，能将错综复杂的问题分解为各自的基本组成。

它帮助历史学家提出（并回答）以下问题：奥斯曼政权为何落败？奇怪的是，失败的哈布斯堡政权，却没有被以同样问题如此追根究底地质问。[1]本书不是部军事史，重点其实在探索社会如何应对挑战。若欲了解那段历史，套用约翰·基根那个振聋发聩的观点：我们得了解奥斯曼帝国的“战役之面”（face of battle）。

最后，有个麻烦的术语问题。同一个地方或事件，有时会有德语、土耳其语、匈牙利语、克罗地亚语或塞尔维亚语的不同名称。从头到尾使用其中某种名称，不可避免会让人有站在某一方的想法。但为了让读者阅读方便，名称不得不有所统一。我大部分使用今日通行的名称（但有一些例外）——某些名称用捷克语或斯洛伐克语的说法，其他名称用德语、匈牙利语、保加利亚语、罗马尼亚语、克罗地亚语或土耳其语的说法。对于国际知名事件，例如战役或条约，对于在英语里有不同拼法的当地地名（例如维也纳和慕尼黑），我均使用英语说法。书中提到匈牙利人名时，先名后姓，以避免对匈牙利人造成困扰（匈牙利人名原本是先姓后名）。我也自然而然使用土耳其、奥斯曼，一如17、18世纪那么自然地使用这两个字眼。拘谨的奥斯曼人，现仍在世者必然已不多，但我还是希望这不致冒犯到他们。

1. 诺曼·斯通（Norman Stone）是例外，他在《东战线》（*Eastern Front*）中特别解释了失败的深层根源。

目 录 | CONTENTS

导论：源于东方的恐怖

在《罗马帝国衰亡史》第十五章，爱德华·吉本写道："追索六百多年来君士坦丁堡与日耳曼旋起旋灭的诸皇帝之后，现在我来到……这希腊王国的东界。"他描述了那位阿拉伯先知的才智，讲述了"他所创宗教的精神"如何导致这东方帝国的衰亡。吉本断言："我们满怀好奇，目不转睛注视着一场叫人难以忘怀的革命，一场已将恒久不消的新性格烙印在地球上诸国的革命。"

但阿拉伯人占领这块穆斯林疆域差不多三百五十年，[1]其范围最大时，从阿拉伯半岛往西绵延到大西洋，往北进入中亚沙漠。后来来自东方更远处的民族将其取而代之。关于这民族的发祥地，基督教、伊斯兰教的传说一致。那是一块被两位巨人国王果戈、马果戈统治的土地，那是个境内山区布满可怕凶残战士的王国，且那些战士多如海沙（《圣经·启示录》第二十章第八节）。世界英雄亚历

1. 伊斯兰倭马亚（Ummayad）王朝统治西班牙更久，但阿拉伯世界早已分崩离析。

山大大帝造了一道只开了两座大铁门的大墙，使文明世界免遭他们的蹂躏，西方因此得以免去一场浩劫。

这传说既可见于《古兰经》，也可见于公元6世纪用希腊语写成的《亚历山大传奇》。我们可以从历史根源理解这一传说。在中国的确有为防范游牧民族入侵而建造的大墙（长城），成为蛮族一波波往西迁的理由。亚历山大的防御土墙和铁门是虚构说法，但在当时看来不无可能。[1]来自东方的恐怖，源于草原的游牧土耳其人。他们先是进入波斯文明的世界，从而征服拜占庭帝国，最后推进到东南欧境内。在某一点上，阿拉伯人为西方人所熟悉，而土耳其人则充满神秘。罗马人已知道阿拉伯半岛，并将该地划分为肥沃阿拉伯与沙漠阿拉伯，在地图上标出阿拉伯半岛。但安息、波斯以北的广大东方地域，远非西方人所知。

对罗马来说，这些东方民族全是锡西厄人，他们骑着一身粗毛的小马，不怀好意，四处劫掠，人数多得数不胜数。吉本在书中写道：

突厥人，是第一次十字军东征主要讨伐的对象。他们在公元前6世纪建立的锡西厄帝国早已是明日黄花，但他们的名号仍为希腊人和东方人所熟知；锡西厄族分裂出的各部，个个都是强大而自成一体的族群，散居于从中国到乌浒河[2]、多瑙河之间的沙漠：匈牙利人的殖民地获准加入欧罗巴共和国，而亚洲多国的王位遭突厥裔奴隶和军人拿下……这些北方牧人布满波斯诸王国：他们的塞尔柱族王公建立了一个庞大而强固的帝国，版图从撒马尔罕延伸到希腊、埃及边界；突厥人一直支配小亚细亚，最后将其胜利的新月旗插在（君士坦丁堡）圣索菲亚大

1. 这故事已知有拉丁语、希腊语、西班牙语、英语、法语、德语、叙利亚语、亚美尼亚语、波斯语、阿拉伯语、希伯来语、科普特语、埃塞俄比亚语、塞尔维亚语、克罗地亚语、捷克语、波兰语等版本。

2. 乌浒河，为今日所说的阿姆河，希腊名字Oxus的汉代音译为妫水，唐代音译为乌浒河。

教堂的圆顶上。

2005年夏，伦敦皇家科学院办了突厥人文物展，展名“千年日志”，文物涵盖年代从6世纪到17世纪。看过展出的奇特文物，包括雕刻、绘画、（顶柱过梁与挑檐之间的）雕带、装饰物、青铜门，立即就会了解，这许多突厥语部族有着共同的文化。这不单纯是伊斯兰文化（突厥语族10世纪才开始接受伊斯兰教），他们还把许多旧民间信仰的残余带进新信仰里。或许因为吉本的影响，我们把阿拉伯世界视为永恒的存在，视为伊斯兰的发电厂和心脏。但11世纪时，阿拉伯人已失去支配地位和活力。阿拉伯学术在知识界无疑仍举足轻重，特别是在科学、数学、发明方面，但维系穆斯林文化于不坠，这时靠的是土耳其人。

伊斯兰对突厥语族的影响极其剧烈且深刻，但此前突厥族群里残存的社会、文化模式，并未因此被完全抹除。从实际层面（而非神学面）来看，伊斯兰传播到许多地方后，因地制宜而有许多局部变异。突厥人，一如中亚所有民族，在中国文化区边缘壮大，从他们许多古老的手工制品可清楚看出这点；相对的，阿拉伯文化在希腊世界边缘壮大，伊斯兰诞生前，阿拉伯半岛上有许多基督徒聚落和犹太基督徒聚落。突厥人是后来才进入西亚，与位于地中海边缘的诸文化——阿拉伯、希腊、罗马文化——共通之处极少。进入中东的突厥人拥有特色鲜明的双重传承：首先，他们自认祖先是神话人物乌古斯可汗和存在更早的诺亚；其次，他们自认于11世纪起以穆斯林身份得到重生。若要理解奥斯曼帝国，就得理解这一复杂的双重特质。

本书首先探讨了欧洲对土耳其人的恐惧，然后，在结尾处探讨了恐惧本身。欲了解这个过程，就得知道土耳其人并非是在1453年突然蹦出来的。在那将近四百年前，土耳其人已进入欧洲人的记忆，而且我们可以精确标出何年何月何日在何地：1071年8月19日，安纳托利亚高原东部凡湖附近的曼齐刻尔特战役之后。卡罗尔·希伦布兰德（Carole Hillenbrand）不但使今人对十字军东征时期的看法改变，并且明了曼齐刻尔特之役真正的意义和其在历史上的影响。目睹该役的历史学家迈克尔·阿塔莱克斯（Michael Attaleiates），理解到战争的强烈冲击：

那就像场地震：喊声、汗水、猛然涌上心头的恐惧，还有漫天烟雾与骑马包围住我们的土耳其游牧民族。那场景真是惨烈，无法形容……帝国军队全部溃逃……整个罗马国遭推翻。

土耳其人分数个阶段进入西亚。最初以奴隶或佣兵的身份进入。塞尔柱土耳其人（曼齐刻尔特战役的胜利者）继续挺进，攻下耶路撒冷，促使罗马教皇乌尔班二世呼吁东征，而有了1096年第一次十字军东征。其他土耳其人，即为阿拉伯统治者效力的奴隶兵，起兵反叛，建立了统治埃及的马穆鲁克苏丹国（1250~1517）。继马穆鲁克王朝之后入主埃及的，又是一批土耳其人，即奥斯曼帝国。奥斯曼人当权，建立了兼具突厥语族特色与伊斯兰风格的政权，而该政权统治的地区，最终和罗马帝国一样广阔。

在奥斯曼土耳其人于1453年进入欧洲之前，视土耳其为基督教世界之敌的想法就已出现。匈牙利是消息西传的渠道之一。12世纪时，匈牙利国王和君士坦丁堡的政治活动已有密切联系。他们通过联姻和共同利益与拜占庭帝国紧密结盟。曼齐刻尔特兵败的消息，以及近一个世纪后（1176年）拜占庭在西安纳托利亚的米里欧塞法隆再度兵败的消息，都是经匈牙利传到西方的。匈牙利国王贝拉三世曾在君士坦丁堡受过教育，他派兵参与了1176年那场落败的战役。当时甚至有让拜占庭、匈牙利两王国合而为一的计划。1180年3月，拜占庭皇帝曼努埃尔·康尼努斯的儿子阿历克赛[1]，通过代理人与法国国王的公主成亲，因而有了将消息传往东方的第二渠道。

曼齐刻尔特之役，西欧得知东方有日益壮大的土耳其势力。那场仗的四百年后，法国画家梅特·德·罗汉为薄伽丘《名人的命运》画了数幅小型画，其中一幅呈现了拜占庭皇帝狄奥根尼·罗曼努斯遭塞尔柱土耳其领袖阿尔普·阿尔斯兰俘虏的情景。在他笔下，土耳其人身穿西方金属盔甲，他虽然不知土耳其人的盔甲长什么模样，但他至少知道土耳其人佩戴的是与欧洲笔直大刀大不相同的弯马刀。画的下半部，拜占庭皇帝趴在地上，作为阿尔普·阿尔斯兰上马的脚凳。

塞尔柱人进入安纳托利亚之后，有几个小土耳其部落跟着进入，奥斯曼人（Ottomans，意为奥斯曼之子）是其中之一[2]。1324年，奥斯曼之子奥尔罕是塞尔柱人扈从，那是随时可能不保的边疆职务。但人称“加齐”的奥斯曼人（gazi，疑是打击异教徒的伊斯兰圣战士）逐渐壮大，与拜占庭展开了几场规模大小不一的战斗，除了以骁勇善战令敌人刮目相看，还逐渐扩张了领土。信奉东正教的拜占庭人与信仰穆斯林的奥斯曼人之间的往来，很快变得更为直接。1346年，奥尔罕娶拜占庭皇帝约翰六世的公主为妻。1352年，奥斯曼人受邀为皇帝驻守位于马尔马拉海欧洲一侧的加里波利。1360年，奥斯曼人在欧陆拥有的土地，已多过在亚洲的土地。同年，他们将首都迁到阿德里安堡，并将该城改名埃迪尔内（位于巴尔干半岛上，今希腊、保加利亚边界附近）。

奥斯曼人进居安纳托利亚西北部不到四十年，实力虽仍不如拜占庭，但已使情势翻转。这时，君士坦丁堡担心它好战的邻居土耳其进攻。内陆的基督教公国也一样，例如波斯尼亚、阿尔巴尼亚、塞尔维亚；许多基督教公国琵琶别抱，把

1. 他后来被其堂兄安德罗尼科（Andronicus）下令绞死。

2. 埃特格鲁尔（Ertegrul）是奥斯曼王朝的创建者。

新登基的奥斯曼苏丹穆拉德一世，而非衰弱的拜占庭人当作最高王子。1389年，穆拉德和其基督教藩属，在科索沃玻利耶原野上大战塞尔维亚国君拉扎尔，结果击败对方。但战事方酣之际，苏丹遭一名伪称改信伊斯兰的基督徒杀害，塞尔维亚人落败后，作为报复，拉扎尔遭到处决。西欧人很快得知在东南欧山地地区（奥斯曼土耳其语称此地区为巴尔干），有一新兴强权。科索沃之役两年后，土耳其人进抵多瑙河，攻占尼科波利斯，而此时欧洲人发动十字军予以回应。

1396年的尼科波利斯十字军，组织凌乱，领导无方，以惨败收场。但对欧洲带来最大冲击的是这场战役的后续影响。让·德·佛罗萨尔特在其《编年史》第四卷，描写了战后奥斯曼苏丹为了报复法国人屠杀奥斯曼俘虏，下令处死了诸多贵族俘虏。在佛罗萨尔特某一版的著作中，有幅小型画描绘了被砍头的尸体在苏丹面前越堆越高。苏丹希望借此警告敌人反抗他的下场。在洛克曼所写的16世纪奥斯曼宫廷史里，那幅水彩画，如佛罗萨尔特，将土耳其人描绘为可怕的敌人。奥斯曼人在1453年攻占君士坦丁堡时，他们那杀人如麻的残酷形象，已形成将近三个世纪，并在此期间日益深植欧洲人心。这份恐惧的根源，可追溯到更远的1071年夏天曼齐刻尔特战场上，且因为太久远，而让人忘了那根源。但那份恐惧从未被人遗忘。

有条从君士坦丁堡穿越到巴尔干山区的古罗马军事驰道，抵达多瑙河畔的贝尔格莱德，也就是罗马人称的辛吉杜努姆。沿多瑙河往上是布达城，即罗马人称的阿昆库姆，更往上游则是维也纳，以及罗马人称的温德博纳。罗马帝国灭亡许久之后，身为罗马人的观念仍未消失，而罗马人长久统治所留下的具体证据，例如铁门附近横跨多瑙河的图拉真桥残柱，仍诉说着罗马帝国曾有的光荣。巴尔干、匈牙利的基督教诸国和奥斯曼帝国，都自认是罗马光荣历史的继承者。奥斯曼人，一如塞尔柱人，认为他们已凭借战争征服罗马帝国，他们深信，罗马帝国已成为他们继承的财产。在《欧洲史》中，诺曼·戴维斯提到穆拉德大胆僭称罗马苏丹，此后直至奥斯曼帝国于20世纪覆灭，历任苏丹都以此头衔自称。1453年征服君士坦丁堡时，穆拉德的后代，外号“征服者”的苏丹穆罕默德二世深信，他在亚欧两地恢复了东罗马帝国（奥斯曼土耳其语所称Rum）的统一。奥斯曼帝国认为西方的神圣罗马皇帝篡夺了理当属于他们的头衔。在他们眼中，哈布斯堡家族只不过是奥地利公爵，或顶多是个小国君。他们彼此都以罗马帝国的正统继承者自居，这一耐人寻味的现象使这两个王朝之间的对抗日益激烈。哈布斯堡王朝深信他们的职责是往东恢复罗马版图，因为耶路撒冷国王是他们尊贵的头衔之一；奥斯曼帝国则深信，以君士坦丁堡为基地往西收复罗马帝国，是他们的天命。这加剧了（或毒化）双方的对抗。

东西方间这场决定性的搏斗，根源在于双方都自称是已灭亡许久的罗马帝国的继承人。以现实政治、经济对抗或意识形态（宗教信仰）对立为基础所提出的解释，表面上看或许较说得通。但在15世纪的时空环境（这场东西方对抗开始时的环境）下，这场东西方对抗是重大议题。奥斯曼人和哈布斯堡王朝都是新掌权，都根据自己家族的古老渊源，合理化统治地位。他们所精心拟出来的世系，都把祖先溯及诺亚和更古老的人物，那些固然是虚构的。哈布斯堡家族是从奥地利大公腓特烈四世，在罗马由教皇尼古拉五世，以查理曼皇冠加冕为神圣罗马皇帝腓特烈三世后，才展开其世代为皇帝的漫长历史。加冕日为1452年3月16日。就在那一年后的1453年5月24日，年轻苏丹穆罕默德二世攻下君士坦丁堡。这时，腓特烈三世虽有皇帝头衔，却已无实权，奥斯曼人则正迅速成为东方的军事霸主。

双方的对抗并未立即展开，因为在哈布斯堡王朝的腓特烈三世和奥斯曼苏丹穆罕默德二世各取得罗马皇帝这个至高头衔之时，仍有个强大的国家阻隔在他们之间。在维也纳与君士坦丁堡之间，坐落着匈牙利王国，该王国统治者，是名叫约翰·匈雅提的川西瓦尼亚贵族，他是当时最能征善战的将领之一。因身穿极为光滑而亮如白银的盔甲，一般人称他“白骑士”。攻占君士坦丁堡的三年后，穆罕默德出兵攻打贝尔格莱德，结果在1456年7月被打得溃不成军，而击败他者，就是匈雅提统御有方的军队。但此战之后三个星期，白骑士死于瘟疫，他的次子，最终继承他王位的马提亚·科维努斯，只有12岁。

1458年，马提亚才被推选为匈牙利国王，他在位的32年间，匈牙利版图一直往东、往西扩张：哈布斯堡王朝和奥斯曼帝国都不敢撄其锋。但他1490年他去世后，匈牙利就国力大衰。16世纪10年代，哈布斯堡王朝与奥斯曼帝国首度正面交手。两位年轻而又野心勃勃的统治者终于上场较量了。

1519年1月，神圣罗马老皇帝马克西米利安一世去世，由其孙子哈布斯堡家族的查理继承了勃艮第、低地国的肥沃土地。马克西米利安死后，查理又继承了哈布斯堡王朝在奥地利、日耳曼的土地。隔年，奥斯曼帝国拿下黎凡特、埃及、阿拉伯土地的苏丹塞利姆一世去世之后，由其独子苏莱曼一世接位。[1]

塞利姆在位时已自封“天下征服者”，他儿子则决意成为名副其实的“天下征服者”。苏莱曼比查理大6岁，两人都有称霸天下的使命感。苏莱曼曾致函波兰暨立陶宛国王西吉斯蒙德一世，称自己统有广大土地，自称帕迪沙（即万王之王），统有白海（地中海）与黑海，统有鲁梅利（即罗马人土地）、安纳托利亚、卡拉曼，统有杜尔卡迪尔、迪亚巴基尔、库德斯坦、亚塞拜然、波斯、大马士革、阿勒颇、埃及、麦加、麦地那、耶路撒冷诸省、整个阿拉伯半岛、整个也门，还有他伟大父亲和诸位伟大先祖以摧枯拉朽之势征服的许多土地。

1. 塞利姆将天命亲传给苏莱曼：事实摆在眼前，我将如亚历山大大帝统治东、西方……我是国王，我的父王已经历二十代国王一脉相传下来。

查理则在更早年前用各种称号申明他的显赫：罗马王，未来皇帝，永远的奥古斯都，西班牙、西西里、耶路撒冷、巴利阿里群岛、加纳利群岛、大西洋彼岸的印度地方（即西印度群岛）和大陆的国王，奥地利大公，勃艮第、布拉班特、施蒂里亚、卡林西亚、卡尼奥拉、卢森堡、雅典、帕特拉斯的公爵，哈布斯堡、法兰德斯、蒂罗尔的伯爵，在勃艮第、埃诺、普费尔特、鲁西永诸地享有王权的伯爵，亚尔萨斯的领主爵，斯瓦比亚的伯爵，亚洲与非洲之主。

其中至少有三个地方（耶路撒冷、雅典、帕特拉斯），由苏莱曼牢牢掌握在手。明显可见的冲突区，将会是地中海，以及随时可接收的庞大匈牙利王国境内地区。匈牙利年轻国王——波西米亚暨摩拉维亚的国王、克罗地亚与达尔马提亚的受推选统治者——缺乏其东邻、西邻两大强权的资源。奥斯曼帝国攻打匈牙利时，欧洲将不会再发动十字军前来救援。

在当今宗教与政治脱节的时代，有人可能会觉得，在苏莱曼一世准备发动征讨大业时，宗教因素在基督教世界与伊斯兰世界的斗争中所占的比重并不大。但哈布斯堡与奥斯曼的较量是信仰的对抗：查理五世是基督教世界的领袖（最终由教皇亲手加冕予以加持）。苏莱曼则是穆斯林世界大部分人马首是瞻的领袖，是麦加与麦地那两圣地的守护者，先知穆罕默德之象征性宝物的持有者。他晚年在伊斯坦布尔（君士坦丁堡）的苏莱曼清真寺，命人刻下了如下语句：

> 苏丹苏莱曼已接近真主，接近威严、全能之神，接近万邦林立之世界的创造者……苏莱曼是他的奴仆，因拥有神力而全能，苏莱曼是哈里发，因拥有神光而璀璨耀眼，他履行隐藏之书的命令，在所有可居住地区执行该书的敕令：在全能之神和他攻无不克的军队协助下，征服了东方与西方，统辖世上诸王国……

双方无可妥协。查理五世告诫其儿子西班牙腓力二世，决不可割让哈布斯堡寸土之地：如果你的先人，承受天恩，坚守不退……那么你应信任上帝会帮你守住你所承继的一切。

1521年，苏莱曼承继大位一年后，重启塞利姆的征讨大业。但他未用兵东方，而是攻打他的曾祖父“征服者”穆罕默德二世在1456年未能攻下的地方。年轻的苏莱曼率领其军队走出都城君士坦丁堡，然后往北进军，抵达多瑙河和贝尔格莱德的白要塞（基督教世界的前卫堡垒）。这一次没有人来救匈牙利，1521年8月29日，白要塞落入苏莱曼军队之手。五年后的1526年，苏莱曼在莫哈奇之役大败匈牙利军队，1529年夏末，他的军队来到维也纳城墙外。奥斯曼与哈布斯堡的搏斗持续了两百五十年，其余波荡漾至今未歇。

第一部

试图把过去和未来折散、

解开再拼凑为一，

在午夜与黎明之间，当过去已成为一场欺骗，

未来成为没有未来，在四更之前，

时间停歇而时间又没有尽头之时……

——艾略特《干燥的萨尔维吉斯》

第一章

战斗号令

1682年8月6日晚上，苏丹穆罕默德四世的园丁在伊斯坦布尔托普卡帕宫的皇门旁挖了一道窄沟，然后插上七根如手臂粗的鲜红色长杆，杆子上段精雕细琢且镀金，从杆顶圆球垂下一束涂上颜色的黑色马尾。这些马尾是奥斯曼土耳其人的先祖——草原战士——的古旗，土耳其语称之为图格[1]。平常它们存放在该宫深处的珍藏室，但一旦搬出珍藏室，插在宫门前，代表的意义就再清楚不过。穆罕默德四世——众汗之汗、伊斯兰信士的指挥官、帕迪沙、战士之子、战士之友——将其图格插在其营帐前，准备出征。将要打的仗可能只是场夏猎，但出征仪式仍具有深层涵义，那天晚上发出了洪亮的战

1. 他们体现了马尔萨斯笔下锡西厄与草原游牧民的野蛮和破坏精神，而奥斯曼人据称就是这些游牧民的后裔。

斗号令[1]。

1682年夏末，一场大战蓄势待发。决定性会议在皇宫第二殿的小会议室召开。会议持续期间，没有人提出异议：苏丹宰相、梅尔济丰的卡拉·穆斯塔法，让反对他者全部都闭嘴。会议决议，奥斯曼军队西征以维也纳为都城的哈布斯堡王朝，最重要的是大军要由苏丹本人亲自统率。苏丹将统率帝国全部兵力征讨敌人。在这之前，穆罕默德就曾率军北征，为帝国扩张版图；他的御驾亲征，可能只是名义上而非实质上，但象征意义十足。从图格旗插于地上那一刻起，复杂的出征仪式就开始了。

首先，两洲之王，如游牧远祖，在君士坦丁堡（或1682年时已为人知的伊斯坦布尔）的三重拜占庭高墙外的不远处，设立他的战营。一小队工人开始将一块高低不平的牧草地，整修为没有石子或其他障碍的完美校阅场。那块地，人称彻尔佩奇草地，平常只有山羊和绵羊光临。不久，皇家扎营队和帐篷建造队的四轮货运马车开始抵达，数百名壮丁开始根据严谨的平面图搭设御用营地。在营地中心则是苏丹的营帐群，再往外是宰相的营帐群，然后是军队指挥官的营帐群，最后是供随苏丹出征的宫中人员、朝中小官居住的营帐。营帐工人最后会沿着林立的杆子拉起一张绣有图案的布幕，围住苏丹营区里红褐色的营帐，象征性将该营区与外面的营区隔开，一如托普卡帕宫的城墙将皇宫与伊斯坦布尔的喧嚣隔开。

对西方人来说，战营让人想起仓促搭设在行军路线上肮脏、杂乱的简陋野战营地，营地里尽是吵闹而危险的恶棍。但奥斯曼帝国营地却是完美的城市，用细平布、帆布、丝、织锦、绣制品搭成，而非用砖石砌成。在这一世纪前，有位派驻君士坦丁堡的哈布斯堡王朝大使，就以自嘲口吻论道，“凡是了解我们营地情

1. 根据某些原始资料，是否已有开战的打算，无法确定，但有两次插上苏丹马尾旗后，都发生了战事，一次是1663至1664年施蒂里亚边界上的战役，一次是1672年波兰境内的霍京（Khotin）战役。

况的人，都会难以相信这样的事，但事实摆在眼前，（土耳其人营地）处处都是很安静……安静到了极点，没有粪堆或垃圾，没有任何难看、难闻的东西。”在伊斯坦布尔的英格兰人贸易公司当牧师的约翰·科维尔，描述了1675年在埃迪尔内，苏丹穆罕默德四世设于皇宫外的营地。那营地有将近六十顶帐篷，最大一顶帐篷中，有“一嵌有宝石、铺了艳丽针织物的王座，地板上和其他帐篷一样铺的是华丽地毯，帐内披挂艳丽织物。经由一廊道进入的第四帐，是苏丹的单人帐，帐内有一床，床头摆有一古兰经架”。

1682年迅速搭起的那个战营，外表与此大同小异。托普卡帕宫的设施，在这行宫里一样不缺。皇宫的所有职能，在行宫里各有权宜办法来实行。在伊斯坦布尔，苏丹和其贵宾可从司法塔俯瞰下方的群众，而在行宫，就仿该司法塔，以帐篷搭起塔状司法阁。司法阁近旁有一供执行仪式的帐篷，功能类似宫门旁那个场所。行宫里有供大小便、沐浴和举行洗礼的帐篷；有作为庆典厅、觐见室、更衣室的大帐；有供举行盛宴、娱乐的大帐，甚至有用来安放苏丹遗体的帐篷。1566年苏莱曼一世在匈牙利征战时去世，这样的帐篷就派上了用场。就连苏丹最心爱的马，也有专属的帐篷马廊。

奥斯曼人非常喜欢待在户外。苏丹或其他官员常选择在户外用餐，地点可能是宫中的露天庭院，或博斯普鲁斯海峡的海岸上，或城外的森林里。他们抵达用餐地点时，就会有一排帐篷搭好，食物、饮料摆好，到了晚上，这些为数不多的帐篷会点上数百盏小灯和灯笼。穆罕默德四世在世时，皇家扎营队和帐篷建造队有将近千人，住在城中心附近丑陋又破旧的皇宫里。在旧觐见厅和公用室里，会有数百人盘腿坐在地上，缝制新帐篷，替新帐篷绣上图案，或者修理旧帐篷。面积较小的储物室则塞满数千顶帐篷，大小从御用大帐到沐浴小帐不一而足，全都细心折好收起，帐上标示大小、新旧程度、颜色、功用。每顶帐篷都列入清册，以便上头一通知，就可立刻取出所要的帐篷。[1]

最大的帐篷非常重，需要六到十名壮汉才抬得动，而搭起帐篷，则需要更多壮丁。[2]皇帝所用营帐，都有一层外帐和一层内帐，外帐防雨雪，以绣工细密的帆布制成，通常染成红色或淡绿色，内帐用质地更细致的布制成，往往有装饰或绣有图案。士官兵帐小得多，没那么精致，往往以毛毡制成，类似亚洲草原游牧的帐篷。军官帐内，摆设地毯、绣有图案的垂挂织物、家具，营造舒适家居环境，但就连基层士兵的帐篷都制作精良且舒适，远非西方军队所用的粗陋野营帐所能比拟。以五或十名士兵为单位，合用一遮风避雨的帐篷，每名士兵发一张绵羊皮作为睡垫。神光泽被的士兵得到了很好的照料。

就1683年这场战争来说，皇家帐篷建造队供应了一万五千多顶大大小小的帐篷，其他生活必需品数量也一样足够。作战时军队可能的需求，样样得到满足。步兵行军时不用带武器，滑膛枪、矛、弓、箭筒，还有口粮，全由骆驼驮运，或用两只牛拉的两轮车运送。奥斯曼士兵不必自行觅食，不必靠沿途所经地区给养。每天晚上扎营时，都已备好新鲜食物，士兵只需带上米和面粉，而米和面粉用四轮运货马车载运。行军途中，部队有自己的绵羊群赶在部队前头，并配有屠夫负责在每晚扎营时杀羊，准备晚餐。

这个战营以皇帝营帐群为核心，井然有序往外延伸。步兵和皇家骑兵队营帐以同心圆式布局层层往外铺排，但除此之外，还有炮兵营地和工兵营地，清楚说明此行意在作战：因为苏丹出猎从不带火炮同行。每个营区各不相同，每个独立小队的营地，都以红、蓝、黑、绿等不同颜色的独特徽章和旗帜区别彼此，徽章和旗帜会画上或绣上剑、龙、狗、象等图案。营地生活处处受到管制。就连野战

1. 在埃迪尔内的苏丹夏宫，有第二组工厂和仓库。

2. 阿塔索伊（Atasoy）研究的某顶大帐，其屋顶超过三百公斤。

厕所的挖掘都有规定：四周围以矩形帐，上方敞开，用涂上红色的木底座遮住底下的粪坑。每七或八名士兵有一专属炊事帐，每个炊事帐外，有数只著名的大铜锅，用于煮汤、煮饭、煮肉饭或炖肉菜，提供美味而又能充分增加体力的大餐。哈布斯堡大使吉斯朗·德·布斯贝克认为，“有两样东西最有利于土耳其人（作战）……（就是）以米为谷类食物，以骆驼为驮兽，这两者特别利于他们的长征。”遭土耳其人俘虏、关押的马西利伯爵路易基·费南迪诺，惊讶于土耳其士兵的每日三餐，相较于西方士兵供餐标准，极度的豪奢，按照伊斯兰观念，身与心的干净是真主所规定，并由真主的仆人苏丹来贯彻。

炮兵营区里，一个接一个整齐排列着各种大小的火炮，小至可由一只骆驼驮运而供两人操作的小野战炮，大至得靠长队公牛拉动的巨大青铜攻城炮。这些重炮最难搬运，遥远边境发生战争时，走河路或陆路运到战场所花的时间将决定它们可投入战场的时间长短。巴尔干半岛以北的战争，完全受制于气候和季节。匈牙利大平原在亚洲草原的最西端，除了东面，其他三面为丘陵、高山所围绕。西面是往下逶迤至多瑙河的阿尔卑斯山；北面是从西边的捷克、斯洛伐克地区往东沿着喀尔巴阡山脉延伸的中欧高大山脊。多瑙河以南是土耳其语称之为巴尔干的山区，后来，多瑙河以南的整个地区，就沿用土耳其语，统称为巴尔干。但在巴尔干和喀尔巴阡山山麓丘陵之间，有片一望无际的平原，冬季的平原空荡荡的，景观单调，稀疏点缀着村镇。初春时，沉寂大地焕发生机，变成丰茂草地，可供奥斯曼帝国数千匹马匹一路啃食，直抵基督教欧洲的边界。但春季降临有利也有弊，滋养供马儿啃食青草的大小河川，也淹没大片低地，在某些地方形成沼泽，这将拖慢载运奥斯曼军队轻重物资的四轮运货马车行进的速度，致一天只能前进数里。至于重炮，若无法走水路北运，根本动弹不得。

但奥斯曼帝国有一秘密武器。营地里，火炮旁边，坐落着工兵营区，营区里摆满巨型起重机、浮桥、绳卷、替部队架设临时性渡河桥梁的主横梁，还有用来破坏敌人防御工事的所有神秘装备。西方的防御工事很强，但很少有工兵能比过奥斯曼军队。

伊斯坦布尔城外营地的喧嚣，让人想起一个无人触及的问题。在奥斯曼上次攻打哈布斯堡王朝八十七年后，为何苏丹要亲率大军浩浩荡荡挺近西北，攻打哈布斯堡王朝？过去奥斯曼曾多次派大军攻打哈布斯堡王朝，但鲜少由苏丹御驾亲征。这么做似乎没有理由。哈布斯堡与奥斯曼之间的停战协定一直有效，虽然未能完全消除冲突，但并没有发生严重到必须率大军进攻的事件。在奥斯曼宫廷当人质的哈布斯堡外交官，曾寄数封信回维也纳示警，说明奥斯曼帝国真的要进攻，绝非虚张声势。但他们提不出奥斯曼为何进攻的有力理由。

哈布斯堡王朝自认为帝胄，要一统天下，但是有限的物质资源撑不起他们的雄心。症结始终在钱，次要原因则是，该王朝的领土很零散。皇帝莱奥波德甚至无法命令他的子民，下了命令也没把握子民会遵行。想得到神圣罗马帝国内部诸邦的支持，皇帝得用甜言蜜语哄好那些易怒、好争吵、自私的选侯与地方统治者，甚至有时还要进行贿赂。天主教与新教间难以弥合的裂痕仍影响欧洲的内部政治，新教诸国理所当然不想帮信仰天主教的皇帝。这就是莱奥波德所能局部掌控的罗马帝国内部的情况。想要号召整个欧洲——包括死对头法国——听命于哈布斯堡王朝，概率微乎其微。

西方的专家学者曾拿出各种证据，证明奥斯曼国力在衰弱，但说到打仗，土耳其人的攻击力大大强过欧洲组成的防御部队。皇帝莱奥波德没有苏丹穆罕默德下令开战或如臂使指般召集部队远征的权力。用最粗浅的话来说，苏丹号召战斗时，曾有十万人毫无异议地随他出征；神圣罗马皇帝下令集结部队时，若有他所希望兵力的五分之一能赴前线，就要感到十分庆幸了。

在人员、装备进入战营时，平常满是军人的城里和城郊越来越空荡。在萨赫里德清真寺旁有几座大军营，在紧邻旧拜占庭城墙的城外有皇家骑兵营地，在博斯普鲁斯海峡附近的托普哈内地区，有几座生产火炮与滑膛枪的兵工厂。在这些军事设施里，商人、商店，甚至清真寺，全靠领苏丹军饷的士兵过活，也就是间接靠苏丹过活。每天都有小部队离开，进驻战营，街上变得诡异的冷清。大部分外地人只看过奥斯曼帝国有着异国情调的恢弘气派，看不到支撑该帝国的精细复杂制度。布斯贝克在他那时候就已看出这两点。他提及“骑兵骑在高大的骏马上，骏马经精心梳理、漂亮打扮……看着那些各式各样、五颜六色、漂亮至极的衣着；给我再多时间，也无法把金、银、紫衣、丝织品、丝绒那些到处熠熠耀眼的情景，完全传达给你；给我再多言语，我都无法让你充分明了那景象的奇怪和奇妙：我这辈子没见过这么漂亮的景象。”

骑兵身穿丝绸织锦和锁子甲，插上鹭羽装饰，的确威风凛凛，非常气派，但若客观条件适合，他们就不只是中看了，还很中用。大部分奥斯曼骑兵，拥有领土。上战场厮杀是他们的义务，以回报苏丹并以此赏赐壮大实力。他们得奉召入伍，为期一个战斗季。苏丹的常备皇家骑兵队，编制六个团，是土耳其精英骑兵队，其薪饷、训练、武器装备全由奥斯曼政府负责。这些重骑兵以善使刀、狼牙或战斧而著称，但他们最具杀伤力的武器是反曲弓。他们如草原骑士一样能在马儿奔驰时弯弓搭箭瞄准，连续射击一定距离外的敌军步兵和骑兵，且命中率高，箭能穿透金属盔甲。与西方骑兵近身混战时，他们的速度和剑术则是杀敌利器。因此，在西欧，随着近身肉搏越来越少见，骑兵逐渐抛弃胸铠和头盔时，在东战线上与土耳其人交手的胸甲骑兵（上半身披铠甲的骑兵）和龙骑兵[1]，仍从头到大腿包着铜质盔甲，以防范奥斯曼骑兵的箭和刀。除了重骑兵，还有数千名衣着

1. 进攻时骑马作战，防御时下马为普通骑兵的一种骑兵。

邋遢但擅打斗的轻骑兵和盟军。轻骑兵为苏丹效命，以征战所能搜刮到的奴隶和战利品为报酬，盟军则以精于袭击令西方人闻之色变，而由克里米亚汗领军的鞑靼游牧民最为著称。

专业骑兵，也就是闻名遐迩（或恶名昭彰）的土耳其禁卫军，穿着虽不如皇家骑兵队华丽，但同样能征善战。对许多西方人来说，光是这名号，就足以让他们心生恐惧。两百年来，奥斯曼帝国主要就靠土耳其禁卫军团——14~15世纪创立的新军——在战场上取得了傲人战绩。从14~15世纪起，几乎所有禁卫军都是同一出身。禁卫军的兵源，是从巴尔干半岛村落强征来的基督教家庭孩童，强征后予以训练，强迫他们改信伊斯兰教。禁卫军团成为他们的家，苏丹成为他们的父亲和兄长。但到1682年时，禁卫军团已充满了为取得终身饭碗和养老金而入伍，且其父亲或叔伯也是禁卫军的成员。禁卫军成员，身体上带有代表其身份的标记，终身不失。如果是基督教徒，只要加入时行割礼，就成为穆斯林。一旦受训，右臂和右腿会刺上所属小队的象征符号和终身编号，代表成为该队的正式成员。如此残酷的做法，目的在于战死后便于认出其遗体，同时也作为领取薪饷和配给的资格凭据。每个禁卫军营，编制三百人，分成五十至七十个独立小队。每个小队为一独立军位，吃住生活在一起。

由于越来越多少数民族选择结婚、离营与家人同住，兵营数量越来越少。做此选择会失去领取津贴与升迁的资格，但也取得做生意的宝贵权利。禁卫军成员做生意，有禁卫军势力做靠山，且有同胞光顾，不愁没有客人。因此，在伊斯坦布尔，他们不止在军界、政界形成势力，在商界影响力也渐增。随着禁卫军升迁的渠道变多，许多禁卫军成员飞黄腾达。而升迁仍得经过基层历练，靠特别突出的战功才能获得。虽时时有人抱怨最高阶职位总是落入朝中官员青睐的人选手中，但也有许多基层禁卫军成员靠才干升上高位。奥斯曼帝国数百年间，有七十九位宰相、三十六名海军舰队司令出身禁卫军。苏丹本人名义上也是禁卫军一员，刺有编号第一号。

漫长历史里，驻守都城的禁卫军和其他部队的人数，未有一定。发饷名册和人员名册往往遭贪污官员非法灌水，借以中饱私囊。他们称奥斯曼政府养了二十万的军队，这着实夸大过甚，1682年时，伊斯坦布尔城内和城外周边的军队人数，大概仅有那十分之一。在禁卫军各主要兵团的中央，有一个名叫肉广场的大操练场。每个星期，他们全副武装，列队走到那里，操练规定的战斗动作：冲刺、突然的集体进攻、击剑、射箭，这些动作他们都驾轻就熟，他们也会学习使用土耳其重型战壕燧发枪。这种枪较像是安在要塞墙上的炮，而不像西方军队使用的较轻型武器。许多禁卫军士兵被训练为神枪手，他们所使的武器，火药威力强，比欧洲的火绳枪的射程和杀伤力大得多，更准得多，因而成为重创敌军的利器。

说到这里，禁卫军似乎是个铁板一块、行动一致的个体。每个成员无疑都被灌输要时时刻刻注意自己小队荣誉、整个禁卫军荣誉的观念，但事实上，禁卫军的强处（和其弱点），在于其成员各属于由十至十五人组成的兄弟小队。每个成员信赖刺有同小队符号的战友。然后信赖他们的同营兄弟和营队军官，最后才效忠关系较远的人，例如禁卫军将领和苏丹。禁卫军虽然打起仗来特别彪悍，但如果授予他们不认同的命令，也难以驾驭他们。他们不会盲目地唯命是从，这点是每个有见识的禁卫军军官都知道的。一千多年前的罗马兵团老兵，可以说也有差不多的性格。若领导有方，罗马军团能完成超乎常人的成就；但如果没了百人队队长和十一人队队长，他们打起仗就有气无力。土耳其禁卫军则不一样，因为他们不只有深厚的袍泽情谊，还受教于共同的伊斯兰信仰。他们不只是苏丹的战士，还是受神灵启示的真正战士，他们的冲劲和热情受到配属每个部队的比克塔西教团苦行僧的鼓舞。他们就像是狂野不羁的骏马，指挥官必须想办法说服他们接受指挥。办法除了动粗使其就范，还有给予褒扬、奖赏、掠夺品。但基本上，每个禁卫军战士，以真信仰的战士（加齐）身份，与敌厮杀、甚至战死。

在奥斯曼帝国占领的佩斯城，布斯贝克首次见到名闻天下的土耳其禁卫军。他们死气沉沉的面容，让他大感意外："这些人穿着及踝的袍服，用风帽盖头，而据他们所说，风帽原是斗篷的袖子，一部分盖住头，剩下的部分垂下，贴着脖子。额头上置有一个颇长的银质锥状物，锥状物上嵌有不值钱的石头……老实说，若不是事先有人告诉我他们是禁卫军，我会毫不迟疑地把他们当成某土耳其教团的成员，或某穆斯林学院的学员。但这些就是所到之处令人闻风丧胆的著名禁卫军战士。"

在大部分艺术家笔下，不管是奥斯曼或西方的艺术家，土耳其禁卫军都身穿标准制服，有时还是颜色鲜亮的制服。禁卫军军官的确穿戴有凸花纹和毛皮镶透的长袍，但基层士兵的制服，却是布斯贝克笔下的暗沉毛料、毛毡织物："他们的穿着一点也不起眼。"虽然穿着朴素，但他们著名的白色宽帽边替脖子遮阳的系带帽上却饰有羽毛，"在这上面，他们让想象力肆意奔驰，特别是把帽子后边翘起的老兵。插进他们头饰的羽毛，使人觉得像是座移动的森林。"但每个羽饰、每个徽章或装饰，其实都是光荣或资历的标记，最受看重的标记是英勇表现的奖赏。布斯贝克无疑见到了曾在战场上英勇杀敌、身经百战的老兵。

1682年10月6日，偌大的战营终于完成，里面挤满了禁卫军和皇家骑兵队。几天后，斋戒月结束时，苏丹离开托普卡帕宫——他的图格旗高举在队伍最前头，让街上所有人看见——浩浩荡荡住进了他的作战营帐。这支队伍的出现，非常明确地表示大军就要出征[1]。每个阶段都举行了复杂仪式，通晓内情的外国人清楚知道将有事要发生。刚抵达的哈布斯堡王朝特使，伯爵卡普拉拉，知道奥斯曼帝国正准备攻打他的主子——神圣罗马帝国莱奥波德。他奉命前来协助倒霉的前任特使——自1680年起在伊斯坦布尔一直遭苏丹冷落的格尔奥德·克里斯多夫·库尼茨。库尼茨与卡普拉拉是同一论调——神圣罗马帝国希望将1684年到期的停战协定延长二十年，但奥斯曼朝廷里没人愿意听。基于外交礼仪，卡普拉拉与库尼茨别无选择，必须随苏丹与其大军北征。乐观一点想，他们或许曾想偷偷送口信回维也纳示警。卡帕拉拉的秘书乔凡尼·贝纳利亚在这途中所写的日记，细腻地观察了他和大使见到的周遭情况，从中我们得知卡普拉拉的所见所闻。库尼茨也生动记录了他形同受俘的遭遇。

当时的西方人常以惊奇口吻谈到土耳其人的尚武本质和好战天性。但一如所有看过战营者都清楚理解到的，土耳其人真正厉害的地方，在于他们用认真和不拘一格的创新精神来看待战争。战争胜负难料，但伊斯坦布尔把开战的准备过程化为一套公式。当然，世事难料。粮食可能会运来，火炮可能会困在泥淖中，搭桥可能会因恶劣天气而延搁，补给船可能会在险恶的河上沉没。但奥斯曼帝国的备战体制的不凡之处在于其毫无遗漏的事前设想，甚至估算了禁卫军的鞋子穿多久后须换鞋底，因而在行进大军抵达某地时，适时有另外征召的补鞋匠来修补鞋子。如在都城服务苏丹的各行各业，在行宫也如此来维持生计，支援整支军队的服务业从业者也跟整支军队同行，或者走在前头，在每晚军队歇脚处等候。自罗马帝国盛世以来，没有其他国家如此规范、计划和组织进行边疆战争。

---

1. 奥斯曼诗人喜欢拟人化的野兽意象，就这来说，奥斯曼帝国就像只狮子。这比喻很贴切。狮子慵懒，起身缓慢；在彻尔佩奇草地建造这处逐日壮大的战营，是奥斯曼人从容奋起的第一个显之于外的表征。

他们令人闻风丧胆的威名是否当之无愧？他们在装备、后勤、饮食上，确实都比未来的对手更胜一筹。土耳其禁卫军和皇家骑兵队都是受过训练的职业军人，但是他们的与众不同更表现为他们的作战方式和作战动机。奥斯曼的禁卫军（和重骑兵），在多个方面与他们所要面对的敌军不同，他们服役时间长，朝夕相处，死心塌地效忠所属单位的队徽，打起仗来彪悍又能吃苦，在战场上时又以独立战士的身份与敌厮杀。禁卫军一起用餐时所讲述的故事是古往今来的英雄故事。在伊斯坦布尔的禁卫军兵营里，老战士住在原本所属的队伍附近，他们可以说是过去丰功伟业的活记忆。军官们常会诉说那段历史，以激励下属的士气。每个队伍都在梅赫特乐队的激励下上场杀敌，那乐队就像苏格兰人的风笛手，用以激发不畏死的好战精神。大定音鼓砰砰响，小鼓发出更急切的节奏，在稳定的敲钹声中，发出冲锋的号角。

冲锋是他们在兵营里谈论过，在操练场上练习过的动作。众人一致发出喊杀声，数千个喉咙发出的吼声如雷，越逼近敌人，声音越响。往前冲时他们搁下滑膛枪，披上弓，准备最后阶段的攻击：每个人手上握着粗重马刀或可怕的禁卫军弯刀（手腕一挥就能砍下敌人头颅的短弯刀），眼睛盯着敌人，冲过最后几米，冲进敌阵。在这些时刻，每名禁卫军都只想着要杀死当前的敌人。冲锋令一发出，就不能收回：不是打赢，就是遭击退。禁卫军这种作战方式，至这时已历经两百多年，依据他们所要攻打的敌人和战役作战方式会有所改变。14世纪时，他们已是奥斯曼战线的核心，战力强大且纪律严明，作战时前面有暴躁而准备牺牲的盟邦援军或一排四轮运货马车挡着，诱导敌人进入他们的滑膛枪、矛、剑的攻击范围。在战场上，他们能抵挡住戴盔甲骑士的冲锋，然后往前冲，破坏敌人队形。

但此时，战争已经不一样了。土耳其人攻占匈牙利大部分地区之后的

1550~1600年间，战争越来越多地发生在哈布斯堡、奥斯曼两帝国交界地区，或更北边波兰王国境内，变成旷日持久的城镇、要塞攻防战[1]。禁卫军和奥斯曼炮兵、工兵，已开始根据战争的需求而改变作战方式。[2]15~16世纪，许多著名的战争是在开阔地迅速分出胜负，但到了17世纪，在西方，大部分冲突演变为持久的攻防战。而激烈的对阵战则较少。每场战役里，包围、强攻具有城墙的城镇、木堡乃至沿西欧防线而筑的现代化要塞，越来越多见。土耳其禁卫军渐渐探索出打这类战争所需要的一部分专业技能。他们成立了数百年后所谓的突击营或冲锋队。在敌军炮火下越过破墙或穿过防御军事缺口攻击守军，需要过人的勇气。他们唯一的任务就是攻击再攻击，直到攻下目标为止。敢冒着枪林弹雨攻进敌军防线缺口者，事后会得到巨额奖赏。同样的，敢进入地下，与钻进土耳其地道的敌军坑道工兵厮杀者，事后也会发大财。

奥斯曼帝国精心挑选了一些禁卫军士兵，训练他们使用手榴弹。他们丢下滑膛枪，带着一袋黏土材质或粗玻璃材质的小圆球，圆球里塞满了火药，投入最后的战役。这些炸弹长得很像大石榴——因此西班牙语称之为“granata”，法语称之为“grenade”——有根短导火线，如石榴梗般从球体伸出。欧洲军队也用手榴弹，但那些手榴弹为铁壳，内含的爆裂物较少；奥斯曼的手榴弹可投掷较远，禁卫军每个掷弹兵可带较多的手榴弹进入混战的人群中。在你死我活近身肉搏的最后时刻，奥斯曼兵掷出一波手榴弹，就能炸开敌人防线。手榴弹这种武器特别适合禁卫军的作战方式。它和刀剑、矛、戟一样只能近敌使用，在战斗来到最危险且决定胜负的关键时刻，将火力投向敌方。它是新武器，但也是渊源久远而叫人不敢小看的武器；后来，西方军队里的掷弹兵被视为特别勇敢之人，因为他们冒

1. 严格来说，与奥斯曼帝国相邻的乃是立陶宛大公国。
2. 例如，与西方同时（或早于西方），土耳其禁卫军运用齐射火力。

着敌人最强大的火力往前冲，幸存概率较低。

这时，西方军队正往不同于奥斯曼帝国的方向发展。奥斯曼帝国依赖火力和野战防御工事击败穿盔甲的骑士和士兵，在西方，以三四米长矛为武器的长矛兵，则成为步兵战场上的主力。作战时，数千名长矛兵的移动，从不超过平常行走的速度；成功的关键在于保持方阵队形，步伐一致。长矛只在野战战场有用武之地，用于防御骑兵或攻击其他步兵。但学习使用长矛，有助纪律养成。一如西方带兵官所发现的，三千名手持矛或长矛的乌合之众，与三千名行动一致的长矛兵队大不相同。

随着印刷术在西方的发展与普及，使兵法论著得以大为流通，一次印制以千本计，读者除了专业人士，还有业余人士。有操练手册在手，加上一群听话的新兵，几个星期内就能训练出有战斗力的长矛兵，甚至滑膛枪兵。训练一名土耳其禁卫军娴熟使用土耳其弓，可能要花上数年。土耳其禁卫军与苏丹皇家骑兵的战斗技能，在某种程度上适应了多变的客观环境，但战斗技能从未有根本的变革。勇敢与精于使用武器，是奥斯曼军队最看重的特质。相对的，在西方，纪律与秩序最受看重：步兵训练越来越看重听口令或击鼓做动作。有经验且训练有素的西方步兵，可以逐个单位转换方向，往前、往后、转往旁边；能形成密集纵队，或在几分钟内形成长列。

手持四米长矛的长矛兵，其漫长的风光岁月，已在1648年随着三十年战争的结束而落下帷幕，而由滑膛枪步兵渐渐取代其地位。西方将领已开始发展可挑战奥斯曼帝国优势军力的战术。打扮气派的苏丹皇家骑兵队，看上去或许威风凛凛，但在行家眼中，得打点折扣。而西方步兵，在1648年后，西方军队里已出现新武器和新装备。骑兵增配了多种火器：手枪、滑膛枪、骑马使用的卡宾枪。哈布斯堡王朝的胸甲骑兵和龙骑兵，穿着黑色胸铠和露脸式头盔，看来不起眼，但他们在西方骑兵中，最早开始配备奥斯曼帝国拥有已久的东西：火力与机动性。但他们仍不是奥斯曼骑兵的对手。奥斯曼重骑兵的马刀的设计是用于大肆砍杀，砍出深长切口，比西方武器更锋利，且较不会变钝；重骑兵很自豪于能砍下敌军长矛的矛尖。西方骑兵很少用火器；有些人说那是因为滑膛枪和手枪曾在他们精致的袍服上留下油腻的火药痕迹。但随着哈布斯堡王朝的新骑兵（胸甲骑兵和龙骑兵）摸清楚土耳其人的实力，他们在对战中越来越占上风。虽然他们仍携带重剑以便近身搏斗，但他们的新威力无疑来自他们所佩戴的枪。

还有个新发明，对付奥斯曼骑兵更为有效。刺刀要在18世纪初才在欧洲广泛使用，但在那更早之前，17世纪40年代后，哈布斯堡王朝步兵就使用了某种初期刺刀。那是根带矛尖的长钢矛，靠绞在滑膛枪的枪筒下方。理论上，若将这种滑膛枪往前伸出，可将奥斯曼骑兵隔在距滑膛枪兵至少一个剑身之外，但实际上它的护身效果远不如更长的长矛。而效命于哈布斯堡王朝的意大利将领莱蒙多·蒙帖库科利，促成其更进一步的发展。他将用来猎野猪的传统短矛猪羽，改造为滑膛枪托架，托架上有一把以钢钩安置的滑膛枪。在滑膛枪兵手中，这既可当作短矛，防御步兵攻击，又可使滑膛枪射击更准。防护滑膛枪兵最有效的东西，乃是名叫西班牙骑士的防栅。这种防栅包含一根长三米的坚硬木梁，木梁两端都有坚固的台座，梁上开孔，插入猪羽，猪羽以三十至四十五度的斜角伸向前方。迅速组合之后，它们就成为既稳固且攻不破的刺矛屏障。面对如此危险的东西，没有马敢冲上前。数百年前，弓箭手已懂得将削尖的木桩插入土里，以阻止骑兵冲上前来，但借此保命的结果，却使他们完全失去机动。只有靠长矛的保护，他们才能保有某种程度的机动。西班牙骑士是使用数百年后大幅改变战场风貌的带刺铁丝网的始祖，凭借布设这种防栅，滑膛枪兵首度得以保护自己侧翼，免遭奥斯曼骑兵的冲锋攻击。

但面对土耳其人的弓箭，西方人还没有防御之道。土耳其人的箭，射程比滑膛枪远得多：据奥斯曼帝国记载，有支箭射了八百米远。就17世纪80年代的大部分用途来说，弓箭的威力仍强过枪，但箭术需要漫长的训练，不断练习才能精通，需要强大的臂力才拉得开弓弦，需要高明的力道控制才能射得准，且骑马射箭时，骑士得只靠双膝施力来操控全速奔驰的马。在西方的军队里，新兵训练几星期，就能成为优秀的滑膛枪步兵。但他们就只有这一本领。最优秀的奥斯曼步兵，会的本事则多得惊人。他们能用剑、矛、穆斯林弯刀、箭或滑膛枪与敌厮杀。每个禁卫军成员可从军械库里选取自己最拿手的武器，列队行进时，每个人手上的武器不尽相同，也不像西方部队那样步伐一致。禁卫军机动的本事有限，他们愿意前冲杀敌，但只是以古老尊贵的方式前冲。虽有种种传言说土耳其禁卫军已然没落，但只要领导有方，受到充分鼓舞，且客观环境利于他们大展身手，他们还是难缠的对手。不过奥斯曼带兵无法像西方将领指挥步兵那样掌控或指挥其禁卫军。在17世纪渐渐接近尾声时，对奥斯曼帝国来说，战场是越来越陌生且绑手绑脚的地方。过去的英雄传奇已不存在：禁卫军英雄，第一个冲进敌人防线缺口，第一个翻过敌军城墙，英勇仍旧无人能敌，但在新战争形态里，这样的人越来越无足轻重。

有些目睹者，为欧洲提供了第一手资讯，说明土耳其军力的可怕或危险。从16世纪最后二十五年起，就一直有以奥斯曼帝国为题的书、小册子、新闻信札问世，但其中大部分著作的内容，大体上来自作者的道听途说。后来的著作采用已出版著作的内容，把同样的传闻和故事，还有图片，传播到别的国家和民族。拉丁语的著作各地受过教育的人都看得懂，而在欧洲著作中，往往插有精致插图。因此，法国古文物收藏家（和出色素描家）让·雅克·博萨德的《土耳其苏丹的生活与肖像》出现了在欧洲各地学者的书架上。1603年，英格兰小学老师理察·诺尔斯撰写《土耳其通史》时，查阅了博萨德的著作。《土耳其通史》是以英语写成的，而非拉丁语，锁定的读者更为广泛。但博萨德的著作，也有许多地方是依据了一些前辈作家和艺术家的作品。这些作品不可靠且常相互矛盾，但它们却是作者当时所能取得的最佳原始资料。可是这些寥寥可数出于亲身见闻的记述却受到更为不加批判的引用。

在一百多年的岁月里，只有三位探讨东方奥斯曼的作家兼具写作才华和敏锐的观察能力，对这个奇怪且往往令人困惑的世界有长期的了解。这三人都不是蜻蜓点水的旅人；他们一待就是数年，而非数天或数月。他们侨居当地，生活因与土耳其人长期为伍而彻底改观[1]。他们都以有关奥斯曼帝国的著作而闻名全欧，且那些著作前后都出了许多版，被翻译成多国语言。其中待得最久者，就是前面已提过的奥吉耶·吉斯朗·德·布斯贝克。据认他是布斯贝克勋爵的亲生儿子，1520或1521年在法兰德斯境内，靠近法国边界的城堡出生。他最得父亲宠爱，但私生子身份使其得不到明确的社会地位。布斯贝克摆脱环境的束缚，大体上是凭借其冲劲和无可抑遏的才智。他为神圣罗马皇帝执行了多次小任务，因此，哈布斯堡王朝欲找人出使苏丹苏莱曼皇廷时，他顺理成章出线。那也是个苦差事：前几任特使受过奥斯曼帝国恐吓、囚禁，吃了许多苦头[2]。

布斯贝克的《出使土耳其书信集》畅销全欧，并出版了拉丁语、法语、德语、荷语、西班牙语，以及英语诸版本。其他作家往往直接把布斯贝克的见

1. 这无意去贬低乔治·桑迪斯（George Sandys）之类当时伟大作家游记的成就。但阿斯利·吉拉克曼（Asli Cirakman）正确区别了从未去过奥斯曼土地就写书的作者，和桑迪斯之类亲眼见过笔下事物的旅行家。我要加上第三类，那可称作是侨民，这类人在别种文化里度过漫长岁月，产生出不同的印象。

2. 他以皇帝特使的身份，到温彻斯特参加过西班牙王腓力一世与英格兰玛丽女王的婚礼。

闻，当作自己的知识来卖弄。他居留伊斯坦布尔的三百年后，他的作品仍被视为符合当代情势的精确资料而为人使用，且至今仍在印制出版[1]。布斯贝克的《书信集》，率直而令人惊艳，全是写给尼古拉·米修尔的信。米修尔是他在神圣罗马帝国的外交同僚，自他在威尼斯求学时就结识的朋友。那些书信出版时，他似乎只更改了原稿少许地方，但对于那些误解奥斯曼帝国本性的西方人，他毫无遮掩地显示其不耐；身为基督教教徒的布斯贝克，他还特别强调了西方基督教徒该向奥斯曼帝国学习的地方。

由布斯贝克的书信，可以看出他有着无可压抑的好奇心，在形同受软禁期间，他还在其庭院和马厩里养了各式各样的动物供他研究和观察。布斯贝克渴望扬名立万，很想看看这个充满异国情调的东方新世界。米修尔问他在这大城市里见到了什么，他在信中语带愁苦地回答："若非奉皇上之命前来晋见苏丹，或者说若非奉命前来抗议土耳其驻军的劫掠和恶行，我大概不会这么做。如果偶尔想由看守人跟着，骑马到城里逛逛，应该可能获准……但我所喜爱的是乡村和田野，而不是这个城市，更何况这城市已快要瓦解，其往日的荣光，除了尚享有的崇高地位，其他已荡然无存。"布斯贝克观察入微，不管观察对象是花草树木、景观还是人。他的《书信集》，前后出了多版，全未饰以雕版书，且未遭过苛刻的恶评。他的著作一点都不花哨，这点令人纳闷，因为随他出使的随员中，有位丹麦的青年才俊艺术家，名叫梅尔希尔·洛尔克，又名洛里克斯。在他的主子形同受软禁期间，他可以在外自由行动。他所绘制的素描和雕版画，最终集结成书，死后才出版（1626年）；他这两类作品重绘了布斯贝克笔下的世界，但以更富异国情调的风格予以呈现。洛尔克看待伊斯坦布尔的景物，就如同看待画室里的模特儿。他笔下的世界、人和物冻结于某一刻，不管那是清真寺、宫殿、王

1. 最新的版本，由路易斯安纳州立大学出版社于2005年出版。

子、苏丹还是老百姓。

另外两名作家，比布斯贝克和洛尔克更早来到伊斯坦布尔。尼古拉斯·德·尼古莱描绘奥斯曼世界的著作，于1567年在里昂出版。若说布斯贝克没有读过这作品，实在叫人难以相信[1]。这位艺术家在1517年出生于法国东南部的多菲内。1551年，法国国王亨利二世派遣已任职十年的阿拉蒙伯爵，率领更庞大的随员队伍出使苏莱曼皇廷。随员之中包括法国的官方地图绘制员和素描家尼古拉斯·德·尼古莱[2]。他从二十五岁起当佣兵兼旅行家，四处游历、打仗，足迹北至波罗的海，东至希腊。后来，靠着自学而成的素描本事，他改行绘制地图，跟着使节团来到奥斯曼世界。其实尼古莱可能是被派去刺探敌情。他奉命画下沿途所经过的港口和路标，特别是通往伊斯坦布尔的路径和保护该城的路上的防御设施。在官派任务之外，他还自行画下他的见闻。1555年离开东方之后，他又游历了其他地方，在十余年后的1567年至1568年，他的东方见闻录出版，书中附有六十多帧有关服饰的雕版画和取材自当地生活的叙事画。

尼古莱坦然承认他的插图不全是事实。女人图像，例如《贵妇暨土耳其大人的妻子》或《自己屋里的土耳其贵妇》，无疑和实际的土耳其女人有出入。他提到有个来自拉古萨的宫中太监，做人低调而正直，从市场上买了一些体面的衣服，把两名妓女精心打扮，然后这位艺术家根据她们画了他想象中的贵妇。他所描述的事物，有许多是他亲眼所见，例如那些著名的摔跤手（因为我在君士坦丁堡见到过他们），但也有不少是来自他人转述。有一些完全出于想

1. 埃泽尔·库拉尔·萧（Ezel Kural Shaw）指出那一经验的基本局限。她论述道："欲检讨、分析、评价外国人对奥斯曼帝国的记述，得除掉两个障碍或面纱。首先得理解观察者因个人性格和文化、语言背景所加诸的有利条件和局限，其次得理解奥斯曼社会的错综复杂。"

2. 尼古莱于1566年获命为亨利二世宫廷的宇宙治学者，1569年从西班牙文翻译了佩德罗·德·梅第纳（Pedro de Medina）的名著《航海术》（*L' Arte de Navegar*），两年后，他个人的游记才由同一位出版商鲁耶（Rouille）在里昂出版。

象，例如像罗马人打扮的两名男子，或拿着明显西式带流苏旗子的赴麦加朝觐的信徒[1]。

他曾详细描述他的模特儿——不怕死的巴尔干轻骑兵，人称德利。尼古莱说他第一次见到这种骑兵“是在阿德里安堡，当时他与阿拉蒙勋爵在鲁斯图姆帕夏[2]家中，那位德利骑兵是鲁斯图姆帕夏的家臣。那骑兵跟着我们到我们的住所，而他这么做，不只是应我们的要求，也是希望得到礼物”。他的外表很特别：“紧身上衣和长紧身裤……是由小熊皮制成。从他头上垂下一件波兰式或乔治亚式的长斗篷，盖住一边肩膀，斗篷以带有密集斑点的花豹皮制成。为更显狰狞可怕，他的额前还绑上了一根长长的雕尾，小圆盾上钉上一对雕翼。”尼古莱问他是哪里人，“通过翻译，他说他是塞尔维亚人，但其祖父是安息人后代，他表面上自称是穆斯林，但出生时是基督徒，且未来也会是基督徒。为使我更加相信，他以通俗希腊语念起了……主祷文、圣母经、使徒信经。我又问他为何打扮得这么奇怪，插上这么漂亮的羽毛，他答那是为在敌人面前显得凶猛、可怕。至于那些鸟毛，根据他们民族的习俗，只有已有不凡的英勇战功者才能佩戴……那是英勇士兵的典型饰物。”这段话淋漓尽致地描写了他那位“漂亮的德利”。

尼古莱的《航游记》里，哪些是真，哪些是虚构？如今已难以确认，对当时大部分读者来说，书中充斥的未开化事物似乎千真万确，因为他们心里原就抱持如此的认知。该书出版后立即大卖，很快就出现意大利语版、法语版、英语版，每个版本都用到尼古莱为该书所绘的整套作品（有时还加上别的作品）。他为说

1. 再例如，异端穆斯林派的画像呈现可怕的环刺穿阴茎的模样，特别是贞操自持的卡伦德里教派（Kalenderi）。

2. 帕夏，前称贝萧，是奥斯曼帝国行政系统里的高级官员，通常是总督、将军及高官。

明当时东方服饰所出版的画作，其中人物的姿势和服饰的种类成为后来许多雕版画、木板书制作的标本[1]。但一如梅尔希尔·洛尔克，尼古莱着迷于古怪事物，乃是因为在他的艺术家眼光中，拿那些事物作为画的主题，较有力、较吸引人。稀奇古怪的故事，也有类似的吸引力，因此他聆听有关波斯人性习惯、伊斯兰教托钵云游僧可怕的自残或土耳其浴的热气蒸腾激发出浮滥女同性恋行为的古怪故事。在此之前几个世纪里，有些旅行家报道东方住有狗头人，也是这种盲目轻信的心理作祟所致。

第三位亲眼见证者保罗·莱科特，与布斯贝克、尼古莱大不相同。保罗·莱科特的父亲彼得·莱科特是个经商有成的胡格诺派教徒，约1600年时离开安特卫普前往伦敦，他靠着与意大利和西地中海地区进行贸易赚了大笔钱，用这笔钱在英格兰定居下来。受封为爵士后，他支持英王查理一世，在内战期间借了大笔资金给保皇运动。查理一世落败后，新成立的共和政府逼他出境。他有十个儿子，1629年出生的保罗是最小的。保罗在剑桥受过教育，而且通过其父与西班牙王室的广泛人脉，进入西班牙的阿尔卡拉德埃纳雷斯大学深造。他游历意大利各地，最后加入查理二世在布鲁塞尔的流亡王廷。查理二世于1660年恢复英格兰王位后，保罗出任温奇尔西伯爵的秘书，而出任此职时，该伯爵正受命出使君士坦丁堡。

来到奥斯曼帝国时，他32岁，接下来四十年，奥斯曼帝国一直是他生活、名声、兴趣的中心。他最初在伊斯坦布尔待了十七年，1667年起，担任英格兰驻士麦那的领事，那里是英格兰与安纳托利亚、黎凡特两地区贸易的主要港口之一。他在伊斯坦布尔开始写那部有关奥斯曼帝国的著作，且据他所说，他曾把书中许多内容念给大使听。他搜集专业人士读过、修正过的最可靠资料，打算以那些资

1. 例如弗朗西斯科·桑索维诺（Francesco Sansovino）《情报》（*Information*）一书中的巴尔干轻骑兵形象，来源于尼古莱1568年里昂版著作中第144页后面那幅铜凹版画。

料为基础，写一本科学性的研究作品。他告诉读者，“仅在此献上土耳其人政府与宗教的真正体制或模式；我的做法与某些聪明而善于想象的旅行家不同，那些人把他们的观察发现说成是旅途中发生的事，其实大部分采集自他人之口，以及偶然同行的旅人之间的交谈，因而容易有许多谬误。”

相对的，莱科特被派驻帝都五年，时时有机会见到该国宰相，比走马看花而不得不满足于表面认识的旅人，更能深入这个叫我们觉得奇怪而野蛮的神秘政府。靠自我推销，他成为英国皇家学会的一员，成为著名的奥斯曼事务专家，名声终生不辍。诚如他所说的，他熟悉奥斯曼帝国，与奥斯曼帝国建立了友好的关系。他告诉其赞助者阿灵顿勋爵，土耳其人是“与我们一模一样的人，不可能像一般所说的那样残暴与粗野”。

但有时他们的确残暴而粗野，这叫他费解。最后，莱科特对他笔下的奥斯曼世界感到困惑，他庆幸自己的国王是查理二世，庆幸自己生在世上最自由、最公义的国家，庆幸自己是天下最宽容、最仁慈之国君的子民。一如他所依赖的奥斯曼帕夏和朝中大臣必须谄媚苏丹才可得到宠爱，他也得谄媚英王以求得垂青。然而他未能如愿，并且几次陷入险境。他父亲的财产几乎都已葬送在英格兰的政治革命中；他经历过四处流浪的流亡生活。一如他的前辈布斯贝克和尼古莱，他的描述带有个人回忆的色彩：私生子布斯贝克、佣兵尼古莱、移民英格兰的第一代后代莱科特，全都靠他们与奥斯曼帝国的交往闯出名声。诚如莱科特所说，他们三人都发现奥斯曼帝国的本质与欧洲人无异，但也同时发现奥斯曼是个可怕而陌生的国度。这三位于奥斯曼侨居过的欧洲人，是16、17世纪时最接近于了解奥斯曼世界的欧洲人。呈现在他们笔下的奥斯曼，是个已将原由基督教君王统治的多个地区纳入版图的国家，是个宰制与亚洲贸易、其私掠船甚至袭掠欧洲大西洋沿岸的国家，是个往西野蛮攻击最远及于日耳曼边境上之林茨（现奥地利北部城市）的国家。他们实地见识过土耳其人的军力，评估过其强处与弱点，但仍认为他们是非常危险的敌人。

他们的看法没错，因为奥斯曼帝国在军事、政治、宗教信仰上，都在挑战着整个欧洲。最后一项的挑战是显而易见的，在17世纪，挑战无所不在。但只有少数几个国家，面临着三项齐全的挑战；有些国家，例如法国和瑞典，基于敌人的敌人就是朋友的原则，甚至认为应与奥斯曼帝国交好。法国人陷入与哈布斯堡王朝始于16世纪初期的殊死斗争中，一心要突破困境；瑞典人则正为争夺波罗的海的霸权与俄国沙皇大动干戈。对这两国来说，支持土耳其人，就意味着不必劳民伤财，就能轻松打击不共戴天的死敌。英格兰和尼德兰两国在地中海地区都有贸易利益，若与奥斯曼翻脸，不利于他们在当地的贸易。对于该如何对应奥斯曼土耳其人，欧洲人并未有共识，但即使是未公然与奥斯曼为敌者，仍对奥斯曼帝国很恐惧。[1]

在三百多年后回顾1682年的情势和接下来几年的发展，很难理解奥斯曼政府和其意向、动机。它的内部政治活动至少和西方对手国一样复杂，成败的赌注更大。失势或不得人心的政治人物，仍将为失败付出砍头的代价，如英王亨利八世朝中的此类政治人物。但并非每个失势的政治人物，都落得这样的下场。1653年，流亡在外的穆罕默德·科普律吕成功东山再起，开始了一段由连续几位宰相掌握实权的时期（这段时期直到进入18世纪许久以后才结束）。奥斯曼帝国频频发生政治整肃、暴民统治、地区叛乱、军队叛乱、暗杀、政治谋杀，直至20世纪初该帝国覆灭为止。环顾当时西方世界，没有哪个国家如此强大，拥有如此复杂的官僚体系，以如此无情、如此不受约束的贵族阶层治理国家，并引发如此大的恐惧。

1. 如其20世纪的外交后辈，布斯贝克一离开驻在国或返国，就提出一份长篇建议。他写道：“一个如何打赢土耳其人的方法。”他的答案是仿效土耳其人：建立常备军，招募国中最精壮的男子予以训练。

第二章

土耳其人与鞑靼人

苏丹穆罕默德四世在伊斯坦布尔城外的大营地没待多久。进驻的隔天，他就带着朝臣和数千名御林军，启程前往都城西北方约240公里处，位于埃迪尔内的皇宫。庞大的马队行进缓慢，因为前往色雷斯地区途中，有大量动物可猎，机会难得。他无意赶路，也无需赶路。隔年春天雪融之前不可能开战，而且无论如何，他对打仗没什么兴趣。当苏丹的马队浩浩荡荡北行时，禁卫军的主力，炮兵和工兵，仍留在伊斯坦布尔城外的营地里，等待最后的必需品运到。这是场已排定行程的战争，但时程定得很宽松。

若不是有打猎，穆罕默德四世的一生将过得乏味而无趣。1682年秋，他40岁，从8岁即位，被称为“苏丹之苏丹、众汗之汗、伊斯兰信士的指挥官”，到这时已经32年。只有一个世纪前的“立法者”苏莱曼一世，在位更久于他。他能活这么久很不简单，因为他是在政府大乱的情势下建功立业的。他父亲疯子易卜拉欣，众所公认没有当苏丹的能力。奥斯曼苏丹以好色无度的形象著称于世，让西方作家大大满足了他们淫秽不堪的想象，但根据历史，只有少数苏丹符合这形象，而易卜拉欣就是其中之一。他的母亲担心他生不出儿子，于是以女色诱惑他，他因此被培养成了色情狂，坠入狂乱的感官想象中。有关奥斯曼历任苏丹的故事，有一些叫人难以相信，但就易卜拉欣来说，有许多大概为真。他最后遭罢黜，于1648年被以残酷的方式杀害，他的母亲后哈狄嘉·图尔罕·哈提斯在宫中掌理国政。那时大概没有人会料到，穆罕默德四世会在位将近四十年。

穆罕默德四世年幼时就着迷于过去苏丹的丰功伟绩，特别是他的叔叔穆拉德四世。穆拉德的军事功绩，这时仍为老百姓所津津乐道。后来，历史学家奈玛称穆拉德是战争英雄的典范，他亲自带兵出京征战巴格达，骑着像龙的马，头戴缠着红色头巾的铁头盔。有一幅描绘他骑马东征的肖像画，腰际挂着饰有珠宝的小刀，肩上披着弓和箭筒，罩着毛皮斗篷。为纪念他的两场大胜——包围、攻占埃里温（1635年）和巴格达（1638年），他在托普卡帕宫的庭园里建了两座宏伟的亭子。两年后，穆拉德去世，他的形象仍活在人们心中。他的侄子穆罕默德四世也被封以（或咒骂以）一个响亮的封号，也就是他的伟大先王、1453年征服君士坦丁堡的穆罕默德二世的封号——“征服者”。如塞万提斯笔下的堂吉诃德“一年里绝大部分时间闲暇无事，他迷上阅读骑士传奇故事”。

托普卡帕宫的宝库里，多的是珍贵书籍。皇家书院制作于苏莱曼一世和其儿子塞利姆二世在位的1520~1574年间的王朝插图史，颂扬了从创立基业的奥斯曼以来，该家族数百年来的丰功伟业。苏莱曼的胜绩都呈现在《苏莱曼本纪》中，始于他登基，迄于他在匈牙利攻打锡盖特堡的最后一场战役。这一连串出色的彩绘书籍，饰有许多绚丽耀眼的微型画，炫丽程度与西方最伟大彩绘手抄本的同类画作不分伯仲，生动阐述了奥斯曼人在战场上的成就。书中的禁卫军与骑兵、围城与厮杀的场景，填满了穆罕默德年轻敏感的心灵。并非每个苏丹都能成为穆罕默德二世、苏莱曼或穆拉德四世，但战士这个角色被认为特别适合奥斯曼统治者。

君士坦丁堡，或者伊斯坦布尔（过去这两个名称都有人用），始终被视为是奥斯曼认同的象征，而“征服者”穆罕默德二世在位时，命人在改名为圣索菲亚清真寺的拜占庭圣智教堂后面的空地上，建造了巍峨的托普卡帕宫。这块位于岬角尖端的地区，可能是该城最开阔气派的地方，可以隔着博斯普鲁斯海峡远眺对面的亚洲陆地。在君士坦丁堡，就只有这里能让人像在埃迪尔内般，感受到远山、树木、庭园营造出的迷人情调。托普卡帕宫被称为新宫，供苏丹夏季避暑之用，因为穆罕默德在城中心建的第一宫，挤在高大城墙后的狭促空间里，在夏冬两季都让人觉得窒闷不舒服。托普卡帕宫于1479年1月建成，穆罕默德二世忍着腿部化脓肿胀的剧痛，在养伤期间，亲自设计了位于该宫最深处的秘密花园，并种植花木。该宫外围区是开阔的公共空间，而只供苏丹一家人使用的内层私密空间是个与伊斯坦布尔完全不属于同一世界的庭园。在该宫的最深处，最响亮的声音是鸟鸣，而非该城街头的喧嚣。这位苏丹试图在皇权中心区复制埃迪尔内的赏心美景；他于1432年在埃迪尔内出生，那是他童年时的家。如今，托普卡帕宫幸存下来，埃迪尔内却只存于想象。埃迪尔内的皇宫，先是在1745年损于火灾，继之在1751年损于地震，接着在1878年至1879年抵挡俄罗斯人围攻的战役中几乎全毁，只剩几栋宏大建筑存世至今。如今，我们大体只能根据奥斯曼人在伊斯坦布尔的城市环境里复制的埃迪尔内宫，捕捉该宫当年的模样。

穆拉德四世短暂而如流星的征战生涯，只是奥斯曼政治体制缓慢衰败过程中的短暂停顿。当时西方人认为奥斯曼的日渐没落已成定局。宫廷阴谋、昏庸苏丹、地方叛乱，使得外界认为该帝国必将分崩离析。结果，该帝国的强韧超乎任何人的想象。不过，奥斯曼帝国的中兴，不是靠苏莱曼一世或“征服者”穆罕默德之类明君的在世，而是靠科普律吕家族所打造的，由宰相掌权的政治王朝。在日本，皇族也遭孤立，且在1603年德川幕府成立之后，国政大权旁落。在伊斯坦布尔的奥斯曼王朝与日本不同，1656年后，该王朝乃是政治体制的中枢。

已年老的帕夏，穆罕默德·科普律吕，原在不属京畿的安纳托利亚地方，安静地过着形同退休的生活，却在穆罕默德四世的大位风雨飘摇之际，受欲挽救儿子的幕后力请，回到都城力挽危局，战争——集结人心共护中央的传统利器——给了这位新宰相整肃异己的大权。四年内，军事体制重振活力，他开始巧妙利用年轻苏丹亟思有所作为的时机整顿政局。科普律吕筹谋划策，杀害安纳托利亚叛军头子之一的阿巴扎·哈桑和其党羽，割下头颅，拿下头皮，在头皮里塞进禾草使其密实，送到都城，然后，志得意满的穆罕默德·科普律吕迅即拟定由苏丹盛大出巡，慢慢进入叛军心脏地带，抵达旧都布尔萨的计划。在布尔萨，苏丹穆罕默德四世以隆重排场祭拜了远祖的坟墓。在布尔萨那个晚上，他端坐在先知穆罕默德的斗篷旁边受冕，斗篷是从托普卡帕宫的宝库运来的。一队队官员和民间领袖上前，向这件圣徒遗物和奥斯曼家族的在世化身致敬，表示服从该家族威严王权的领导。这传达的信息再清楚不过，这位苏丹虽然尚未成年，但他拥有的权力，不可挑战或推翻。

但要贬低苏丹的王权，又要使他深处宫中，与外隔绝，两者间的平衡需要巧妙拿捏。法齐尔·艾哈迈德·科普律吕，科普律吕家族的第二位宰相，也是最有成就的宰相，在其父亲于1661年去世后接管父职。穆罕默德四世喜欢埃迪尔内，不喜欢伊斯坦布尔，法齐尔·艾哈迈德·科普律吕乐得顺他的意，因为他发觉他带兵出征的做法有利于让他主子远离都城的阴谋和乌烟瘴气的政治。就像他父亲，他坚持要苏丹履行其象征性的义务。这位苏丹的参战可能完全是象征性的，只不过是做做样子：1663年，才21岁的穆罕默德四世就曾率兵北征，但行至埃迪尔内的夏宫就停住，然后在该地，他任命法齐尔·艾哈迈德·科普律吕为战场统帅，他本人则留下来享受打猎之乐。事后看来，这反倒是好事，因为这场仗的主要目的全没达成，大军在圣哥达之役（1664年）遭哈布斯堡军队击溃。但这对苏丹几乎没有影响。

穆罕默德自认为是个刚强、精力十足、几乎生活在马背上的统治者。一如他的外号“猎人”所显示的，他极好动，一刻也静不下来。如今常有人据此认为，他对自己未能善尽苏丹职责感到丢脸，但在奥斯曼人眼中，与欧洲人的观点一致，打猎就是种作战，从中可展现骑马、射击的本事和勇气。但追猎成年公鹿、在马背上射杀狼甚至猎熊，绝对无法让他赢得“征服者”的封号。毕竟得此封号的苏丹穆罕默德三世（受封理由较牵强得多），曾在1596年率兵征欧。穆罕默德四世渴望得到一场大胜，一场和先王相比毫不逊色的大胜。

1665年秋，新宰相在匈牙利打了上任后第一场大战役之后，他带领苏丹和满朝文武再次出巡，巡视由母亲图尔罕出资兴建的达达尼尔海峡防御工事。在奥斯曼都城于1648~1656年间遭威尼斯舰队封锁之后，此举表达奥斯曼王室能自己出钱，以保护最上国的土地与人民，使其免遭异教徒威尼斯人伤害的决心，同时将国人的注意力从前一年的挫败转移。穆罕默德四世安然返回埃迪尔内之后，宰相和军队在内阁罗庞特岛（又称欧维亚岛）登船，准备进攻威尼斯人在克里特岛的据点，在这同时，位于埃迪尔内的苏丹则白天打猎，晚上听宫中史官讲述先王辉煌的征战史。

克里特岛一役的胜利，洗雪了圣哥达之役大败的耻辱。穆罕默德四世收到围攻坎迪亚的军情回报时，渴望参战之心更为强烈。眼见战事进展顺利，攻下该城指日可待，苏丹不再犹豫，1669年春决意亲赴战场。他准备启程时，正好传来攻陷威尼斯人在岛上最后一座要塞伊拉克利翁的消息。穆罕默德四世未踏上克里特岛就返回埃迪尔内，但官方为讨好苏丹捏造了事实，指称这场仗是苏丹御驾亲征。1670年，宰相法齐尔·艾哈迈德帕夏率领胜利之师凯旋。这一次威尼斯人的据点——抵抗奥斯曼人围攻22年的坎迪亚，终于被他攻下；不到一年，他又计划出征，这一次是到德涅斯特河另一头的极北边。

这一次穆罕默德四世决意亲征。在1672年这场战役中，他率大军来到前线，并带了大儿子穆斯塔法同行。一如克里特岛之役，预定目标全部达成。筑有城墙且有波兰王国派兵驻守的卡门内茨镇，在被围攻不久的九天后就投降，守军将城门钥匙交给法齐尔·艾哈迈德。克城后的那个星期五，穆罕默德四世进入卡门内茨城，民众欢呼着，称他为“加齐”战士、战士苏丹，并将天主教的圣彼得大教堂迅速更名为苏丹穆罕默德清真大寺，赴该寺参加集体礼拜（主麻拜）。这场胜仗与1453年苏丹穆罕默德二世的胜仗——“征服者”穆罕默德二世攻下君士坦丁堡的圣索菲亚大教堂，将其改名为清真寺——两者间的相似之处，不言而喻。但南返之行，暴露了这场战争较不光彩的一面。

当时有位法国人写道：“奥斯曼群臣经过四十五天的痛苦跋涉，在1672年12月8日抵达埃迪尔内。由于这个季节气候恶劣、粮食与其他生活必需品短缺、路况糟糕，途中死了很多人和牲畜。由于路况糟糕，不管用哪种方式，火炮的拉运都极为勉强，饱受寒冷与水折磨的波兰人，若能追击这些胜利者，应该不难报战败之仇……”不过，奥斯曼人终究胜利了，穆罕默德下令每个城镇庆祝。“整个帝国都为他出征得胜的消息欢腾……（他）命令各省省长举办三天三夜的公开庆祝活动，把街头、港口、商店、道路、广场装饰得美轮美奂，以放炮、生篝火表示庆祝。”

1676年11月3日，法齐尔·艾哈迈德帕夏突然在从伊斯坦布尔到埃迪尔内的路上去世。他有酗酒的习惯，酗酒最终引发中风和瘫痪。科普律吕家族掌朝12年之后，由谁来接任宰相，朝中百官心里早有数。他的兄弟卡拉·穆斯塔法，早已得到苏丹的宠信，已被定为科普律吕家族的接班人选。卡拉·穆斯塔法一当上宰相，立即展开了法齐尔·艾哈迈德攻打俄罗斯人的未竟计划。卡拉·穆斯塔法没有法齐尔·艾哈迈德那样胸有成竹的政治手腕，也没有他那样缜密周详事先规划的本事。他处处以他的父亲为榜样——以恐惧和严惩为治理手段，但未能领会第一任科普律吕家族宰相微妙的政治操作手腕——用心经营家族以外的人脉。所以，计划并未成功，若有更英明、更善于规划的领袖带领，他会是一个英勇而能干的下属。第二年，他率军重返该地，终于达成目标。奥斯曼人攻下了遭俄罗斯人占领的乌克兰关键城镇彻尔廷。接着他开始计划一雪1664年败于哈布斯堡王朝的耻辱——那是科普律吕家族漫长的辉煌历史中，唯一的一场大败。

曾在彻尔佩奇草地举行过的出征仪式，这时搬到埃迪尔内举行，埃迪尔内是攻打基督教异教徒的第一个集结点。但苏丹已对上战场不感兴趣。1682年9月，他无意重温十年前那种不舒服的经验，他宁可在天堂花园度过冬天，甚至春天和夏天。埃迪尔内已成为奥斯曼王朝在欧洲的权力中枢，且继续在土耳其人征服欧洲的战争中扮演重要角色。苏丹穆拉德二世在1417年建造的埃迪尔内皇宫，乃是奥斯曼人在欧洲建造的第一个宏大建筑。穆拉德的儿子，攻下君士坦丁堡的穆罕默德二世，曾扩建该宫，后来他的曾孙，被西方人冠上伟人封号的苏莱曼一世，也予以扩建。马尔马拉海沿岸托普卡帕宫里的庭园，还有该宫里阴凉的林间通道和庭园建筑，都是仿照埃迪尔内的皇宫建成，但不如埃迪尔内皇宫精致。布斯贝克在埃迪尔内见到“一处种满郁金香的庭园，庭园位于土质肥沃的宽阔草地上，周边为登萨河所围绕。在庭园的一侧，有片小树林，里面种了柳树、悬铃木、柏树、杨树。榆树予以美化，每棵树仰首向天……各种野生动物和鸟在树林栖息，多到塞不下。”奇罕努马楼，楼高七层，状似角楼，鹤立在树林中；最顶层是一带拱顶装饰的阁楼，阁楼中央是一方香池，往外可俯瞰赏心悦目的林园和林园以外的美景：宫苑里的三条河和幽暗森林。

对于伊斯坦布尔，许多奥斯曼苏丹是既爱又恨。皇宫外的伊斯坦布尔正越来越奥斯曼化，大清真寺和其他官方建筑成为该城最抢眼的建筑，但该城的拜占庭背景却始终是历历在目。如果苏丹从高耸的崇敬门骑马而出，往右走就是阿雅索菲亚清真寺，虽已添上穆斯林元素，但它骨子里仍是古老的圣索菲亚基督教堂。在仪仗队拥护下，穿过古罗马的赛马场，前往“征服者”穆罕默德、塞利姆一世、塞利姆二世所建的诸座清真寺，途中所走过之处遗留下的是古罗马的过去，而非土耳其人的过去。

埃迪尔内这座城市所散发出的气质，给人不同的感觉。[1]它代表了奥斯曼人的特质，淋漓尽致地体现了何为近乎无穷的空间、快速流动的河川、绵延直至远山的壮阔景致。特别是对穆罕默德二世来说，埃迪尔内的王宫是他最大的乐趣来源。狩猎是他可以在该地尽情追求的最大消遣，但建造庭园也是他最看重的乐趣。游历过波斯、北非、奥地利的奥斯曼帝国著名旅行家艾佛利亚・切列比，以抒情语调描述了埃迪尔内的王宫：“这个浓荫处处的庭园，叫苏丹穆罕默德觉得赏心悦目……那是言语所不足以形容的，但我们不揣浅陋，尝试描绘了它奇观之海里的一小滴。”埃迪尔内王宫的庭园“是世上其他任何庭园都比不上，甚至连帝城维也纳的庭园也比不上的”。

1. 从苏丹阿卜杜勒・哈密德二世所建的易尔迪兹（Yildiz）建筑群，很容易就可体会到这点。那是1875年与俄罗斯战争期间埃迪尔内宫遭意外摧毁后兴建的，如今正在重建，其中大都反映了奥斯曼人对庭园的热爱。

正如艾佛利亚所说的，这位苏丹一生大部分岁月待在埃迪尔内，从那里派统兵官前去征服川西瓦尼亚地区、筑有强大防御工事的哈布斯堡王朝乌伊瓦尔（今新扎姆基）城堡、克里特岛上的坎迪亚。在他的发号施令下，匈牙利、波兰境内的八十一座城镇、要塞皆落入奥斯曼人之手。1682年时，穆罕默德四世也是打定这么干的。他打算在埃迪尔内过冬，等他的部队前来会合；然后他要带着他那支无往不利的大军挺进到位于贝尔格莱德的多瑙河前线，在那里将战地指挥权交给宰相，由宰相率军往西北进入匈牙利，自己则在一段时间后返回埃迪尔内，埃迪尔内将再度成为他的个人指挥所。

他可以在母后哈提丝苏丹为庆祝他20岁生日在埃迪尔内建造的亭子和阶梯式庭园里，指挥部队攻城略地。母后已命人在下层庭园栽种了稀有的玫瑰，在名为马巴切的上层庭园里，则广种白茉莉。白天，空气里弥漫玫瑰花香，而暮色降临时，迷人的茉莉花则芳香四溢。穆罕默德很喜欢这礼物，立即命人另外栽种会攀缘的茉莉以爬满城墙，命人从附近森林挖回松树，种于园中，让气味更刺鼻。他最钟爱的猎犬，穿着金色织锦和其他昂贵布料制成的衣服……爪和尾巴涂成红、黄色，踩着轻盈的步伐，跟着他在宫苑里面四处走动。

埃迪尔内的每样东西，都是为了让他在感官上、知识探求上更为快活地构思。在此，他可以摆脱托普卡帕宫死板的繁文缛节，可以想做什么就做什么。他会一时心血来潮，决定带着几名同伴追猎宫苑里的小猎物，或到河对岸的林地里狩猎成年公鹿。在这里，在这座绝妙的庭园里，我们伟大的苏丹，与来自他皇家骑兵队的万名骑着战马、身手矫健的武装骑兵会合，前去打猎或征战。1682年时，穆罕默德四世已不再拥有年轻时那种跃跃欲试的冲动。十年前他御驾亲征，乃是出于宰相的建议。1682年，卡拉·穆斯塔法，一如任何优秀的朝臣，察觉到苏丹本人无心出征。他向苏丹清楚表示，他并不认为统治者该亲冒矢石，经受作战的艰苦。这不只是苏丹所想听的，也让宰相得以在战场上独断行事，不必受到苏丹的掣肘。

事实上，有本事或毅力带兵作战的苏丹只占极少数；喜欢过艰苦戎马生活的苏丹更少。但1682年，穆罕默德四世不仅仅是在伊斯坦布尔城墙外的战营象征性进驻几天，然后在皇家近卫军开赴前线时，他即返回皇宫。他要扮演总司令的角色，直到抵达多瑙河畔为止，然后，在贝尔格莱德的白堡，苏丹再以古老隆重的方式，移交象征指挥权的信物——先知穆罕默德的圣旗和兵符——借此将指挥权交给宰相。此后，所有参战人员，都得“把他（这位指挥官）所说的每句话，视同我（苏丹）本人当面亲口说出的话，当成我本人吉祥之语的一部分”。

举行出征仪式时，奥斯曼人仍遵循祖先的传统。获授予的战场统帅的命令，除了苏丹本人之外，任何人不得违抗。但这并不表示战场统帅可以完全做主，因为一旦战败，将招来耻辱，可能会被革职，甚至会被处死。但通过统治者的指派，他从此站上军事体制的最高位。这个军事体制已将训练有素的职业军人、封建重骑兵、粮秣、衣物、武器送到前线，以满足那支军队在战场上的一切需求。根据草原传统，他将拥有所有下属的生杀大权，虽然照规定他应与他们一同制定战术和战略，实际上，他的命令却不能轻易受到质疑，权力不能轻易受到限制。那是个残酷的制度，在这种制度里，失败的后果，往往不只是降职，还要砍头。但那并非不合理。

这一奥斯曼制度，是以人趋利避害的原则为核心，加上一套精心计算、用以激励士气的奖金、升迁制度而设计出来的。战胜可带来无法计量的财富和荣耀，就如英国许多船长是靠劫掠船只的赏金，为自己奠下财富基础。可是一旦战败，几乎会一无所得。未能向军队慷慨发赏的苏丹，可能遭罢黜或杀害。为软弱指挥官上场杀敌的卑微士兵，要运气好才能活着回来。有些士兵是出于宗教热情而上战场，一心想杀掉异教徒，但对于大多士兵而言，他们都希望保住自己和家人的地位，也由此获取有希望的未来。因此，他们最看重的是英勇杀敌，以战功得到升迁，借此在退役后得到终生养老津贴；所以士兵上战场主要是为了钱和战胜的无上喜悦。

苏丹和其随从骑马走向埃迪尔内，而留在伊斯坦布尔城墙外的部队准备跟进时，奥斯曼体制的那颗看不见的心脏仍在都城里稳定地跳动。此时在伊斯坦布尔集结的职业部队，只是将奔赴战场的大军的一小部分：要集结足够攻打西方的兵力，需要动用帝国许多地区和帝国以外地区的资源。最后将有大量非正规步兵和封建骑兵，壮大此次出征的阵容。正式决定出征之后，一组组书史和办事员立即开始紧锣密鼓写命令状，以便送达各省，要他们出兵。奥斯曼人靠着文书作业和文书作业激起的恐惧统治着帝国。若是违抗苏丹命令则会被处死；各省帕夏未收到书面命令之前，不敢轻举妄动；但一旦命令状抵达，作业就极快速。省长将担心苏丹发怒惩办人的这种恐惧传给下属，如此层层往下传。不久，最远至叙利亚、巴格达的各地区里，获苏丹授予土地的非正规骑兵奉命在各区集合，然后一起骑马到更大的城镇。不过几星期，亚洲诸省的道路上，就满是骑往伊斯坦布尔和贝尔格莱德的马队长龙，即使这场战争要到隔年春天才会打响。在都城里，铸炮所需的新燃木和新矿石一旦送达、搬运半开膛炮所需的工人一旦抵达，托普哈内制炮厂将立即赶工增产。而这一切都是依赖那些命令状的文书联络完成。

缠头巾的书史，盘腿坐在宫中办公室里，排成数道长列，形成生产命令状的装配线。命令状制成，发送出去，驱动蛰伏的军事机器。不久，就连最沉寂的巴尔干城镇，也因苏丹信使的抵达而清醒。这些信使将命令送达巴尔干之后，换马，带上新的指示，往西北继续疾驰，前往将作为隔年作战基地的遥远匈牙利诸城和诸要塞。远在多瑙河上游的布达城据守的帕夏，负责征集当地部队，在大军行进路线上组建装满食物的粮站，备好大量补给火药，派间谍搜集有关敌军备战情形的最新情报。这是个经过充分考验的战争机器，能将达十万人的大军和支援这大军的资源送到前线。在大型战争里，这一精巧的战争机器使奥斯曼人大占上风，但不一定保证胜利。

就如古罗马的作战方法，胜利主要取决于屡试不爽的传统方法，而非卓越的领导防御。战争的每个层面都谨遵前例。奥斯曼人的攻城术，不靠火力，而是靠一批批前赴后继、即使碰上枪打炮轰也不后退的壮硕坑道工兵。奥斯曼步兵攻击时，很少机动调度或组成阵形，而是在箭、子弹或炮火如雨落下之际，一个劲猛往前冲，攻击敌人。这些简单的战术要管用，需要每个人置生死于度外的投入，而在这点上，奥斯曼人也有长期奏效的办法来维持与提升士气。奥斯曼带兵官得赢得并维系住部属的信任。大体上，部队会听令于带兵官，但兵变之事也不是没有。但带兵官会说服并讨好部属，甚至用钱笼络他们，以褒扬他们的英勇和不屈不挠。战场统帅能让部队上场杀敌，让下属为他而战，只有卓越的指挥官才能使部队表现出超乎常人的英勇和耐力。

宰相卡拉·穆斯塔法或许不久就会接下兵权，但在带兵打仗上他绝不可能符合上述要求。他没有激励或领导部队的本事。他打破了奥斯曼人这一基本的作战规则，才导致最后的失败，他的失败并非是由于武器落后，或者因为东方人的死气沉沉，应该是愚蠢所导致的[1]。他底下有些人已和哈布斯堡王朝作战数十年，知道西方士兵战斗力有多强、杀伤力有多大，但对过来人的建议，他根本听不进去。对于将面对的敌人，这位宰相心存鄙视，打算届时要教训、羞辱他们。大军

1. 这句话出自费利克斯·卡尼茨（Felix Kanitz）之口，他在1858~1889年间曾周游巴尔干半岛。但如今那是西方对奥斯曼传统形象的普遍比喻。

将往西穿越匈牙利平原，攻打哈布斯堡，但此次西征的任务，不只是拿下几个战略要塞。

仍秘而未宣的攻打目标，才是此行最重视的目标，即维也纳城。如果得手，卡拉·穆斯塔法将为奥斯曼取得最伟大的成果，使基督教西方的这个堡垒成为奥斯曼这个神圣国度的一个遥远支柱。即使只攻占小小领土，且攻下那城后难以守住，这仍将带有无比重大的政治象征意义，就和1453年穆罕默德二世攻下君士坦丁堡的意义一样重大。朝中主张谨慎行事的顾问，曾指出西征耗费庞大、大军跋涉将近一千六百公里有诸多现实上的困难，最后还指出一百五十年前苏莱曼一世三次攻打该城都未能攻下的例子劝诫，但卡拉·穆斯塔法仍执意西征。从这三点来看，这大概是再大胆不过的壮举。

这一西征，历史上少有比这更大胆的军事举动，工程浩大。此后直到拿破仑皇帝于1812年挥兵进攻俄罗斯，希特勒于1941年循同一路径攻打苏联，才可与之相比。在这三个例子里，远征若失败，将显得那是愚不可及的冒进；若成功，这一步将成为军事上的一记奇招。

苏丹的信使把命令北传至多瑙河后会继续深入欧洲，还有些信使横越博斯普鲁斯海峡，抵达于斯屈达尔，然后骑马进入亚洲诸省。后来，有一艘桨帆并用的快速大木船，顶着强劲海流前划，载着一名特使往北到黑海，再到克里米亚半岛。若是传信给奥斯曼的帕夏，一般是不容置疑的命令，但这次特使带去的不是这种强制的命令，而是向某位君王发出亲切的邀请。那君王是鞑靼汗，他的王宫位于巴赫奇萨赖某水源充足之河谷的源头，克里米亚半岛南部丘陵之中。大木船后舱室里，摆着一卷没有人敢怠慢的文件。那是苏丹给其兄弟的文件，上面有苏丹的专属签名，文件里希望鞑靼汗“为了伊斯兰信仰，为了奥斯曼王朝的兄弟情谊，出手相助”；那卷文件旁边，用丝绸小心地包裹着一把镶有珠宝的剑、一件长裘袍和一个装了数千枚金币的盒子。在这些传统礼物周边，堆了其他包裹，里面是较不值钱的礼物。这些礼物是所谓的箭筒价，也就是付给愿与苏丹及其军队一起攻打西方之鞑靼骑士的订金。

鞑靼汗穆罕默德·吉雷，掌控克里米亚半岛和该半岛以北一直绵延到乌拉山而一路景观都无任何变化的平原地区。他的鞑靼人四处劫掠，有时最北达莫斯科，往西深入波兰，但也仍断断续续和其他大草原边境居民——位于俄罗斯、波兰两国边境的哥萨克人——发生冲突。他手下的八万名骑兵，堪称当时已知世上最厉害的轻骑兵，靠着这些人的高超本事，他称霸一方。克里米亚虽是半岛，但形同一座大岛，只靠狭长的彼列科普地峡与北方大陆相连。该地峡上有一要塞，鞑靼汗派了重兵防守。克里米亚半岛翠绿、肥沃的南方沿海，由奥斯曼部队控制，但在那沿海地区后面，有一道山脉将这个奥斯曼省与鞑靼汗领土和他所统治的鞑靼游牧民隔开。事实上，有三个克里米亚：一是南部富裕的贸易港，二是以产葡萄酒和水果著称的山区，还有一处是位于山区北侧、为丘陵所环抱的鞑靼汗王宫。过了丘陵，是开阔高原。巴赫奇萨赖，这个地域融合了奥斯曼的繁文缛节和粗野的草原习俗。在鞑靼汗王宫和宫外的街道上，穿着丝织品和丝绒衣物的官员，与穿着粗布绑腿、紧身黑绵羊皮大衣、褐色毛毡帽的魁梧战士，形成强烈对比。鞑靼汗的地位介于奥斯曼苏丹的藩属和远亲之间，两家族的世系最终可溯至东方最伟大的领袖成吉思汗。

奥斯曼人与鞑靼人的结盟，初缔于15世纪，而这份关系的维持向来不易：有许多在位的鞑靼汗遭奥斯曼苏丹撤换或杀掉，但鞑靼游牧民是奥斯曼禁卫军和皇家骑兵无可取代的作战伙伴。他们吃苦耐劳，骑马移动速度是正规军的十倍，能泅渡宽而急的河水，冬、夏两季都能作战。他们的马儿粗壮，靠最稀疏的草地就能活命。鞑靼人不穿盔甲，不用火器，甚至只有少数人用剑。但他们能驾马全速奔驰，在几秒内连射四五支箭，且箭无虚发。如果说苏丹的军队令西方人恐怖，鞑靼人则激起了他们最深层、最内在的恐惧。

在流传于这边境地区的神话里，人们把鞑靼人说成是地狱怪物。他们靠劫掠和贩卖人口为生，取得的报酬，不应该说是钱，而应该说是他们牵回来的奴隶。他们把奴隶系成一长串，赶到克里米亚的市场。其中有些俘虏会以高价让人赎回，但被卖到奥斯曼帝国各地和帝国以外的地方更为常见。鞑靼人的俘虏，大部分抓自与俄罗斯相邻的北部边境，但抓自奥地利和皇家匈牙利（Royal Hungry，1526年莫哈奇战役之后，匈牙利遭瓜分，北部和西部落入哈布斯堡王朝之手，是为皇家匈牙利）的俘虏，卖价很高。鞑靼汗对其游牧民所要负的职责，是发动让他们可获利的战争，如果未能尽到此责任，他们会另寻明主。打仗是他们唯一的职业；他们是经验老到的掠食者，绝不能完全信任，但用来对付敌人，仍是极具破坏力的武器。这时候，奥斯曼禁卫军的精进战技，只为把自己训练成突击部队。鞑靼人也同样发展出一种令对手几乎无力防御的作战方式。

与敌厮杀时，鞑靼人就像一群发怒的胡蜂，一窝蜂地围住敌人，数百或数千名骑兵找出敌人弱点或突然暴露的侧翼，冲上前痛击。在他们眼中打仗是门生意，假英勇毫无用处。他们的不怕死远近驰名，但绝非必要时刻，他们不会与敌正面交手、近身肉搏，他们偏爱远距离扰敌。鞑靼人打仗只为获利，会寻找好得手的目标，例如没有防御的村子或远离人烟的基督教修道院。他们只会在天将亮时现身。在那一刻，诚如《古兰经》中所说，在“黎明时，天边的黑线和白线对你们截然划分”，大地漆黑，别人看不到他们。但不到一个小时，村子或修道院的建筑慢慢变分明，将其团团包围的小马和鞑靼人也显出身形。他们的战术非常简单，来源于长久以来的无数袭击的实战磨炼。他们会先观察某聚落数天，查明村民何时离家去田里干活，何时回家。他们会计算男丁的人数，以及女人和小孩的人数。修道院的防守人力较难估量，但他们会耐心观察，注意任何有武装的男子。

破晓后，这些悄然无声的袭击者的身形仍是模糊不明。他们的小马大部分是黑色或褐色，他们不穿会反射曙光的铜质胸铠[1]。有些人带短矛，所有人的背后都披着著名的鞑靼箭，还有装满箭的箭囊。他们一动不动，完全不出声（就连小马都不移脚，不摆头），看上去就像是尊铜像。对那些已在战场上和这些鞑靼人交手过，见识过他们彪悍、迅疾和如蜂群密袭而来的本事的人，肯定会对这一动不动的功夫大觉奇怪。欧洲人替他们冠上的“Tartar”（鞑靼）一词，源自拉丁语“Tartarus”，Tartarus意指地球内部的女神盖亚，引申为最深的地府[2]。他们野蛮至极，不顾任何危险往前冲，不知疲累，作风大胆，西方的农民把他们叫作“恶魔的骑士”[3]。

土耳其人和鞑靼人只是在东方出现的诸多恐怖事物之中，出现时间最晚的。匈牙利大平原，西以多瑙河为界，北邻喀尔巴阡山脉，平原之势往西至维也纳，几乎就戛然而止。维也纳林山在多瑙河南岸，是阿尔卑斯山支脉之一；而在多瑙河北岸后面，则耸起了波西米亚丘陵。但另一个方向，朝东望去，是开阔的平原，平原沿着克里米亚半岛北缘绵延，经过乌兰山南侧，然后经过咸海、巴尔喀什湖北侧，直抵蒙古边界。千百年来，以罗马势力兴起之前的锡西厄人为开端，

1. 淡色马在军中较不受青睐，因为在战场上目标较鲜明。

2. 如今，称他们鞑靼人较普遍且较正确，但这忽略了西方人在鞑靼人（Tartar）与塔尔塔罗斯（Tartarus）一词之间强加上的有力关联。塔尔塔罗斯意为最深的地府，在《伊利亚德》中，称它位于冥府更下面的极深处，从地面到塔尔塔罗斯的距离，一如从地面到天上的距离。后来的作家称那是惩罚恶人灵魂的地方。据希腊诗人赫西奥德（Hesiod）的说法，从天上掉下的铜砧，要花九天九夜才会落到地，要从地面落到塔尔塔罗斯，又要花上同样时间。塔尔塔罗斯是阴暗潮湿的坑，被一堵青铜墙围住，墙外是三层黑暗。

3. 詹姆斯·钱伯斯（James Chambers）替自己讲蒙古人的著作所取的书名。现代研究显示，诺盖鞑靼人仍保有蒙古人战法的精髓。

之后继有东方草原游牧民族——萨尔马西亚人、马尔科曼尼人、匈奴人、保加利亚人、阿瓦尔人、马扎尔人和蒙古人——纷纷西迁。其中有些民族沿着多瑙河河谷往河源推进，继续进入欧洲心脏。马扎尔人的攻势，到了公元955年的莱希费尔德之役才遭彻底止住，但他们已深入到南德的奥格斯堡；遭逼回维也纳以东的平原后，他们定居下来，创建了匈牙利王国。这场最后攻击，他们只动用了小股兵力（约五千人），但已如秋风扫落叶深入西欧。

三百年后的1241年3月，已毁掉基辅城并在利格尼茨之役击败波兰与条顿骑士团联军的蒙古人（当时西方人通常称之为鞑靼人），挟着连战皆捷的声威，从北方大举入侵匈牙利。他们只花了一天，就在地跨绍约河两岸的穆希击溃匈牙利国王的军队。匈牙利人兵力多过蒙古人，但没有办法利用人数优势击败来敌。他们采用欧式战法，披着一身重盔甲，行动缓慢，根本不敌灵活的蒙古人。蒙古大将拔都说，眼见他们“把自己像绵羊那样关在狭促的兽棚里”，他命弓箭手“从远处干掉他们”。然后他让未死的敌人逃出陷阱，只为让抱头鼠窜的他们，成为蒙古骑兵一路截杀的猎物。匈牙利军队全军覆没，只有国王逃脱。蒙古人往南继续挺进，在1241年圣诞节那天，攻击并洗劫了佩斯城。有位奥地利僧侣写道：“这一年，已屹立三百五十年的匈牙利王国，被鞑靼军队给消灭了。”一时之间，欧洲人都开始担心蒙古人会转而向西侵入，如马扎尔人那般直捣西欧。但地形和运气保住了基督教世界。1242年2月，缓慢流动的多瑙河水，在埃斯泰戈尔姆北侧的河湾处结冰，蒙古军队才得以大举过河来到南岸，进攻多瑙河南侧的城镇。

然后，蒙古大汗窝阔台突然去世，救了匈牙利和巴尔干；3月，拔都率军返回蒙古，欧洲躲过一场浩劫。拔都若未撤兵而继续西征，蒙古人能否在其他东方征服者失败的地方成功，仍是未定之数，但他们让西方人心中产生的恐惧，在此后数百年里，如影随形，而这种恐惧还伴随着下一个威胁——克里米亚鞑靼人和奥斯曼人。在遥远英格兰的圣奥尔本斯大教堂撰写《大编年史》，并为其书插图的修士马修·帕里斯，记录了当时欧洲人对1241年蒙古人入侵的反应：

……这些人从高处看着大举入侵的敌军，一边痛恶那些敌人的残酷兽行，一边将基督教子民的骇人哀号，传达给省长。所有相邻省份里的基督教子民，不分男女老少、贫富贵贱，全一脸惊恐，遭残酷杀害。鞑靼首领和他们残暴的部下，大啖居民的尸骸，只剩下光秃秃的骨头留给秃鹫；奇怪的是，贪得无厌的秃鹫竟不吃鞑靼人留下的残骸。他们把又老又丑的女人送给他们的食人同胞，当日常食物。年轻漂亮的女人，他们不直接将她们生吞活剥吃掉，而是先惨无人道地予以强奸，在她们尖叫、哀号声中把她们闷死，然后割下幼嫩处女的双乳，送给他们的上司当佳肴享用，剩下的他们将尽情享用。

有些西方旅行家，例如布斯贝克，大为佩服奥斯曼人，但1682年时，所有西方人一想到鞑靼人就想到马修·帕里斯笔下描述的那种人。

1682年的克里米亚鞑靼人，承继了他们13世纪先祖的耐力和打仗的本事。他们已袭掠、征战超过一个世纪，除了死心塌地支持他们永远的盟友奥斯曼人，他们会攻打波兰人、哥萨克人、俄罗斯人，有时与这些民族并肩作战。在克里米亚半岛的草地上，以及彼列科普地峡另一头之大陆的草地上，诺盖鞑靼人养马。鞑靼汗的最精锐部队，就募自诺盖人。一如数百年前的蒙古人，他们一天能骑八十或一百公里，骑行时，每个人身后用绳拉着三四匹马。他们以四十到五十人为一组，分成数支袭击队，并派人潜入主力部队前头极远处侦察敌情，每隔几天就返回战营汇报。鞑靼人纪律严谨且严格贯彻，能迅速集结大批人马，即使是武器精良的军队都不是其对手。但他们能克敌制胜是依赖速度、奇袭、灵巧，在山区或林地，鞑靼人就难以施展身手，优势尽失。故防守严密的小地方，不怕他们的进攻，即使是最大批的鞑靼战队来攻，都能予以击退。

鞑靼纵队行军时，战士一天会换马四五次，以让马儿休息，维持充沛体力。因此，抵达敌人领土之前，他们行进缓慢，但一进入敌区，即使地形艰难，他们都能疾驰。据记载，在一场战役中，鞑靼人不到六天，就穿越一百九十公里的沼泽地。一般而言，他们一天能行进八十到一百公里。在西方人日益嘲笑奥斯曼作战方式的迟缓笨拙之际，鞑靼人仍让西方人既敬又惧。有位赴俄罗斯旅行的法国人，在1645年对鞑靼人独一无二的作战技巧是这样描述的：“（俄罗斯）将领退到某些河边和树林里，以阻止他们通过。但敌人鞑靼人轻巧又灵活，知道这点，于是放出两三万匹马逗莫斯科大公国的军队开心，同时派出一批人从别的方向突袭。他们来得极快，莫斯科人还未察觉，就被撂倒。”哈布斯堡王朝的整个边界，向鞑靼人敞开，无险可守。哈布斯堡王朝无法抵挡溯河谷而上涌入日耳曼的鞑靼袭击部队，他们可一路推进到大西洋沿岸，全程几乎畅行无阻。

奥斯曼人和鞑靼人的结合，威力极大。苏丹的军队已随着较为先进的装备而牺牲了机动性；到了1682年时，它移动的速度就像西方军队一样慢。攻城设备和每次出征随行的大批轻重物资，拖慢了行进速度。移动快速的鞑靼人，正弥补这种失衡现象。距离和地形一直是决定奥斯曼人作战成败的关键因素之一。在德涅斯河以北的草原边境作战，比在极北地区作战，更为简单，因为到前一地区比到维也纳近了将近一半距离，且只需渡过几条河。奥斯曼人碰到每条河，都得大费周章架桥，让步兵、骑兵渡河，鞑靼人则策马下水直接过河。攻打西方时，土耳其重骑兵越来越不管用，鞑靼人的角色则越来越重要。

土耳其重骑兵的马，就如西方骑兵的马，需要上等饲料，奥斯曼人的补给线因而有很大部分用于运送马所需的饲料。重骑兵的功能，除了战场上扮演突击部队之外，别无用处。在攻城战日益频繁的时期，重骑兵往往在战壕里充当普通步兵；但他们几乎没有使用滑膛枪的经验，因此，若非被派去挖战壕，就只能在攻击时充当炮灰。轻骑兵一度充当侦察兵，他们往往不可靠也不忠诚：这些非正规部队的基层士兵鱼龙混杂，全军里最不守纪律、名声最差的人，有一部分就在其中。相对的，鞑靼人看上去野蛮，却遵照明确的作战计划行事，完全听命于鞑靼汗。

他们最直接的效忠对象是部落，也就是他们在诺盖鞑靼游牧民族里所属的部落。每个部落由氏族长控制、指挥。得到一支大氏族响应参战，可能就意味着有一万兵马前来助阵。但就战术上来讲，鞑靼人和土耳其禁卫军一样注重小队，设计了由十人组成的基本战斗单位。兵与兵间往往有亲缘关系。命令的传达，大体上经由口耳。1510年，可汗穆罕默德·吉雷把如下命令传给散居各地的氏族：

如真主所愿，我要骑马上战场，你们全得准备好跟我一起出征。得每五个人备好一辆两轮货车，每个人备好三四马……除非不足十五岁，每个男子都不得留在家中。凡是不出来者，就不是我的仆人、不是我儿子的仆人，也不是我底下各个氏族长的仆人。这种人，要洗劫、杀死。

这是个简单但战力无穷的军事体制：顶多花两到四星期，就能集结成随时可上场杀敌的鞑靼军队。他们出征所带的东西极少，八磅烤过的小米就能吃上五十天。大部分人还会带一些结实的马奶酪和晒干或烤过的肉。

打仗就是他们的生计，对奥斯曼指挥官来说，鞑靼分遣队的战斗力，强过土耳其禁卫军以外的所有部队。指挥官一旦放鞑靼人出去攻敌，敌人随时会被歼灭，敌方的通信线可能遭不停地攻击，而平民百姓会吓得动弹不得。当时有人这样描述：远远地见到烟柱升起，心里就会升起一股恐慌，因为鞑靼人会拿走所有值钱东西，把村子里的人抓去当奴隶或杀掉，放火烧掉所有房子。鞑靼人对危险非常敏感，他们很少攻击成群的滑膛枪兵，但如同土狼，他们喜欢攻击脱离（主力部队）的步兵，在其他步兵扎营时予以歼灭。奥斯曼人深知，他们的鞑靼人通过让敌人心生恐惧，助长自己声势。苏莱曼一世的儿子塞利姆二世论道："我最怕的是鞑靼人。他们攻击敌人时快如风，因为他们把五六天的路一天就赶完，而逃跑时，一下子就消失无踪。特别重要的，他们的马不需鞋子、钉子或草秣[1]。来到河边，他们不像我们的部队要等船。他们的粮食和身上的装备一样，非常少；他们的战斗力，由他们不求舒适可见一斑。"但他们最致命的武器是他们让旁人所产生的恐慌，而这是他们对奥斯曼人的西征大业最大的用处。

1. 鞑靼马好用，原因之一或许是它们的日常食物。土库曼马有两种，一种粗壮，覆满粗毛，另一种是身形修长，为中国人所珍爱的汗血天马。如今，汗血马以名叫阿拉捷金马（Akhal-Teke）的直系后代幸存于世；但鞑靼马很可能是这两种马的混种。中亚部落习惯将干苜蓿、羊脂、煎过的面饼混合，用来喂马。这一高蛋白而低分量的食物，使它们较不依赖青草或干草料——大部分欧洲马所不可或缺的两种食物。见谈马的网站www.turkishculture.org。沃什（J.H.Walsh）与路佩登（I.J.Lupton）在他们的权威性论文中，形容鞑靼马跑得快又不会累，天生最为吃苦耐劳，因而，同样分量、质量的食物，今日的驴子会吃不饱，它们却能活得好好的。根据当时奥斯曼部队的配给，奥斯曼战营里备有大量的羊脂。我很感谢兰德里（Donna Landry）在这主题上给了我正确的指点。

第三章

瘟　疫

在格拉茨大教堂的墙上，如今仍有一幅由著名巡游艺术家托马斯·冯·维拉赫在1845年绘制，而今已受损的湿壁画。在那五年前，施蒂里亚地区于一季之内碰上三场灾难：一是可怕的黑死病肆虐格拉茨城，二是蝗虫过境，吃掉所有作物，三是土耳其人从西南方入侵。绘制这幅湿壁画，既是要感谢上帝让格拉茨人民度过劫难，也是想借此祈盼圣父和圣母玛利亚保护他们未来免于劫难。四十年后，土耳其人再度大举来犯。这一次进攻，始于1521年，终于1683年，持续将近两百年，分为三个主要时期。第一个时期涵盖苏莱曼一世整个在位时期，从他登基的第二年开始，到1566年他死于匈牙利的战场。第二个时期，如今通常叫作漫长的战斗（Long War），始于1593年，终于1606年。第三个时期是1664年那场战役。那场战役是奥斯曼宰相率领的整编野战军，在与奥地利南部施蒂里亚交界的地区作战，兵败于圣哥达修院附近完结。

这只是奥斯曼人四处征战的一部分。奥斯曼人经由海路和陆路在地中海地区用兵，打过数场漫长战争，也攻打过东方的帝国强权波斯几次。为控制德涅斯特河周边土地，为控制苏丹所宣称属他所有的瓦拉几亚、摩达维亚、川西瓦尼亚，奥斯曼人也曾数次远征波兰。这意味着奥斯曼人往往无法趁哈布斯堡王朝正虚弱无力时，予以摧枯拉朽的一击。因此，当欧洲陷入三十年战争（1618~1648），哈布斯堡王朝正最难抵御外敌入侵的时候，奥斯曼人却因为雄才大略的波斯国王阿巴斯一世在1623年攻占巴格达，而只能把注意力放在东边；接下来与波斯的战争，持续到1639年才结束。1682年的情势——哈布斯堡王朝正受到法国的节节进逼，迫切需要延长1664年与奥斯曼在沃什堡签订的停战协议，以免两面受敌——给了奥斯曼人大好机会。

不过，即使在未爆发全面战争的时期，小规模战争——袭扰边境者在陆上和私掠船在海上掀起的战争——仍未有停歇。这些小冲突或许已消失于历史，但当时人把它们视为自1453年君士坦丁堡失陷后，奥斯曼人对欧洲无休无止、持续不断攻击的一部分。“征服者”穆罕默德二世树立了此后为苏丹所遵循的模式。奥斯曼帝国绝不可战败，战败一次，后代子孙就有义务一雪此辱，未雪耻辱，绝不罢休。

攻占君士坦丁堡的三年后，穆罕默德二世未能攻下贝尔格莱德。方济会修士约翰·卡皮斯特拉诺，与他那群衣衫破烂的十字军，和约翰·匈雅提并肩作战，写下一页传奇。卡皮斯特拉诺是个慷慨激昂的传道士，残酷迫害犹太人，严惩异端；匈雅提则是当时最伟大的战士。据那则传奇所说，他们合力拯救了基督教城贝尔格莱德，合力打进该城并逼退兵临城下的土耳其人——他们的部下把成捆浸了沥青的大树枝，丢向墙下黑压压一大片的奥斯曼兵。然后，隔天，1456年7月22日，他们以农民十字军为基督军左翼，以匈雅提的老兵为右翼，攻向土耳其人营地。卡皮斯特拉诺向他们宣告了战斗口号："主开打的战争，主不会让我们失望。"经过一场激烈肉搏，穆罕默德二世的军队大败溃逃。这场在基督教世界边陲的胜利，在欧洲人心中留下强烈印记，久久未消。1515年，在遥远的英格兰，印刷业者凯恩·德·沃德看中了《卡皮斯特拉努斯》的销路。这个以诗体写成的长篇传奇故事，描写杀土耳其人的过程，内容极血腥。即使在两个世纪后，仍有汉娜·布兰德的1791年新剧作《贝尔格莱德攻防战》，在诺里奇的国王剧院演出，全场座无虚席。

攻下贝尔格莱德，得等更好的机会。但即使穆罕默德在忙于其他征战时，他仍希望巴尔干半岛的诸省长和官员往西北出击，路过萨瓦河和德拉瓦河，进攻施蒂里亚、卡林西亚的富饶农业区。从1469年到该苏丹于1481年去世为止，每年只要雪融化后，都立即有骑马袭击者路过这两条河。1471年的五旬节（复活节后的第七个星期日），施蒂里亚首度被奥斯曼铁蹄蹂躏，套句替穆罕默德立传的法兰茨·巴宾格的描述："每个地方的教堂、修道院、聚落都在熊熊烈火中烧毁；数千壮丁和牛只遭掳走；每个人都不知道自己能否活得了。"同年，数千名骑马袭击者烧掉威尼斯周边的村落，浓烟使亚得里亚海女王（Queen of the Adriatic，威尼斯的别称）的天空为之黯淡。

距匈牙利落入奥斯曼之手的一百五十多年前，从亚得里亚海到铁门峡谷（Iron Gates，多瑙河一峡谷，在今罗马尼亚与塞尔维亚的边界上）这段边界，年年陷入惊恐不安。贝尔格莱德仍由匈牙利牢牢掌控，但波斯尼亚、克罗地亚、达尔马提亚、施蒂里亚、卡林西亚全遭到土耳其人无休无止的劫掠。由东往西，最远到卡林西亚的克拉根福的整个边界沿线，筑有防御工事的旧塔已经全得到强化，以防御敌人入侵。维也纳、布达之类城市，没有感受到威胁，但边界地区从未获得真正的和平。地方城镇知道统治者无法出手救援，只好自己想办法防御。

他们在多个山顶构筑烽火台，日夜派人值守，一见到敌人来袭，烽火台即点燃示警。小城堡得到强化，以善尽其保护土地和人民的责任，例如在格拉茨北方的丘陵里，由12世纪十字军战士兴建的佛伦斯堡。拥有少数随从并配有滑膛枪的地方领主，往往就足以击退只有寥寥几支枪的袭击者。较大的据点，例如在火山棱线上易守难攻的斯洛斯里格斯堡，战时成为多达五千名骑士的基地，扼控通往格拉茨的要道。土耳其人几次进攻，都未能攻下。

穆罕默德儿子巴耶济德二世和其孙子塞利姆，都没有机会一雪苏丹穆罕默德兵败贝尔格莱德城下的前耻。要到穆罕默德曾孙，塞利姆的儿子，年轻有为的苏丹苏莱曼一世，在1520年继承王位，才迅即使战争成为可怕的事实；这一次，土耳其人成功拿下贝尔格莱德这个重要城池（这只是苏莱曼一世一连串胜利的第一个）。1521年拿下贝尔格莱德后，他于1526年重返该地，渡过多瑙河，进攻匈牙利。1526年8月29日在莫哈奇发生的大战役中，他打败人数居于劣势的匈牙利野战军；战争结束后，匈牙利国王洛约什于混乱之中溺死于壕沟，王位虚悬，没有继承人。这场战役的细节，有许多地方今已不详，但最终奥斯曼人战胜，杀掉两千名战俘。苏莱曼往北推进，劫掠匈牙利都城布达，且曾短暂占领。苏莱曼从匈牙利王国取走著名的马提亚·科维努斯国王图书馆剩下的藏品，横渡多瑙河运到贝尔格莱德。如今，那批东西藏于伊斯坦布尔的托普卡帕宫。

土耳其人离开布达后，奉奥斯曼为宗主且有资格登上匈牙利王位的匈牙利贵族约翰·扎波利亚占领都城。宣称匈牙利王位归己所有的哈布斯堡王朝斐迪南二世，在1527年派兵从扎波利亚手中拿下布达和其他数个要塞。苏莱曼随之在1529年亲率大军进入匈牙利，于9月8日夺回布达，歼灭哈布斯堡王朝在该地的驻军；一个多星期后，奥斯曼人兵临维也纳城下。这时候已是适宜作战季节的尾声，苏莱曼因此立即开始攻城，希望速战速决。

第一次围攻维也纳，持续了将近一个月。奥斯曼人缺乏重炮，但最缺的是坑道工兵和挖坑道的设施。土耳其人开始挖深壕，把地下坑道凿到卡林西亚城门旁。但经过两个星期的攻击，他们只打出几个小缺口，每次猛攻都遭击退。不过，到了10月上旬，情势显示，若哈布斯堡王朝无援军，攻陷该城指日可待。城里只靠由尼克拉斯·萨尔姆率领的经验丰富的雇佣兵一直苦撑着。但萨尔姆的部队死伤越发惨重，许多人认为该城守不住。然后，10月第二个星期，滂沱大雨转为初雪。1529年10月14日，奥斯曼全军开始仓皇后撤，途中的积雪越来越深。

莫哈奇之战和维也纳被围，时间相距如此近，西方人开始觉得奥斯曼人所向披靡。在西方，对奥斯曼大军和他们野蛮残酷的恐惧，通过书、小册子、报纸大为传播，与此同时，印刷厂印出一套又一套生动骇人的图书。1532年，苏莱曼再度循不同路线率军来攻。这一次，奥斯曼大军提早出征，未往北朝向布达，而是往西部的高地和维也纳南方诸镇行进。途中，大军短暂包围、占领了十七座筑有防御工事的城镇或城堡。8月5日，大军抵达肖普朗南方的小镇克塞格，那里距奥地利边界只有几里。克塞格的城堡，若要抵挡，无异于螳臂当车，且已有许多防御更强的地方未抵抗即投降。面对优厚的招降条件，该镇指挥官尼古拉·尤里西奇却不为所动。

尤里西奇和其八百名克罗地亚守军，在没有火炮支援下，抵住十九次全面攻击和不间断的炮轰，抵抗了超过二十五天。最后，奥斯曼拔营退走。鉴于1529年的前车之鉴，他们不愿再于9月下旬时攻城。克塞格镇的力守，挡住了1532年奥斯曼人对维也纳的进攻；1541年，锡盖特堡击退奥斯曼人另一次攻击，再度延迟了奥斯曼人的攻势。1556年，锡盖特堡再遭攻击，差点失陷，但援军及时到达，赶走了土耳其人。因此锡盖特堡成为了反抗的象征。该镇只有一个古城堡，没有易守难攻的地利，唯一的防御优势是整个镇跨建在人工湖中三个相连的岛上。进攻一方必须把三个岛，包括城堡，全拿下。该镇的抵抗和镇守，激怒并羞辱了奥斯曼人，令年老的苏莱曼咽不下这口气，非要在有生之年挽回颜面。

十年后，老病的苏莱曼再度率兵北征；他已虚弱得无法驾马，必须坐在由人抬着的轿子上。这将是他最后一次扬威于多瑙河彼岸，他决心扫除那个屡攻不下的障碍——狂妄的“鼹鼠丘”锡盖特堡。这时，克罗地亚总督米克洛斯·兹林伊已派了两千五百人驻守该镇和该城堡，1566年8月8日，奥斯曼军队遣人前来招降，反而招致他的嘲笑。各据一岛的新镇和旧镇，城墙上都挂满了国旗和装饰用的彩旗，该城城堡所在的第三岛，鸣礼炮欢迎土耳其大军（也有可能是嘲讽）。

经过炎热的夏季，那座人工湖（锡盖特堡最有力的防御凭借）一大部分干涸，奥斯曼人砍下树枝，绑成一捆捆的，填满尚有水的湖区。围攻第三天，位于第一岛的新镇经不住猛攻而失陷。但这次攻击，土耳其人也损失三千兵力，守军损失将近三百人。幸存的克罗地亚人和匈牙利人，经由狭长堤道逃进旧镇；旧镇也遭遇了一波猛攻，但经过土耳其人十次进攻才失陷。最后，只剩下第三岛的城堡，城堡内有兹林伊所部的三百名残兵和他们的妻小。奥斯曼人提出了优厚的条件招降，但遭到兹林伊拒绝，其实城门失守只不过是时间问题。

守军召开公开会议，会议提出并同意在失守之际，将士要亲手杀死自己的妻小，避免战败后有活人落入土耳其人之手。这三百名将士，在了无牵挂之后，要冲进敌营杀个痛快，直到战死。被围第三十三天，兹林伊脱下破损不堪的上半身铠甲，穿上结婚时穿过的华丽衣服，右手握着父亲的剑，率手下到旧城堡的城门口，然后，兹林伊带领剩下的守军冲出城堡，屠杀被困在堤道上的土耳其禁卫军。但刚冲出不久，兹林伊就中了两颗滑膛枪弹，眼睛也挨了一箭。没几分钟，这三百人绝大部分就战死或负伤，只有三人毫发无损。志得意满的禁卫军，持着插了兹林伊头颅的长矛冲进城门，挤进城堡里的小中庭。就在这时，一个躲在

1529年，苏莱曼大败维也纳之围攻战

奥斯曼视角下的维也纳围攻战，此图为Seyyid Lokman Gelebi的一佚名原稿中的一幅无名的小插图。

火药库里的年轻妇人，点燃了库里的火药，这座中世纪城堡瞬间化为一堆碎石瓦砾，三千名禁卫军跟着她一起灰飞烟灭。

克塞格、锡盖特堡、埃迪尔内之类的城堡的顽强防守，催生出有血有肉的抗敌传说，通过书本、地图、版画传颂世间。19世纪，这些了不起的胜利（乃至壮烈的失败），成为大型爱国油画常见的题材。但对奥斯曼人来说，它们也成为英勇悲壮的史诗。锡盖特堡攻防战化为《奥斯曼人锡盖特堡战史》，书中有二十幅彩色微型画，呈现精美画法，书的中央，画了该城三岛，描绘之精确一如西方人所制的地图。苏莱曼一世在完全攻陷锡盖特堡之前，就因病死于战营中，随之被尊为在攻打敌人时牺牲性命的烈士。基督教徒能承认奥斯曼人的英勇，奥斯曼人也常能赏识对方的勇武，但双方也都认为对方是天理不容的可恶异教徒。

奥斯曼人打起仗来很残忍。传说中的那些战争的骇人故事，有许多确有其事：大屠杀和种种暴行，使在萨拉热窝沦为奴隶的匈牙利人，排成不见头尾的人龙，走在前往伊斯坦布尔的伤心路上。但这种事不只限于奥斯曼人。哈布斯堡王朝的军队也会活剥人皮，把俘虏钉在尖桩上，纳人为奴，强暴俘虏。凶残是战争武器，双方都用。但双方也有斯文有礼、表现出某种程度之人性的时候。1521年苏莱曼拿下贝尔格莱德时，是在同意让守军免于一死的特殊条件下拿下的。经过将近七十二天的围攻，七百名守军的幸存者和家人，终于在8月29日正午开城投降，这时，苏丹苏莱曼希望见见这些勇气和毅力令他佩服的人。一如惯例，这些免去一死的人亲吻苏丹的手，苏丹赐予他们袍服，与他们交谈了几句。后来，这些人被送到多瑙河对岸的匈牙利境内。有些基督徒编年史家详细描述了这些后撤匈牙利人遭屠杀的情形，但其实苏莱曼说话算话，履行了他的承诺。

苏莱曼之后的几位苏丹没有他的征战才华，1568年在埃迪尔内与哈布斯堡签署的停战协定，三次到期，三次重新订约延长。这只是防止了围城战和全面战争；事实上，1568年至1593年，年年出现袭掠季，而这种小战争（Little War，指1529年苏莱曼一世围攻维也纳之后，到1596年埃迪尔内攻防战结束前，哈布斯堡王朝、其盟邦与奥斯曼之间的一连串冲突）反倒比大规模交战更为恣意和残暴。对于这种未经授权的攻击，双方都表明非官方的作为，并定期接触以解决边界无政府状态产生的不断抱怨和法律案件。不过，奥斯曼人几乎无心改善防务，相对的，哈布斯堡王朝靠着新税收，投入巨资构建复杂的固定式防御工事。哈布斯堡王朝大部分的要塞，基本都花费了许多费用，它们更加现代化，符合最先进的防御思维。这一庞大资金的投入，根本上改变了东部边境的战争形态。路易十四的首席工程师沃邦，对这一情势有着最为详尽入微的说明，他在约1670年时说道：“要塞数目的大增，已使入侵者与攻入敌境者，必会碰到许多筑有防御工事的城镇，因而，（攻击要塞的）重要性已提升，可以说，攻击要塞的成败，足以决定战争的成败。确切地说，打赢一场仗，胜利者得以暂时控制乡野，但只有拿下要塞，胜利者才能拿下整个国家。”土地辽阔的匈牙利境内，完全没有筑有防御工事的城镇，但在位于布达城以西和奥斯曼、哈布斯堡领土交界附近的北部边界，这类城镇逐渐以一个世纪后的沃邦所描述的那种方式，控制了该地区。

哈布斯堡王朝的新要塞，采取侵略性布设，以占据既能堵住奥斯曼人前进，又能作为往东推进边界之理想基地的地点。奥斯曼人也发展出防御坚强的要塞，但他们做得不够彻底，成效较差。这种新战争形态，在西方已司空见惯，而其产生的影响，在1593年停战协定无可挽回地破裂后，清楚呈现。奥斯曼和哈布斯堡王朝都厌倦于算不上是战争的战争，都很想在战场上一决雌雄。双方发现，这种新式战争打来辛苦，一场仗的胜负不能决定战争的胜负。十三年的冲突期间，双方都未能取得压倒性的优势。日后三十年战争期间，天主教一方的指挥官，例如阿尔布雷希特·冯·瓦伦斯坦和蒂伊伯爵约翰·车尔克莱斯，就在长战期间摸索出正确的用兵之道，将从东方战争得出的教训，转用于西方的漫长战争。东方战争中出现的深仇大恨，有一部分注入到了西方。

1606年停战后，奥斯曼人面临在亚洲对付波斯叛乱势力的另一场漫长战争，另一方面，1618年，哈布斯堡王朝对已支配布拉格和波西米亚全境的新教徒发动反击。哈布斯堡王朝和奥斯曼人都无意在1563年后双方激烈争夺的那个地区，开拓新战线。对哈布斯堡王朝来说，从许多方面来看，用兵东方比在西方要难，因为到达东方得长途跋涉，得横越恶劣而不宜人居的地形。攻打波斯的作战经验，对于日后重新开拓欧洲战线的奥斯曼军队帮助并不大，特别是这三十年战争改变了西方整个作战方式之后。16世纪结束时的长战期间，这两个死对头已势均力敌，奥斯曼人的战争机器逐渐完善，哈布斯堡王朝则在作战科技和战术上得到进步。打欧洲的新式战争，土耳其人或许居于劣势，但在西方战争越来越笨重迟缓而不知变通的时代，他们在速度和机动上仍居上风。

哈布斯堡王朝的指挥官，比奥斯曼的将领更能打[1]。在他们底下，有一指挥链在酝酿成型，而在某些军队里，这指挥链从指挥官往下，经高阶、低阶军官，经军士、下士、长矛下士，到士兵，将上下串联为一体。这一组织结构，使即使未打过仗的兵都能学会相当复杂的机动调度，然后在战场上予以落实。将官、校官根据操练册下达的战场调度指令，在情况许可下，会由低阶军官和经过军事训练的士兵在战场上执行。

奥斯曼军队就没有此类指挥链，后来的发展证明，这成为他们的重大弱点。能干的奥斯曼指挥官，可能几乎不做战术性或战略性调遣部队的事。他直接命令部队进攻，部队执行他的指令。他可能会设定目标，比如围攻某镇或战斗到底、至死不退，部队往往能予以达成。但出色的西方将领可能以团乃至连为单位，细

1. 他们已在和瑞典人、丹麦人、法国人的交战中磨炼出战斗技能。

致到战场上（理论上）的最小的战线单位，拟定作战计划。作战时有复杂的信号和战场通信，通过挥舞旗子与部队通信。在火器时代，战场上烟雾弥漫，很多情况看不清楚。但指挥官会下达战术指令，那些命令大体上得到落实。奥斯曼军队虽使用军乐队鼓舞士气兼下达命令，其军中却没有这样的机制。由此可见，奥斯曼人的作战，依赖战斗单位的专业职能和决心，而非带兵官的指挥才能。

奥斯曼没有荷兰开创性军事理论家莫里斯·拿骚之流的人物，没有瑞典的古斯塔夫·阿道福斯之类善于鼓舞士气的指挥官，没有汤马士·巴克称之为“军事知识分子”的那种能征善战将领。在西方，战争已成为一种哲学；在东方，战争是复杂而奥妙的传统。因此，土耳其人把数量有限但威力极大的整套战术本事练到炉火纯青的地步。比起欧洲大部分军队，苏丹的职业步兵——禁卫军——有较佳的后勤和补给，攻城较有经验，滑膛枪射程较长，杀伤力较大。在合适的环境，合适的日子，他们能击败西方任何步兵。在不利的环境，碰上他们不信任的指挥官，他们很快就会瓦解为乌合之众。不过，落败之后，他们可以很快就恢复斗志和信心，发动反击，让过度自信的敌人丢盔卸甲，溃不成军。

莱蒙多·蒙帖库科利（典型的军事知识分子）之类打过三十年战争的指挥官，发觉土耳其人比他们在西欧战场所碰到过的任何敌人，移动速度都快，杀伤力都强。重新摸索过后，蒙帖库科利很快就抓到一套新的重点。对付使用马刀、长矛、弓箭的敌人，盔甲不可或缺；在西欧，盔甲越来越少能派上用场。对付行踪飘忽且受过高度训练的奥斯曼军队，笨重迟缓的西方长矛兵方阵，用处不大；蒙帖库科利之类的指挥官开始倚重滑膛枪兵。东方很快就成为难得一见的战法试验区，也因此孕育出了一些伟大指挥官。西方人从中了解到轻骑兵的用处，佩戴滑膛枪、手枪之骑马步兵（龙骑兵）的用处。他们还从重大代价中了解到必须构建强大火力，以消灭奥斯曼禁卫军的进攻力量。奥斯曼人也学到了东西。土耳其人不再拙于使用火器，越来越多的土耳其人受过使用滑膛枪与精准射击的训练。但尽管有多种别出心裁的设计，例如由骆驼载运的轻火炮，他们在野战炮的集结使用上，或步兵操练与调动的精心策划上，仍赶不上西方。土耳其人把他们的传统战技磨炼到了最高境界：在火炮齐射这项新技法在西方开始发展时，土耳其人也在训练步兵运用这战法。17世纪末期至18世纪初期，团队精神是奥斯曼职业军人所拥有的优势，非被逼上战场的西方士兵所能及。

17世纪的欧洲人无一例外高估了奥斯曼人的兵力。他们推断土耳其人集结了庞大兵力，投入战场就多达二十万人。这纯粹是幻想，也可能是恐惧作祟所致。土耳其军队叫人望而生畏，的确比西方诸国军队庞大。这种旌旗蔽天的大军形象，有一部分是刻意营造出来的。从各封地层层招来的非正规军，壮大了奥斯曼兵力，使奥斯曼军队得以给人这样的印象。这些部队的人数，远超过主力部队——职业步兵和骑兵——主力部队在奥斯曼大军中所占的比重较小。土耳其军队有很大一部分几乎无战斗力，但的确能使首次见到（和听到）的人心生恐惧。就质量来讲，奥斯曼军队的精锐跟西方军队的精锐一对一较量的话，最起码都能平分秋色，很可能更胜一筹。但培养奥斯曼精锐部队，成本昂贵，虽然17世纪兵员稳定增加，却一直入不敷出。

奥斯曼人在战场上如何指挥、管理其部队，我们所知不多，但根据保存下来的记录，还有过去许多描述战役和军队生活的文字著作，我们相当了解西方人如何指挥其部队。奥斯曼人很用心于记录，但他们写作战手册和作战记录时，必须用夸大溢美的口吻，因而难以从中推断出真正含义。相对的，某些官修史书里用来辅助说明的微型书，阐述战争的真相远更成功：他们格外讲究，在细节上几乎能完全反映事实。

奥斯曼人为何走向衰落？传统的解释无疑令人信服。是因为土耳其人不愿改变经穆罕默德二世、苏莱曼一世的辉煌战绩所肯定的战法？是因为土耳其人坚决拒绝改变？从某个方面看，确实如此，因为奥斯曼人打从心底认为，他们的战法较好、较高尚。他们也不相信，西方战法必然较优秀。有此看法的不只他们：后来的评论家痛斥西方战法流于虚耗而得不出结果。在这种战法下，军队越来越陷入了旷日持久的攻城战，而不是在战场上决一胜负。要靠拿破仑的天纵英才，才使机动战法重现于战场。他们用骑兵的方式，类似更古老的土耳其传统方式，但予以大幅改良和系统化[1]。并非只有奥斯曼人走上衰落之路。1791年后，欧洲各国军队，甚至普鲁士的军队，都一次次败在大革命后的法国之手。土耳其人的敌人，哈布斯堡王朝军队，在革命战争（1772~1802年间，大革命后的法国和英、普、奥等欧洲其他强固联盟之间的战争）时期，也开始和奥斯曼人一样，在前述土耳其战争（17世纪下半叶奥斯曼与欧洲列强打的一连串战争）中显露出军事弊病和政事保守作风。

今人的研究渐渐表明，在许多例子里，奥斯曼军队并非为世人所普遍认定的天性抗拒改变和进步。条件若合适，土耳其人的战法威力极大。但奥斯曼军队的指挥官，在驾驭部队上，还不如哈布斯堡王朝部队的指挥官那样得心应手。这是很要命的弱点。因为从1664年起，奥斯曼指挥官面对的是年轻时在三十年战争中历练过的一代军官，且那些军官又训练出新一代无情、能干的战士——萨伏依的欧根那一代。我希望这本书可以让大家了解，一直到18世纪90年代，哈布斯堡王朝都确信，他们在战场上面对的是极危险、善使多种武器、敌意强烈的敌人。这是不折不扣的对土耳其人的恐惧。

发生在匈牙利境内的要塞战，阻挡了奥斯曼大军行进的脚步，使他们一时之

1. 鞑靼人的密袭战术（swarming，指自主或半自主的战斗单位分从不同方向攻击同一敌人再重新部署的作为），已被重新发掘并改造，应用于21世纪的作战情况。

间无法长驱直入攻打遥远的目标，但未能彻底阻止此事的发生。17世纪下半叶，奥斯曼人频频展露过人的武力投射本事[1]。他们一再用兵于国界以北的极远处，攻打波兰和俄罗斯，且再度生起攻打维也纳的念头。奥斯曼人过往的征战经验显示，进攻哈布斯堡王朝的最佳切入点，乃是取道该王朝的南部省份施蒂里亚。但这条往西的路线，中途有该省首府格拉茨城阻止去路。格拉茨扼控穆尔河、拉布河之间的土地，防御工事极为强固。过了格拉茨是俯瞰这两条河谷的施蒂里亚高地。但如果大军改为穿越拉布河后，沿着丘陵边缘往西挺进，抵达维也纳、多瑙河就轻而易举。这条路线只有一处地方较麻烦，即扼守要地的要塞镇肖普朗（德语为厄登堡）。但一旦通过肖普朗，维也纳的弱点就暴露于眼前。1532年苏丹苏莱曼一世就计划走此路线；但背离计划去进攻克塞格，不只没有必要，还会招致惨重伤亡。走这条路线进攻，有许多优点。大军会在贝尔格莱德集结，通过长浮桥横渡湍急的德拉瓦河和其周遭的沼泽地之后，往西北进发。这时，指挥官有两个方案可选，一是派其鞑靼袭击队进入施蒂里亚的河谷，或继续一路往北，绕过施蒂里亚丘陵，攻向维也纳。

在1683年，卡拉·穆斯塔法率军到维也纳之前将近二十年，奥斯曼人就深信，利用哈布斯堡王朝位于多瑙河北岸和南部施蒂里亚战线的两个战略弱点，可彻底击败哈布斯堡王朝。1663年，宰相法齐尔·艾哈迈德·科普律吕率军北征，进入摩达维亚和瓦拉几亚，收服心存独立的川西瓦尼亚人，然后挥兵往西，进攻维也纳。他的部队蹂躏了富裕省份摩拉维亚的数座小镇，且这一攻击暴露了哈布斯堡王朝难以抵御敌人从东北来犯的弱点。这次胜利令土耳其人信心大增，令哈布斯堡王朝作战会议成员大为惊恐。1663年冬，这位宰相带兵重回贝尔格莱德，

1. 这一词语发展自美国的战略及政治的科学领域，指一国借由武力或武力威胁，将其意志强加在遥远边界或遥远边境以外地方的能力。

打算隔年春天重启战争。

他学到一个重要的经验教训。1663年秋，进军维也纳的进程，因遭遇哈布斯堡王朝小要塞新霍伊塞尔的顽强抵御而中止，这要塞位于往南注入多瑙河的尼特拉河河畔，今称新札姆基，当时土耳其人则称之为乌伊瓦尔。猛攻该要塞，耗掉了可在好天气征战的宝贵日子。攻下该要塞时，时节已经太晚，不适合在该年剩下的日子打一场大攻城战。这其实是历史的重演。1532年在克塞格，1552年在埃格尔，1566年在锡盖特堡，1663年在新札姆基，都说明了这覆辙。因此，1664年这次出征，宰相决定不攻击多瑙河沿线，而是循南路往北挺进，沿着往北逶迤的肖普朗丘陵边缘，穿过哈布斯堡王朝辖下匈牙利境内的南部诸县，逼向名叫维也纳新城的旧镇。维也纳新城是抵达维也纳路上的最后一个大障碍。

1663年法齐尔·艾哈迈德在多瑙河北侧连战皆捷时，他的匈牙利敌人已准备攻击南方的奥斯曼人。米克洛斯·兹林伊伯爵，也就是1566年力守锡盖特堡至死的那位英雄的曾孙，攻击德拉瓦河、萨瓦河沿线的奥斯曼镇和通信线，战事占据了1663年的整个冬天。他募集了近三万的兵力，其中有一部分是受过训练的士兵，但没有火炮。这有弊，也有利，因为这意味着他们可快速移动，痛击敌人。他们先是在1664年1月最后几天包围锡盖特堡，让土耳其人完全猝不及防[1]。然后，在奥斯曼人慢慢集结兵力意图反攻时，兹林伊的部队转移，烧毁了位于奥西耶克的大木桥，打掉奥斯曼军队跨河进入匈牙利的主要通道。在木桥仍在猛燃之际，兹林伊的部队进攻奥斯曼人占领的佩奇，城镇被烧毁，外围的防御工事也被销毁，但未能拿下防守强固的该城城堡。2月6日，他们退入克罗地亚境内，心满意足于毁掉奥斯曼人的防御工事，准备来春再度攻击敌人

1. 许多报纸和宣传小册信心十足地宣称，他们必会夺回兹林伊的祖先曾英勇捍卫过的那座城镇，结果未然。

的弱点。

1664年3月，土耳其人正为新一季的出击做准备，但他们大部分人扎营在萨瓦河另外的一侧。在奥西耶克搭成新浮桥之前，南匈牙利境内的土耳其驻军全身陷险境，难以抵御兹林伊和其部队的攻击。当4月结束时，哈布斯堡王朝的非正规军——大部分是人称pandur的克罗地亚骑兵——出现在筑有城墙的要塞镇考尼饶城外。那是奥斯曼人位于边境区的最后一个大型前哨基地。兹林伊的部队未能拿下锡盖特堡和佩奇，但如果拿下考尼饶，将足以大挫奥斯曼人前一年拿下新札姆基的威风。宰相率军出征，离开贝尔格莱德，在1664年5月20日，经浮桥渡过德拉瓦河，进入匈牙利。为了在烂泥地上盖木堤道，以便重炮横越烂泥区，行进速度不得不放慢，因此他花了九天才走完到考尼饶的短短距离。若非指挥官只带了七具攻城炮，将其他全留在奥西耶克，这段路会花费更久时间。他们抵达时，匈牙利人和克罗地亚人正要发动最后攻击。

为在南部边境地带取得有利位置，宰相不得不在往西偏离正常进攻线极远的地方展开其1664年的战役，而到他劫掠伯爵兹林伊在兹林堡（考尼饶西方只需两小时行程的地方）的要塞，捣毁其庄园时，又已过了二十一天。7月初，奥斯曼军队已捣毁哈布斯堡王朝在该地区的所有防御工事，但由莱蒙多·蒙帖库科利将军率领的哈布斯堡王朝主力部队，只是尾随奥斯曼人，不愿与其交手。土耳其人以为他们会在考尼饶出手，在兹林堡被围时出手，但都不见他们的踪影。哈布斯堡王朝的据点一个接一个被拿下，法齐尔·艾哈迈德的前景一片大好。奥斯曼军队距皇家匈牙利和施蒂里亚的界河拉布河只剩下几公里。土耳其人未朝这一方向进攻已有约一百三十年。若果法齐尔·艾哈迈德沿着丘陵边缘前进，他可以从南方进攻维也纳，或沿着这高地往北到多瑙河，从东边逼近维也纳。

由原路返回奥西耶克，然后循平常路线往北，会耗掉更多时间，而这一个作战季已因为边境地区的作战消耗了许多宝贵时间。他决定跨河进入敌人领土，于是派出侦察队，一则查探拉布河的理想渡河地点，一则探明蒙帖库科利军队的驻扎地点。

侦察队带回了好消息。他们没见到蒙帖库科利军队的踪影，但得知他们已渡过拉布河往后撤，据说是为了去保护格拉茨。此外，在莫格斯多夫村子旁边，距西多会的圣哥达修道院的不远处，他们发现可涉水过河之处。经过干燥的初夏，那里的河水非常浅。已有一支鞑靼人先锋队涉过浅滩，沿着对岸侦察了一段距离。这里正是奥斯曼人寻找已久，可突破敌人防线的弱点。大军迅速穿过低矮丘陵，朝河岸走去，设立筑有防御工事的营地。横跨浅水区建了一条便桥，以便四轮运货马车通过，而大部分步兵则焦急地涉水而过。军事调动期间，宰相在其营帐召开作战会议，得到一重大结论。时节已晚，经过两个月的征战，军队的粮食和其他必需品已经严重不足。格拉茨是可想而知的攻取目标，但维也纳的魅力难挡。下午时，大部分禁卫军、帝国骑兵、加一些轻炮，已到对岸，但还有大半军队——来自各省的非正规军和骑兵——留在此岸，等轻重军队抵达。

渡河点差不多位于这条污浊河川U形河曲的中央，两侧是土质松软的高岸。对岸是开阔平坦的平原，三侧为拉布河所围绕，禁卫军迅速在该地挖掘战壕。更远处的陆地林木密布，一直延伸到离河约八百米的低矮山脊上。神圣罗马帝国军队躲在林子里和高地沿线，静静等待。这支军队的组成非常复杂。皇帝莱奥波德募集的军队，由蒙帖库科利全权指挥，但除此之外，还有神圣罗马帝国莱茵兰诸邦募集的一支分遣队，以及法国最低阶贵族志愿军，前来助阵。这支志愿军能打，但不受拘束。将近一百年来，哈布斯堡王朝首次得以在联邦助阵下对抗奥斯曼人。但蒙帖库科利发觉，管理那些固执的盟军，非常麻烦——二十年后发生的事，在此埋下伏笔。

即使有盟军相助，他们在兵力上仍大大处于劣势。哈布斯堡王朝这支军队，总数不到四万，火炮也不足[1]。但蒙帖库科利已在三十年战争中练得一身作战本事，从山脊往下看，他看到约有三分之一奥斯曼军队挤在河曲里，主要营地仍留在对岸，包括大批火炮。他们无法恣意展开，而他的火炮可打到下面的他们。如果他能将他们阻在没有退路的U形河曲内，训练有素的滑膛枪兵，将如他在前几场仗里所发现的，撕碎他们的队形，然后他可以派骑兵攻打溃不成军的敌军。

正如后来的基督教宣传者所宣称的，上天助他一臂之力。土耳其人在7月31日已开始渡河，只是因为那天是星期五，是集体礼拜日，渡河因此暂停。剩下的部队留待隔天8月1日星期六早上渡河。但当天夜里，天气转坏，到早上时，从上游山区和附近丘陵滚滚流下的水已使拉布河水位大涨。禁卫军的战壕里灌满水，河对岸的火炮也陷入了泥泞，动弹不得。黎明时刻，身着鲜红外套的法国骑兵中队、披着深色盔甲的神圣罗马帝国骑兵，还有滑膛枪兵，突然从树林现身，排好队形，阻挡住奥斯曼军队的去路。

蒙帖库科利深信火力的功用，而他那已排成数排的部队，平日受的正是几乎不间断发射火力的训练。他难以驾驭跃跃欲试又冲动急躁的盟军，日耳曼骑兵冲向土耳其军队，意图击溃他们，结果却在敌人激烈的追击中，十分狼狈地逃回去了。著名旅行家艾佛利亚·切列比，站在奥斯曼军队这一方。他描述“穆斯林军队敲打定音鼓，嘴里喊杀，如狼攻击绵羊群般扑向他们。”但在这场持续了超过六小时的激烈战斗中，奥斯曼人接下来的攻击，一再被步兵滑膛枪和高命中率帝国野战炮的齐射火力阻断。为这次败仗辩解的艾佛利亚写道，异教徒“出于对伪宗教的热爱，以火炮和滑膛枪从七个方向攻击，宰相的兵员有一半在交战的几小

1. 在此我简称之为哈布斯堡王朝军队，但其实，这支军队包括了几个奥地利团、一支来自莱茵兰的帝国分遣队、一支由法国贵族志愿军组成的独立小分队。

时就壮烈成仁。剩下的穆斯林士兵，遭火炮与滑膛枪的强大火力攻击，退出战场。”

蒙帖库科利的胸甲骑兵，持大刀猛砍军心溃散的敌人头部和裸露的肩膀，溃散的土耳其部队禁受不住此番袭击，只得挤回到已变深的拉布河中。下游处，溺死的奥斯曼士兵遍布河面，有如堵塞河道的木材。只有驾马的鞑靼人能涉水渡河，然后他们一再驾着没有护具的坐骑返回战场，尽力解救受困的土耳其禁卫军。

拉布河大败，虽使奥斯曼人失去了一部分精锐部队，但军队大部分势力还是毫发无伤。神圣罗马帝国军队死伤极少，维也纳人民欣喜若狂庆祝这场胜利。但这胜利是个假象：那是由一个能征善战的将领，率领一支草草拼凑成而随时可能瓦解的联军，只不过将领选择了对的位置，又具有气候优势才拿下的胜利。他们没有完整恰当的策略来防守边境。特别是阵中的匈牙利人，提议接下来该采取攻势，把奥斯曼人赶出他们的土地。但要打一场大战役，蒙帖库科利既没有足够的士兵，也没有足够的资源。他在圣哥达获胜是运气好。皇帝莱奥波德意图稳住东部边境，因为他担心路易十四有扩大法国在西欧版图的野心（后来证明他的担心是对的）。于是十天后，在距圣哥达不远的沃什堡，双方草草签订为期二十年的停战协议。这份协议，哈布斯堡王朝和奥斯曼人双方都不满意，匈牙利人更是愤怒而绝望。协议将会在1684年到期。[1]

但这停战协议只意味着结束全面性军事活动。从多瑙河以北山区往南延伸到亚得里亚海这段漫长的边境地区，过境袭击仍时有所闻，从未消减，而这并非官方政策，而是地方指挥官（和近乎盗匪的人物）继续执行报复、劫掠行动所致。渐渐有越来越多的人认为，双方势不两立，不可能和解。这有一部分得归因于发

1. 蒙帖库科利遭米克洛斯·兹林伊指责进攻不够积极，未追击奥斯曼人。此后的匈牙利历史学家，全遵循这一看法。但这位意大利籍指挥官做得没错：他未派兵追击，因为那是唯一能保卫这边境的部队。这也是为什么后来仓促停战的原因。这点被自觉遭到抛弃的匈牙利人痛骂。

生在遥远匈牙利边境的冲突在国际上产生的影响。在日耳曼刊行的畅销报纸，描写了“基督教子民与野蛮土耳其人之间的大冲突，在天助下赢得的大胜。”1663年，远在伦敦的亨利·马尔什出版了一部长篇大作，描绘了新霍伊塞尔防守的情景，和在边境日益滋长的新苦楚。马尔什写道，鞑靼人造成“几乎是文字所无法形容的严重破坏……（与那破坏）最近似者是世界末日；放眼望去，大火漫烧二十里，大地沦为一堆堆灰烬，而鞑靼人，犹如恶魔，把俘虏拖着走，用链条把他们拴在一块……在数不胜数的折磨中，仿佛人道已灭，人性已死。”两万名鞑靼人拿下几座筑有城墙的镇和相邻的所有村庄，并放火烧掉那些城镇，“占领山丘之间的狭窄通道，屠杀数千人，绑走其他人，总而言之，凡是挡住他们去路者，都遭他们制伏。[1]”这些据称的暴行，激起以牙还牙的报复。“为报复这些野蛮鞑靼人的入侵，塞里尼的伯爵（即兹林伊）和布迪亚尼的伯爵，把劫掠和毁灭带进土耳其人省境，毫不留情毁掉他们所能毁掉的东西，带走他们所能带走的几乎所有东西。”

停战那几年，双方一再毁约。莱奥波德同意每年付给对方二十万枚金币作为大礼（从未准时送达）。苏丹也答应每年赠礼给对方，可能因为威信的原因，每年都亲自送往维也纳。但除了这些金钱事务，双方都不尊重停战规定。奥斯曼人无心控制越境袭扰对方的自己人，甚至提供部队助改信伊斯兰教的匈牙利人和新教徒叛军，反抗日益不得人心、日益高压的莱奥波德统治。但就表面上看，和平继续维持，1682年奥地利人开始与奥斯曼人协商，以延长停战协定。会谈没有进展，战云日益浓密。

奥地利大使在伊斯坦布尔目睹的备战行动，显然不是虚张声势，但与苏丹一同在埃迪尔内等待的当下，他只知道全军会在来年春天于贝尔格莱德集结。没

1. 根据史料，鞑靼人从未攻占这一座有两万居民的城镇。

有人确切知道，奥斯曼人会像1663年那一次往北走，攻击多瑙河沿线，还是会如1664年那次向西，直到兵败圣哥达、前进受挫的地方为止。但无论最后目标为何，卡普拉拉担心哈布斯堡王朝挡不住土耳其大军。

这时的欧洲人，称颂圣哥达之役的胜利是上帝出手相助促成，那场胜利，就和1571年的勒班陀海战一样不简单，那场战役基督教诸国的桨帆并用的大木船，在希腊外海歼灭奥斯曼舰队。但这比拟不符合事实。在圣哥达，基督教联军完全是因为好运，才得以将一分为二的奥斯曼军队，困在既无法后撤且无法施展的地方。如果土耳其军全跨过拉布河，结果可能就大不相同。因为哈布斯堡王朝的野战炮，这时摆在维也纳附近的兵营里，在不利条件下欠缺火力，基督教联军会惨败。

当时人以“种种如果怎样会怎样”的假设，评估过哈布斯堡王朝和其盟军的可能遭遇。土耳其人和鞑靼人可能联手发起所向披靡的战争。在开阔战场上，西方军队占有优势地位，但17世纪的战争，大部分不是这样的战争，而是在一个接一个的城镇，一个接一个的要塞遭围攻、占领下，慢慢消耗敌人反抗力量的战争。在那之前，奥斯曼军队借由深挖地道、摧毁城墙、强攻进突破口的方式，赢得了数场大胜。但到了1682年时，西方的攻城术，如西方的步兵战术，已开始超越土耳其人。

奥斯曼人只在一点上仍胜过西方诸国。要防守奥斯曼的鞑靼骑兵，西方人唯一可凭借的是防守坚固的城堡，但鞑靼骑兵鲜少会冒险进入多山或林木浓密地区。一百年来，奥斯曼人一直依赖从帝国各地募集来的非正规骑兵，其中许多人几乎无异于拾荒者[1]。但奥斯曼人越来越体察到他们鞑靼盟军的特长；在部落领袖的指挥下，鞑靼人仍拥有用不完的精力和高超战术技能，正如他们的草原先祖。鞑靼人的战斗规则是严惩违抗命令与行为懦弱者。他们把判定有罪的人绑在木桩上，用马刀挖出内脏，放在其头顶上，任其痛苦流血而亡。因此，上了战场，他们从不投降。

1. 特别是仍随军出征，但在战场上用处不大的非正规轻骑兵和巴尔干轻骑兵。

西方作家从16世纪初期起开始散播的奥斯曼“衰落”的主张，其实是浮夸之词。有人认为，奥斯曼在苏莱曼一世在世时，扩张达到巅峰，此后国力开始衰退，即使这一看法都有背离事实之处。奥斯曼人在东方的扩张，大体上是他父亲塞利姆一世的成就。苏莱曼挥军进入匈牙利，特别是1529年围攻维也纳，令西方大为震惊且意外，但未能拿下维也纳。奥斯曼人往北扩张的巅峰，是在17世纪土耳其人推进到德涅斯河以北之时。衰落的涵意颇为复杂，不只指战场上的胜负：衰落指的是奥斯曼政权全面性的道德瓦解，在这时期，苏莱曼在位时自律甚严的高贵情操消失，国政转而由后宫把持，偏远省份落入叛军之手，做大的禁卫军，就如古罗马皇帝的御林军，操控帝王的废立。

在此，保罗·莱科特的影响格外重大。他对奥斯曼人的看法，通过其书多次的再版和多种外语版的出版，四处传播，而这看法是根据古罗马帝国的下场推断出的。他写道，“暴力与不公充斥时，最崇高的高贵与最深的不幸深渊，就只有一线之隔，因而一国之君可能在顷刻之间，从一者变为另一者”，而他写下这句话时，特别以斜体书写，以突显其重要。罗马这主题始终占据他心头。1683年，他为约翰·德莱登版的普鲁塔克作品《希腊罗马名人比较列传》，翻译了其中早期罗马国王鲁马·庞皮利乌斯的生平。这套英语版《希腊罗马名人比较列传》极为畅销，到1716年时已出到第十七版。[1]

莱科特始终以卑微但可靠的奥斯曼编年史家自居。他论奥斯曼的早期作品，据他完成于1699年的最后版本所述，因为他在奥斯曼生活了很长的时间，所以作品是以他本人在奥斯曼帝国度过的十几年生活为基础。那时候，他也依赖各种通信员（虽然不尽可靠）和其他作家都会使用的同样二手资料，取得精确资讯。但从头至尾，他始终

1. 济亚德·埃尔马萨菲（Ziad Elmarsafy），曾就莱科特作为拉辛剧作《巴耶济德》（*Bajazet*）创作来源的角色，著书探讨。他的观点极为精确：“似乎叫莱科特感到困扰的，是帝国初期的罗马和17世纪奥斯曼帝国之间的相似，特别是其国势兴盛与内在邪恶之间似乎具有的相关性。”

保持一贯论点：如果基督教诸国能团结一致，不应惧怕土耳其人，因为土耳其人的实力遭到夸大。这就产生一根本性的吊诡。为打破西方人的自满，他强调土耳其人的强大。为坚定西方人的反抗意念，他告诉读者，奥斯曼国力正日益走下坡。

1781年，吉本撰写《罗马帝国衰亡史》的自序时，言简意赅地表示，他这部作品乃是在描述一连串令人难忘的革命，如何“摧毁掉彰显人类之伟大的坚实结构”。在那一个世纪前，莱科特在其著作中，也表达了双重涵意。他描述了土耳其人在实体层面上带来的威胁，以唤醒西方。他呼吁西方了解敌人，主张：“土耳其人被视为野蛮无知之徒，实是他们的一大幸事；因为这种心态作祟，基督教诸国国君对他们最大的危险敞开大门，毫不设防……在这同时，这强大敌人已完全掌控数个省份，大大瓜分欧洲现有的庞大财富。”

但他也写道，在“这个举世最自由、最公正的国家”里，国内自由遭到的威胁。他用他在奥斯曼帝国所见到的衰落、专横的危险事例，警告他的英格兰同胞。这时，他的同胞刚经历过一场内战，一位国君遭杀害（莱科特是保皇派）、复辟，还有发生在他晚年的另一场革命（1688年的光荣革命）。莱科特不只在写一部平铺直叙的历史，还在传达了一特别有力而错综复杂的论点，如今这一论点已传遍全欧，且持续数世纪未衰。但他所要表达的基本理念与土耳其人毫无关系，他拿土耳其人作为可怕的历史借鉴，以让英格兰人知道若未能保住自己古老的自由，会有何下场。“比起遭外族奴役”，英格兰人应“了解并珍惜自己的自由，应每天感谢上帝和国王，应人在福中要知福，勿堕入恣意妄为和革命冲动中”。在这一过程中，他把土耳其人打造成了恐怖、专横、压迫的象征，并烙印在了欧洲人心坎上。

第四章

踏上征途

寒冬笼罩着维也纳与爱琴海之间的大地。在埃迪尔内的皇宫，苏丹穆罕默德四世和其朝臣愉快地享受着在坚硬结冰地面上狩猎的乐趣。西北方一千六百公里外，这场严寒毫不留情袭来，维也纳的居民形同冬眠，城中街道几乎空无一人。有部历书准确预测，该年头几个月会特别寒冷（持续时间又久）。即使3月中旬，每天早上街道和广场仍结着厚冰，常常下雪。在维也纳与贝尔格莱德之间的多瑙河沿岸，严寒天气未断，河面上有大块浮冰漂往下游。雪停之后，又开始了持续不断的大雨，灌满了大小河川，低洼地变成一片泥沼。就连平常坚硬的小径和道路，都变成泥塘，四轮和两轮货车都无法通行。多瑙河在布达佩斯南边形成的外多瑙地区（transdanubia，东、北以多瑙河为界，南以德拉瓦河、穆拉河为界，西以大约沿着奥、匈边界而行的阿尔卑斯山山麓丘陵为界），密布低洼的沼泽地和湿地。城镇建在高地上，但初春时，随着冬雪融化，许多城镇成为沼泽中的孤岛。16世纪印制的第一批匈牙利地图，未注明这一季节性的泛滥，但事实上它左右了生活的每个层面。1682~1683年那个冬天的严寒，只掩盖另一个必然会发生的事：一旦春天挣脱冬天的掌控，奥斯曼大军不久也会跟着到来。

奥斯曼大军从埃迪尔内开拔，前往贝尔格莱德，浩浩荡荡，叫人叹为观止。有位于君士坦丁堡的杰出商人写信给伦敦的友人，描述1682年10月苏丹从都城出发的情景："这景象展示了这帝国最傲人的财富，包括价值无法估量的珠宝、马、衣服、家具，那种华丽非笔墨所能形容。"不过，他接着还写道"一群骑士……带着箭、箭囊、剑、长矛；接着是诸位帕夏，每个帕夏各有一批牵着马的随从，年轻英俊的随从身穿华丽的锁子铠甲。"宰相的行进队伍，由大臣卫队领头，"大臣卫队身披狮、熊、虎、豹的皮，穿着各不相同；接下来是十八名汉子，手持数根十码长的杆子，走在宰相前面，杆子上共有六个马尾；接下来是宰相的五十名青年侍从，步伐一致走在道路两旁，宰相则骑马走在他们中间。在他后面是两只大骆驼，该帝国历来所发现的最大骆驼，第一只骆驼驮负（先知）穆罕默德生前穿过的衣物，第二只驮负《古兰经》，因为那是穆罕默德交给继承人的东西。"苏丹穆罕默德骑着"乳白色的马，马身布满无价的珠宝，随行的青年侍从，穿着大体上没两样，都戴着以金打造的帽子，穿着长及膝盖的金长袍，束上一圈三寸宽的腰带，腰带上嵌着密密麻麻的钻石和其他宝石，到了已无空间再嵌上宝石的程度。"在这后面是骑马的王子（王位继承人穆斯塔法），"身穿朴素长袍，骑着寻常马匹。他身后跟着约四百人，全是苏丹陛下的青年侍从，个个配戴帽子、锁子铠甲、铁手套、剑、盾，身子右侧带着箭囊，右侧披着弓，箭囊里是镀金的箭。"弓套、箭囊表面镶了钻石"和其他宝石。他们身穿宽松的缎子衣服，颜色或绿、或鲜红、或蓝、或黄，所有颜色交织在一块，赏心悦目"。殿后者是"约五千名骑兵，个个手持长矛在前”。他们通过之后，这场为时五六小时的游行随之结束。雪融之后，这一游行在埃迪尔内又上演了一遍，随后往贝尔格莱德开拔，这时候，部队人数已增加将近一倍。苏丹的大军，日益威严盛大。

这奇特而壮观的出征行列，意在传达仗还没开打，他们就已取得某种胜利。大军离开贝尔格莱德，进入出征仪式的最后阶段——跨越边界进入匈牙利之时，这游行会再演一遍。行军途中，由前锋部队作前导，引领浩浩荡荡的骑兵队和绵延数里远的庞大步兵。前锋部队由鞑靼人和非正规轻骑兵组成，走在主力部队前头，与后者保持一两天行程的距离[1]。主力部队则是不计其数的骑兵。但殿后者是阵容日益庞大的火炮车队和各式各样的两轮兽拉车，兽拉车上有火药、子弹等所有军用装备。整支军队只能依照牛拉车和火炮车行进的速度来前进，一天可能行走十九公里。途中频频出现延误。在1683年的恶劣气候下，车轮和车轴因碾过车辙和路面坑洞而断裂，火炮得靠人力拉出泥沼。前进速度缓慢，部队士气跟着低落。

大军开始穿越色雷斯地区河谷，接着在庞大幽暗的罗多彼山脉山脚下，一路扎设临时营地，逐步前进时，无可抗拒的大自然发威了，要人听命其进行时间表。只有等春天降临，大军才能够移动，才能开赴战场。在新年里青草长出之前，往北的路上没有足够的草可供牛、马啃食。有份15世纪的记述，对此有扼要的说明：“土耳其人时时在留意春天第一批草苗的长出。地上一长出草，土耳其人就会开拔，前来攻打我们。”

在日后的战争中，机械化部队依赖石油，但奥斯曼人的作战方式，对于驱动动物所需的天然养料，有同样程度的依赖。传统上，作战季约开始于5月初庆祝

1. 1666年大军从埃迪尔内走到埃斯泰尔戈姆，花了一百一十九天，其中六十七天在休息。平均来讲，天气好的情况下，这支军队一天能走二十多公里，就属难能可贵。

希济尔·伊利亚斯（保护旅人和其他身陷危险者的穆斯林圣徒）的公共节日时。这意味着往北到贝尔格莱德（这场仗正式开打的地方）的征程，会在3月或4月初展开。1683年，苏丹的作战营帐于3月15日在埃迪尔内的皇宫宫墙内搭起，表示这场战役不久就要展开；但炮火来得晚，大军拖到该月底才能开拔前往贝尔格莱德。且在开拔前，出现不祥兆头。当战营进行大阅兵，苏丹穆罕默德四世下令开拔时，在所有奥斯曼军队和外国使节面前，突然刮起一阵大风，吹掉苏丹的头巾，当场，全军一阵颤动。在滂沱大雨中走了九天，大军才抵达第一个目标菲利贝。还未抵达菲利贝，部队中已有许多人快要叛变，宰相于是下令在此停留三天。溪水每天从山坡冲下，使河水大涨，冲垮了桥梁。经过又一个星期的跋涉，大军只来到省城索菲亚，然后又在此多停留了几天。4月24日，全军抵达尼什——该地区是有部队驻防的主要城市——九天后的5月3日，苏丹和其军队终于抵达贝尔格莱德，即萨瓦河与多瑙河交汇处。贝尔格莱德位于伊斯坦布尔与维也纳的中途，从南往北的几条主要道路在此相会；罗马兵团在这里建造了第一座石造城堡（castrum，古罗马军营或要塞），几个月之后，在城墙环绕的卡莱梅格丹的要塞城里，出现了上城和下城。1521年终于攻下此城后，奥斯曼人强化其防御，白色石灰岩城墙和高塔成为奥斯曼人每次远征多瑙河彼岸地区时大军的集结点。

苏丹穆罕默德四世和宰相，藏着一个只有他们两人知道的秘密。1682年秋，他们已决定隔年出征，以维也纳为目标。秘而不宣意味着他们的计划一旦失败——一如伟大的苏莱曼一世所曾遭遇的两次挫败——他们可免于失败的羞辱[1]。穆罕默德四世埋首于王宫档案室里面的手写稿，研究前几次出征的经过。

1. 这是我的推测，因为涵盖这一时期的文件，不是已经不存在，就是在事后遭修改以抹黑卡拉·穆斯塔法的为人。据称清楚交代这情况的唯一文献，其来源可疑，因为那文献的撰写者其实不在场。

文献资料数量庞大，因为奥斯曼史学家巨细靡遗地记录了军事活动。那些资料虽以浮夸华丽的笔法写成，从中却可广泛了解前人是如何打攻城战、会战，进而从中吸取教训。我们可以猜测这些资料对苏丹有所影响，但历史上已没有手写日记或战略计划可让我们断定他的意图。1683年之战背后隐而未现的动机，后人一直未充分思考，相关的资料也太少。但我们可以看出，奥斯曼人再度用兵西方，是因为伊斯坦布尔托普卡帕宫里信心日增。在1682年，胜利似乎唾手可得。

苏丹和宰相都知道，打一场全面性战役，耗费巨大，还要拿他们的政治前途当赌注。要付出如此大的代价，攻打的目标必须有所价值。在此，冲动开始淹没理性。驻守匈牙利的奥斯曼诸指挥官，想打的是非常有限的战争：拿下多瑙河南北侧一两个哈布斯堡王朝的强大要塞。若攻下杰尔的星形棱堡或控制多瑙河的科马诺炮阵地，将一举改变战略均势，使哈布斯堡王朝的防线破一个大洞。那将使奥斯曼人牢牢控制已归他们统治的布达城以西地区，且可能让他们更加深入到哈布斯堡王朝管辖下的匈牙利。但拿下维也纳的象征性价值，明眼人都看得出，比军事上的考量，更让人心动。

穆罕默德四世渴望名留青史。前面有提到，他叔叔穆拉德四世，以“巴格达征服者”的威名永垂不朽；与他同名的穆罕默德二世，则是“君士坦丁堡征服者”。穆罕默德四世已在名义上“御驾亲征”，拿下坎迪亚，攻占卡门内茨城。但他想真正打赢一场仗。就我们对穆罕默德四世的了解，从他博览群书、热爱英雄文学、传承祖先荣光的使命感来研判，赢得“维也纳征服者”的美名，乃是他无法抗拒的憧憬。宰相卡拉·穆斯塔法攻打维也纳的动机，则较容易猜到。他所追求的目标，始终被说成是低俗而不值一谈；不管是在奥斯曼，还是西方，批评他的人都说他只要钱和地。他拼命谄媚主子，对于主子每个心血来潮的念头他都认同，只为尽早实现自己的目的。如果苏丹想拿下维也纳，他这种人只会诺诺称是。据批评者的说法，身为宰相的他，野心太大，太腐败，太贪。届时上天会出来主持公道，他最终会自作自受（后来他的确沦落到这下场）。但此种说法，是不是道德批判意味太浓了？

还有一个可能的动机：光宗耀祖，打造万世一系的宰相家族。卡拉·穆斯塔法没有科普律吕家族的血统，他是被收养的。科普律吕家族掌握大权，连续数代主掌朝政，是史无前例的。1656~1735年间，该家族有八人出任一人之下、万人之上的宰相职位。数十年间，科普律吕家族发展出特色鲜明的意识形态和精神特质。该家族的利益核心，不在东部诸省，而在西部诸省，即地中海地区和欧洲；卡拉·穆斯塔法拥有的一切，全拜其养父穆罕默德·科普律吕所赐。该家族猝然爬上权力的顶峰，始于穆罕默德·科普律吕在1656年来到伊斯坦布尔主持朝政，收拾乱局，而从一开始，卡拉·穆斯塔法就是该家族得以造就此伟业的大功臣之一。科普律吕家族改变了他的一生，他则以捍卫该家族的命运和荣耀作为回报。这一主从关系是奥斯曼社会的基础，牢不可破。

对这位苏丹和这位宰相来说，攻下维也纳，代表的不只是再打一场仗。他们两人暗地里都认为，维也纳必定会落入他们之手，他们将赢得过去所有名叫穆罕默德的苏丹未能赢得的一场胜利。对这位宰相来说，那将使身为养子而取得大权的他，成为科普律吕家族里成就最高的一员。但这一切必然都是后人的猜测。不管是在1683年，还是那之后，都未能指出攻打维也纳的明确动机。[1]当时有许多人，包括奥斯曼人和西方人，义正词严地将最终的失败归咎于这位宰相，替苏丹推卸责任。有些作家，例如前英格兰驻士麦那的领事保罗·莱科特强调，卡拉·穆斯塔法能够稳坐高位，靠的是他对主子的欲望和奇想的无限制吹捧与满足。

---

1. 我深信，据所有的资料和其背景看来，认为穆罕默德四世软弱而卡拉·穆斯塔法无比贪婪的传统观点并非事实。

而苏丹穆罕默德四世既不昏庸，也不像他父亲那样堕落。他是这计划的积极参与者，是数代以来读书最多的奥斯曼统治者，奥斯曼王朝的神秘特质和伟大先贤的赫赫战功，深印在他的脑海中。在他年幼时见过他多次的神秘罗马帝国特使，曾论及他深受母亲影响，有着“沉静、忧郁且严肃的特质”。如今已很难清楚断定他的性格，因为他的性格受到他漫长在位期间诸多事件的深刻影响。对穆罕默德四世来说，战争已是他憧憬的冒险。他喜欢以战士形象示人，许多欧洲艺术家描绘成年的他时，把他塑造为战士模样。他们清楚，神化他的形象才会得到市场的青睐，但有时也将穆罕默德四世妖魔化。在书籍和版画里，他似小男孩的矮小身材，常被画成突兀而古怪的模样，还附上“暴君与大猎犬”或“疯狗与野人”之类的图说。但我们却找不到任何具体证据能证明他的邪恶。他很爱他的儿子：他父亲易卜拉欣脾气坏，他却没有遗传到这一点。

要勾勒出卡拉·穆斯塔法的性格较难。许多认识他或见过他的人，论及他不同于常人的自负和天命意识，与他那位无血统关系的兄弟和科普律吕家族其他成员不同，他哪种酒都不碰，并打从心底鄙视欧洲人和非穆斯林人。卡拉·穆斯塔法出生在穆斯林家族，父亲身为奥斯曼重骑兵，受封有一块领土，领土位于黑海以南山区小镇梅尔济丰。1652年，在朝中失势的穆罕默德帕夏归隐庄园，庄园位于名叫科普律的镇，距梅尔济丰不远。卡拉·穆斯塔法十几岁时，被穆罕默德收养，穆罕默德受召回京出任宰相时，他跟着以胜利者的姿态返回伊斯坦布尔，身为养子的他，很快和家族打成一片。他与穆罕默德的长子法齐尔·艾哈迈德友谊真挚，在他娶了法齐尔·艾哈迈德的妹妹之后，他们的友谊更加稳固。

他很早就从养父那儿学到一个重要的经验：要成为成功的大臣，必须令人畏惧，而非令人爱戴。不过，作为朝中大臣，他很懂得向苏丹献殷勤，懂得向年轻王子穆斯塔法和艾哈迈德表现关心；因此，他得到娶奥斯曼公主、成为驸马的回报，并抛弃了他的第一任妻子。苏丹穆罕默德四世与卡拉·穆斯塔法的关系，不同于苏丹和此前以及此后朝中所有大臣的关系。卡拉·穆斯塔法比苏丹年长约十三岁，身材高大壮硕，有着浓密黑胡和浅黑色头发，大而黑的眼珠。其他的科普律吕家族成员都是阿尔巴尼亚裔（该家族在奥斯曼的开基祖，年轻时因征兵而来到伊斯坦布尔），卡拉·穆斯塔法则是地道的安纳托利亚人。他平步青云：1663年出任爱琴海舰队司令，与威尼斯舰队交过手。他打过克里特岛战役，以敢往前冲不怕死而著称。他可能正是（我猜）这位年轻苏丹欣赏的男子汉。

因此，进攻维也纳的计划，可能是苏丹与这位宰相联手策划出来的，而非由他想出、然后强迫苏丹不情不愿地施行，甚至首倡此议者可能就是穆罕默德四世[1]。传说，制订进攻计划时，这位宰相梦到自己穿着新靴，一只七头龙出现在他面前，趾高气扬走过来咬他。隔天，他找占卜者解梦。解梦者告诉他，“脚上那双靴子，表示你要出征，那条龙代表受七个国王指挥的——哈布斯堡皇帝。你最好打消这次出征的计划，否则一定会后悔。”

这类不祥之兆可能会吓到性格怯懦的穆罕默德四世，但肯定阻止不了卡拉·穆斯塔法。这一行动的鲁莽大胆，正符合卡拉·穆罕默德的性格。他的计划并非只是出于一时狂妄自大的奇想。奥斯曼人的军事情报很强，这一次却提供了相互矛盾的两个信息。首先，情报告诉他们，维也纳这个令人垂涎的目标，受到东边一连串要塞的保护，可望而不可即。此外，多瑙河以南地区遍布大沼泽和大湿地，奥斯曼人要横扫西方取得全面胜利，这是一大障碍。但奥斯曼特使、间谍、敌后情报也清楚表示，一旦越过那些外围防御工事，拿下维也纳就不太难。该城的防御工事未翻新，防守不强。拿下敌人都城和该城城堡所彰显的象征性价

1. 当然，这次大举出征一失败，历史随即遭重写，苏丹被写成从一开始就对此心存怀疑，后来更对其奸诈下层的阴谋诡计浑然不知情。

值，远非拿下某个边境要塞所能比拟，即使那要塞的短期军事价值可能较大。1453年拿下君士坦丁堡，在军事上价值不大，却具有重要的象征意义，同样的，攻陷维也纳也将带来荣耀和优势。

最后，我们应思考卡拉·穆斯塔法最私人、最深层的动机。对科普律吕家族来说，1663年兵败圣哥达仍是不堪回首的记忆，是该家族的一大挫败、一大耻辱。卡拉·穆斯塔法想用敌人鲜血洗刷家族的耻辱：炽烈的复仇之心驱动他出征。苏丹穆罕默德四世有类似动机。对这两人来说，哈布斯堡家族不只是另一个基督教仇敌。奥斯曼对该家族特别厌恶、猜忌。他们与许多西方敌人的交往不同于此：17世纪时，他们与俄罗斯沙皇和波兰国王协商出满意的结果，跟两国领袖谈判，比跟哈布斯堡神圣罗马皇帝容易谈出结果。他们的厌恶是发自内心的。哈布斯堡家族是无耻的篡位者，盗窃了理当属于奥斯曼人的皇帝头衔，因为是奥斯曼人征服并承继了罗马帝国。

奥斯曼人在15世纪初次进入匈牙利和哈布斯堡王朝领地，16世纪开始了征服行动。但他们的野心还未完全实现。国家大业仍未完成，伊斯兰家族的使命与奥斯曼家族深信不疑的天命意识完全重叠。苏丹的宗教使命是扩大“和平领域”，缩小“征战领域”。奥斯曼王朝四处征讨，欲让苏丹成为名副其实的“诸汗之汗”“诸王之王”。拥有这些头衔的苏丹，应成为最高统治者，统领其他所有较小的统治者。征服了罗马帝国的日耳曼王，将维也纳作为都城。而在奥斯曼人眼中，这是欺世盗名。罗马皇帝这个头衔应属于以君士坦丁堡为都城的拜占庭皇帝。穆罕默德二世攻占该城，自然成为罗马帝国的统治者。若能攻占维也纳，在该地建造伊斯兰圣寺，他将成为法理上及实质上的西方统治者。苏莱曼一世不就自称是“统治着罗马所有土地的皇帝，恺撒、亚历山大之土地的主人”？

在奥斯曼人眼中，这个天命在开天辟地之初就已存在。奥斯曼人的诸位乌克斯族远祖中，有一位杀了一只狂狼而拯救了世界；还有一位用棍棒把发狂的骆驼打死，使人类幸免于难。根据历史学家阿希克帕夏札德记载的另一个传说，奥斯曼王朝的开基始祖奥斯曼住在后来成为他岳父的苦行圣僧埃德巴利家中时，梦到月亮从埃德巴利胸中升起，然后进入奥斯曼心脏，紧接着，从奥斯曼肚脐长出一棵树，最后，那树枝叶繁茂，盖住世界。在树影里有山，有潺潺溪水从山上流下。隔天早上，苦行僧解梦于他，说真主将把主掌天下的大权交予奥斯曼和其子孙。用这些说法合理化称霸天下的作为，似乎太含糊、太薄弱，但哈布斯堡王朝的理由也好不到哪里去。苏丹世袭的职责和统治大权，不只要涵盖伊斯兰信士，还要涵盖全人类：苏丹应将天下人纳归奥斯曼王朝统治，纳归伊斯兰的管辖。

1683年发动大军征讨西方，绝非鲁莽冲动之举。宰相和其心腹非常清楚西方敌人正困扰于什么难题。他们知道哈布斯堡王朝正忙着保护他们在日耳曼和低地国的地位，以防势力日强的法国染指。他们看出皇帝莱奥波德一世一再恶待匈牙利子民，还大张旗鼓迫害匈牙利新教徒，这使哈布斯堡王朝的东部边疆防御格外脆弱。这时候，许多匈牙利人不愿给予哈布斯堡王朝物质援助。有些人甚至开始思索，奥斯曼人再坏，也不会比可恶的奥地利人更坏，甚至可能更好。

打败哈布斯堡王朝的最大障碍是时间和气候。16世纪苏丹苏莱曼一世亲征时碰上的难题，比1683年奥斯曼诸指挥官碰上的还少，结果他两次都未能攻下维也纳。第一次是1529年，因为维也纳古城墙的坚固防御和冬季的提早降临而未成功；第二次是1532年，受阻于一个微不足道之要塞的英勇（或有勇无谋）抵抗。自他在位时候起，北方边境的防御就已大幅强化。与哈布斯堡王朝相接的多瑙河边境，散布了多个新式要塞，其中有些由奥斯曼人掌控，但大部分是哈布斯堡驻军建造、驻守。这一新的军事形势，创造出任何一方都无法取得压倒性优势的僵局，因为光攻占一个要塞就得花上数星期。因此，1593~1606年在匈牙利西部长战期间，奥斯曼人、哈布斯堡王朝都未能取得决定性优势。1606年后的几年间，又建了数座新要塞。

若要奥斯曼诸指挥官预测战果，最乐观也只是拿下一两座要塞，然后班师回朝。但这样不够。奥斯曼人的作战传统，至少是卡拉·穆斯塔法眼中的作战传统，必须有更好的战果。如此劳师动众远征，怎可只得到如此微不足道的收获？进攻维也纳或许有风险，但至少有可能一举扭转双方的对战形势，即使成功机会渺茫。

1682年秋发出的动员令，要求部队在1683年5月初，在小镇泽蒙旁的营地与苏丹会合。这小镇在萨瓦河汇入多瑙河的附近，在贝尔格莱德的城堡围城下方。战营规模逐日壮大，长长的步兵和骑兵队伍，跨越连接旧城区与萨瓦河西岸的桥梁，进驻营地。从卡莱梅格丹（贝尔格莱德的护城城堡）望去，排列整齐的营帐沿着河岸往外扩散，成千上万匹马说明了将往北进发的大军，阵容是何等庞大。在港口，桶状货船排成一列，等待着重炮和体积庞大的攻城设施搬上货船。每一天，都有重载的船只驶往上游的布达，或多瑙河支流德拉瓦河河港奥西耶克。日后奥斯曼大军就在奥西耶克横渡德拉瓦河，进入匈牙利境内。几个星期来，非正规的波斯尼亚骑兵、当地地主和其随从以及三五成群的巴尔干滑膛枪兵和招募来的兵员，以及最重要的，来自克里米亚半岛的鞑靼人第一大队，络绎于途，堵塞了通往贝尔格莱德的道路。这些鞑靼人各骑一匹马，身后各拴着一串结实的小马。叙利亚人、安纳托利亚人，还有北非柏柏人，从地中海诸省和东部诸省源源不断地涌来，使奥斯曼大军日益壮大。外国盟友、当地权贵、官员纷纷前来向宰相致敬，表明效忠之意，宰相营帐门庭若市。

开赴贝尔格莱德途中使大军脚步变慢的恶劣天气，这时已渐渐好转，湿漉漉的土地终于开始变干。哈布斯堡王朝边界，位于布达佩斯以西一百六十公里处，距贝尔格莱德五百六十公里。宰相于1683年3月底率军从贝尔格莱德开拔，要到7月中旬才能抵达维也纳城郊。贝尔格莱德与哈布斯堡边界之间的土地虽是属于奥斯曼人，但他们面对大自然所加诸的障碍，却束手无策。在此前几个世纪，多沼泽地形不致构成这么大的障碍。但17世纪的奥斯曼军队，有庞大的轻重车队随行，湿漉漉的环境就成为比敌人更难克服的麻烦。

不过，在多瑙河彼岸，一旦越过萨瓦河和德拉瓦河，第二阶段的行程变得就较容易。天气好，走在坚实的地面上，全军将以稳定的速度前进。但仍有许多小河会因雪融而水位大涨。每条小河都得架桥，而且桥必须足够坚固，以便将四轮运货马车和火炮拖过河。但临时浮桥往往经不住重压而垮掉，笨重的火炮落入水里，再也捞不上来。

按照传统做法，大军在贝尔格莱德集结时，仗就开打。奥斯曼大军要花上多达六个星期，才能抵达哈布斯堡王朝领土的北界。但每个指挥官心里都很清楚，到了那遥远的边境，可用来攻城的时间有限。战争最晚得在9月结束，然后大军从维也纳打道回府，争取在下雪之前回到安全的冬季营舍。但是，这位宰相信心满满，认为攻打异教徒不会太难。他的确有理由这么认为：此去到维也纳，中途经过的地都是他们的领地，他们可以一路进逼到布达城另一头的战区，敌人挡不住他们。届时，距目标只剩几天行程，他们的攻击将会势如破竹。胜利掌握在真主手上，怎么可能落败？

在多瑙河对岸，是罗马人称之为潘诺尼亚的地区，也就是今日较多人知道的外多瑙地区。这地区也在奥斯曼人完全掌握下。外多瑙是“多沼泽的荒凉地区，居住人口持续急剧下降”，与南方的多山地区（土耳其语所谓的“巴尔干”地区），位于布达东方的另一个地区川西瓦尼亚（土耳其语称埃尔代尔），情况大不相同。外多瑙几乎无农业，大部分居民养牲畜过活。罗马人入主时，已砍伐了大片原始森林，燕麦和大麦成为主要作物，但产量不大。该地区一直处于落后状态，只零星分布着几个罗马人所建的乡镇。再加上历来的匈牙利国王一直以来不重视该地区，土耳其人也无意拓殖这片乡野，种种因素无意使该地区改信伊斯兰：穆斯林大量迁入的镇，为了进行改造，大部分古建筑被铲平，重建成土耳其式建筑。

在奥斯曼帝国的城镇里，不同族群比邻而居，大部分相当和睦，在乡间，和睦程度则可能较低。奥斯曼帝国的治国理论，要求各族群必须和睦相处，以维持社会安定。书中记载的宗教、社会迫害和暴行，确有其事，但这类事情并非普遍，只是偶然事件；残酷与恐怖是奥斯曼人的施政工具，但不致流于恣意滥用。一如斯大林治下的俄罗斯，政府决定是否运用恐惧手段，该谁受罚、该受痛恨、该受压迫，由伊斯坦布尔中央决定，地方官员执行。

伊斯坦布尔和其他城市的状况，大不同于奥斯曼帝国边界沿线的状况。因而在西部边界，存有不常见而特殊的客观条件，会使自信满满的历史评断失准。或者，更精确地说，我们得知道我们正在学的历史是谁写的历史。在这些边境地带发生的事，包含三个元素。首先，这里原有一个民族国家即强大王国匈牙利，但经过四代时间的改造，到了1683年，匈牙利人已成为“夹在诸大帝国之磨石中间而饱受折磨”的民族。第二，匈牙利成为哈布斯堡与奥斯曼这两大帝国对抗的战场，双方变身为世界强权，困在原始的政治斗争中。第三，这一斗争通常从宗教角度来界定，反映了使两帝国水火不容的意识形态分歧。上场者众多、冲突不断、动机多得叫人眼花缭乱，同一事件可以有多种解释，史料充满了一方之见却远远谈不上公正[1]。

1. 这问题同样适用于对哈布斯堡王朝和对奥斯曼帝国的论述，但加布里尔·彼得贝格（Gabriel Piterberg）的《奥斯曼悲剧》（*An Ottoman Tragedy*）可能也有助于处理哈布斯堡王朝的档案。

奥斯曼帝国长长的陆上边境，大部分是法纪不彰、主权转移频繁的天高皇帝远的恶地，类似法国文化学家保罗昂利·雄巴德洛威笔下那个不稳定、动乱的环境[1]。“恶地”没有固定的生活规则，没有根深蒂固的社会习俗，没有一成不变的思考方式，没有众望所归而屹立许久的社会领袖，没有已确立的宗教信仰模式，也没有一套符合某强势社会环境的观念[2]。奥斯曼帝国的边区，不管是巴格达以东的边区，还是巴格达以西的边区，都时时处于变动的状态。布达以西的边区，不在以城市、要塞为中心辐射形成的势力范围内。那是个混乱的世界，从亚得里亚海绵延到多瑙河北方的上塔特拉山脉。

边境地区这种无休无止的极端混乱，使布达城堡里的帕夏和官员大为恼火，因为这使他们在伊斯坦布尔上司眼中显得无能，乌纱帽可能不保。维持秩序是他们的职责，敌人每一场袭掠都是他们失责的表象。哈布斯堡王朝这一侧的边境地区，市镇最高行政长官和要塞司令，同样因为守土不力，遭奥斯曼人入侵而遭责备。但在西方，袭掠也成为文学题材。这类文学作品大受欢迎，将土耳其人残酷、不断侵犯的看法传播到西方各处。其中大部分作品取材自遥远过去的故事，巴伐利亚人约翰内斯·希尔特伯格的故事，成为经典。他是某巴伐利亚贵族的青年侍从，1396年尼科波利斯之役遭俘。他沦为奴隶长达三十年。中间换过数个主人，在这期间走过东方多个地方，完成了一连串让人瞠目结舌的冒险。在尼科波利斯被俘后，他成为奥斯曼苏丹巴耶济德的奴隶，帖木儿领军大败奥斯曼人后，他成为帖木儿麾下蒙古人的奴隶。蒙古人把他带回草原，中途穿越克里米亚半岛、钦察人的草原地区、莫斯科大公国部分地区、高加索地区，他最后在黑海东

1. 雄巴德洛威在其著作中描述许多现在大都市的无政府特质，这些城市构成定居与暂时定居的一组边界。

2. 这是塞西莉亚·荷兰（Cecilia Holland）在其小说《拉科西》（*Rakossy*）中，以令人振奋的手法，淋漓尽致描述的世界。该书出版于1967年，2006年重新发行。

岸港市巴统脱逃，长途跋涉来到伊斯坦布尔。然后他走路返乡，在1427年回到巴伐利亚。这是个史诗般的故事，以手抄本的形式广为流传。15世纪50年代印刷术问世时，它是广为流通的少数几本印刷书之一，1476年在奥格斯堡首次印刷成书之后大为轰动，1600年它已出到第十一版，希尔特伯格的故事成为此后所有俘虏自传的典范。该书最引人瞩目的地方，不在希尔特伯格的记述，而在印刷业者插入其中的雕版画。这是西方人首次具象呈现其世仇土耳其人，从此，就连目不识丁者，都能从图画中理解苏丹的残暴，明白下令斩首尼科波利斯城幸存者的血腥。

农夫安德烈亚斯·格莱恩的故事，生动说明了边境地区生活的危险和恐惧。到了1640年，从官方角度看，处于哈布斯堡王朝与奥斯曼停战期间，但仍有敌人从北方越境袭击。筑有城墙的村子皮尔巴赫，位于新锡德尔湖旁边，就频频处于攻击威胁之下；先前几次敌人袭击时，已有几名村民从田里消失。甚至有传言说会有大批鞑靼人来犯。若是真的，虽村子的城墙可抵挡一阵子，但村民还是决定，一旦发现敌人来犯，就放弃家园，逃到多瑙河北岸普雷斯堡后面较安全的山区。

这类传言有许多次只是虚惊一场，有时鞑靼人进攻的是别的地方，但1640年，果然有鞑靼人大批来袭，逼近皮尔巴赫。在城墙外约八百米处有地的安德烈亚斯·格莱恩，要妻子、小孩跟其他村民一起逃难，他留下来照料他的葡萄园和牲畜。结果，鞑靼人来到已不设防的村子近旁时，格莱恩却未察觉。鞑靼人洗劫皮尔巴赫，发现格莱恩，一阵毒打之后，将他抓走。鞑靼人转进到下一个村子，用绳子拴着格莱恩，拉着他跑，但那村子的村民同样都已逃光。再过两天后，这支鞑靼作战队担心奥地利骑兵队前来阻截，于是调头，越境回去。他们用绳子把格莱恩和他们抓到的其他倒霉村民拴在马尾上，逼他们在马后面一路跑。鞑靼人来到奥斯曼帝国境内第一个大镇时，将他和其他俘虏卖给他人为奴。主人将格莱恩和其他俘虏安置在畜棚里，把他们当公牛使用，逼他们白天时拉犁耕田。每天的食物只有一把坚果、些许小米和水。饱受折磨七年后，他在一名奥地利女人的帮助下终于逃脱。徒步行走数月，终于于1647年10月回到皮尔巴赫。他在距村子的城墙外曾属于自己的土地上停留并过夜。

隔天早上，他回到了老家，遇见妻子，可是她已在不久前改嫁了。他的妻子没有认出他，因为他胡子拉碴，长发凌乱，衣服又脏又破。即使他开口说话，她还是没有认出他。他口口声声说他是她死里逃生、历劫归来的丈夫。经过一番讨论，她才通过他的声音，不情不愿地认出。格莱恩讲述着他的故事，以期求得她的原谅，两人一起过幸福日子，白头偕老。[1]那个倒霉的第二任丈夫，则不得不让出他的新妻子。在皮尔巴赫城外，格莱恩回老家前一晚过夜的地方，立了一根“圣三一”柱，上面刻着1647年。刻有他传奇一生的那个大理石碑，至今仍在。

格莱恩的故事叫人难以置信，因为沦为奴隶后还能逃回家乡的人少之又少。希尔特伯格和格莱恩是极罕见的例外。通过印刷品，他们的故事和他们受苦的图像传出恶地，传遍了全欧。一个个烧杀掳劫的故事，描绘出一个个骇人的形象。在西方社会，还有其他令他们恐惧的东西——海盗、公路上杀人越货的强盗、新教地区境内潜藏的天主教徒、天主教地区境内隐秘的新教徒，他们都四处劫掠。势力强大的土耳其人所激起的恐惧遍及全欧。1683年时，英格兰读者能见到三个基督教徒被拴着脖子拉犁的图画，或更早之前，鞑靼人把俘虏拴在马后拖着跑的图画。这些都确有其事，但并非时时在发生，且不是每个人的遭遇 。[2]这些发生在东部边界也确实存有的灾难，只是边境地区生活的一部分，但它们很快就被视

1. 格莱恩的故事，类似娜塔莉·戴维斯（Nathalie Zemon Davies）在《马丁·盖尔的归来》（*The Return of Martin*）中所描述的马丁·盖尔的遭遇。

2. 匈牙利科学院的帕尔·福多博士，2005年时跟我说过，虽有许多记录提及奥斯曼人在匈牙利的暴行，详细指出地名、日期，甚至有时还有受害者名字，但不尽是事实。

为这个地区无所不在的事。这被认为是土耳其人干的事（必然是非常偏激的观点），但也是极有力的反奥斯曼的宣传。

在官方停战的几十年前间，一连串有关奥斯曼人施暴、施虐的故事出现于西方。发生于两个世纪前的希尔特伯格的冒险故事，一再重印出版，除此之外，还有其他人也侥幸逃过残酷、暴虐土耳其人的魔掌，并写下了他们的历险故事。冒险家约翰·史密斯，以其在北美森林里和印第安女孩波卡宏塔丝那段没有结果的来往的故事，为人所知，但在前往美洲之前，他曾遭鞑靼人俘虏。1603年，他出版了生动有趣的自传，书中如此描述其受俘过程：

惨遭屠杀者横七竖八地躺在地上，史密斯躺在这些尸体之间……身上有数处伤口，和其他幸存者一起呻吟，最后……劫掠者根据他的盔甲和衣服判断，留他当作活口勒索赎金，比把他杀了更划算，于是把他和其他许多俘虏一同带走；他们善待他，直到他伤口复原，然后，在阿克波利斯，他们全被卖，去当奴隶。他们就像市场里的牲畜，每个来买奴隶的商人检视他们的四肢和伤口，并要其他奴隶跟他们打斗，以测试他们身体的强弱；后来，巴肖·博加尔买走他，立即把他送到埃迪尔内，再送往君士坦丁堡，成为了博加尔情妇的奴隶。他们脖子被锁上铁链，每二十个人串成一列，成列走向这个大城，抵达之后，分送给几名主人。

现存有一幅雕版画，画上的史密斯套着铁项圈，在几名帕夏严密注视下，被拖行的模样。还有许多幅画作，描绘了遭俘的西方人，在北非奥斯曼人土地和摩洛哥境内受折磨的情况，情景更为骇人。

从奥斯曼人角度所写的而非与此类似的受俘经历记述，现知只有一个。奥斯曼·阿迦的父亲是驻守泰梅什堡的土耳其禁卫军老兵，他本人也加入禁卫军，在1688年遭哈布斯堡王朝的先遣部队俘虏。吃了多种苦头之后，他终于被派予劳役工作，主人（同时也是俘虏他的人）把他当奇珍异品来看待。最初他被派到某贵族家的畜棚工作，然后当男仆，最后成了糕点厨子。1699年，他终于逃脱奴役，最后回到家乡。从这则记述中，我们知道有数人跟他一起逃出，其中包括数个女人。虽然受俘西方人的故事，在西方印制成书，广为流传，但奥斯曼·阿迦精彩的历险故事，如今却只有一份手抄本（收藏于大英图书馆）传世。

西方社会喜欢看东方人如何残酷、好色的故事，作家、剧作家、艺术家热衷于满足这样的爱好。西方人比较在意的，不是苏丹是否会来犯，而是苏丹何时会来犯。在西方人眼中，征战是土耳其人的天性，1683年春“土耳其人在移动”的消息，不只回荡在维也纳和日耳曼诸城，还传至伦敦、斯堪的纳维亚诸首府，最北远至苏格兰的亚伯丁。对许多人来说，1683年维也纳遭攻击，不只是一场战役。他们认为那是在基督教信仰和庞大、邪恶、黑暗的伊斯兰势力无休无止的斗争中的另一段插曲。

当时，新教徒处在两种威胁之间，一是假设性的异教土耳其人，另一是好战的天主教，虽然他们有时较不认同土耳其人与基督教对立这样的观点，但他们也未能摆脱这观点的影响。英格兰、苏格兰、荷兰的新教作家，义愤填膺地描述了基督教徒在巴巴里沿海地区受到的奴役，其口吻一如天主教作家。土耳其人的可怕负面形象，普见于几乎所有西欧文化，通过教学、文字、图像、口述文化、戏剧、民间传说等文学形式，深入人心，即使距“土耳其”最远的人，都能感受到此种威胁。

第二部

天与地站在上帝的大审判席旁边，
东方是东方，西方是西方，两者永不会相遇；
但世上既无东方，也无西方。
两名壮汉相对而立，即使他们来自地球的两端，
没有边界，没有种族，也没有血统。

——吉卜林《东西方歌谣》

第五章

敌　人

军队在贝尔格莱德集结的那天，穆罕默德四世与卡拉·穆斯塔法公开并私底下交流了几次。苏丹从城堡下来，过河来到泽蒙的营地。5月13日，在萨瓦河畔的草地上进行了高规格的阅兵。苏丹在穆斯塔法和艾哈迈德的陪同下，在全军面前，将兵符正式交付卡拉·穆斯塔法，授予他先知穆罕默德三面旗帜中的一面（这三面旗帜是苏丹塞利姆一世于1517年在埃及夺得的）。宰相卡拉·穆斯塔法就此成为战场统帅，拥有生杀予夺的无上权力。他跪在苏丹面前，亲吻了脚下的土地。

无论两人在5月几次交流中做出什么计划和决定，在大军朝北进发之前，最后的决定为何，我们并不清楚。但受命为战场统帅，卡拉·穆斯塔法就此要完全肩负起成败之责。按照奥斯曼人的传统，若打胜仗，苏丹将分享此功绩；但若打败仗，苏丹会把责任推得一干二净。5月20日，苏丹最后一次驾临宰相的营地，看着禁卫军开拔，前往位于奥西耶克的渡河处。四天后，全军跟进出发，经过四小时浩浩荡荡的行军，抵达位于沃伊卡镇的第一营地，而这段路只约二十二公里。隔天早上，骑兵和四轮货运马车再度踏上征途前往奥西耶克时，下起了大雨。罗马人早先在德拉瓦河建了一座狭窄的砖桥，并建了一条坚实堤道，跨越河北岸的沼泽，通往潘诺尼亚省境内地势较高的地方。有六条路汇集于奥西耶克，其中五条往东南、西南散开，进入巴尔干半岛。经过数百年的岁月，这座河桥和河对岸跨越尼拉尼亚湿地的那条木堤道已朽坏，虽有渡船来往南北岸，德拉瓦河仍是另一个军事障碍。1566年，苏丹苏莱曼在匈牙利进行最后一场征战时，招募了约两万五千名民工，命他们与他的工兵合力建造新木桥跨越该河，建造长长的高架木堤道通往距该河约八公里远的达尔达村。

但1664年，米克洛斯·兹林伊率领两万三千名克罗地亚、匈牙利的骑马战士，攻占奥西耶克镇，并在撤退前，放火烧掉苏丹苏莱曼所建的那座桥和那条堤道。这对奥斯曼人打击极大。往北的贸易路线随之关闭，部队、装备的北运同样被断绝；奥斯曼人迅速在烧焦的废墟旁建了窄浮桥，也就是英格兰旅行家爱德华·布朗在1669年9月见到的那座桥。布朗见到时，熏黑的旧木桥残桩仍在，那些残桩“固定得如此牢，又如此硬，若要拔掉，肯定要花去他们很多的人力。土耳其部队通过这浮桥进入匈牙利境内。”刻画这旧桥的雕版画，呈现了原铺设有坚实路面的厚实结构体：浮桥若未被大幅强化，是承受不了卡拉·穆斯塔法所必须带去的重炮的重量的。前锋部队抵达时，迫在眉睫的加固工程仍在进行。

为使1683年这场战役出兵顺利，卡拉·穆斯塔法早已命人修复进入匈牙利的旧堤道，以便拖运重炮。但持续不断的雨，不只使大军从埃迪尔内出发后，克服重重困难才抵达贝尔格莱德，且已使架桥、建堤道的工程几乎停止，融化的雪水从蒂罗尔地区的遥远上游流下，使得德拉瓦河水位大涨，连续猛击桥桩。河对岸，部队有时在受损的高架堤道下面深及颈部的浑浊河水里工作，许多人因此死在沼泽里。

这一古老的堤道，距任何战线都有数百里远，却是接下来这场战役成败的关键。跨越德拉瓦河，深具象征意义，就像在伊斯坦布尔的彻尔佩奇草地举行的出征仪式，在埃迪尔内的皇宫前举行的校阅仪式，穆罕默德四世在泽蒙正式与部队告辞，一样深具象征意义，这些全是作战仪式。在苏丹穆罕默德四世的眼中，他和其威名显赫的先祖都是罗马皇帝，都是凭借征服施行统治的统治者。他熟悉恺撒、亚历山大的生平。他知道恺撒（就如普鲁塔克所描述）是怎样的：

来到隔开高处与意大利其他地方的那条河（今称卢比孔河），然后开始反思的故事：这时，他更接近那可怕的一步，为自己的冒险行径激动不已，为此，他放慢脚步。猛然停下后，他陷入沉思，长久不语……斟酌着跟随他们渡过此河后，所有人将遭遇的重大灾祸，还有渡过此河后他们将留给后人的广大名声。但最后，他怀着某种激动心情，仿佛停止斟酌利害，猛然投身未来一般，说出通常是人在孤注一掷、投身冒险之前所会讲的一句话：“掷出骰子吧”，然后便急急动身渡河。

在奥西耶克渡过德拉瓦河，就如同当年恺撒渡过卢比孔河。从那一刻起，战争无可挽回，若未能得胜归来，下场将很凄惨。卡拉·穆斯塔法知道骰子已掷出，他的所有希望和野心到了关键时刻。他不能失败。1683年6月2日，奥斯曼大军在奥西耶克桥头扎营。河的对岸就是匈牙利，距异教徒土地，只剩几星期的行程。但桥还无法使用。士兵在德拉瓦河岸的营地里，焦急等待了十二天，坑道士兵在这期间拼命赶工，以修复跨越沼泽地、通往达尔达镇的堤道。这项任务很艰巨。爱德华·布朗以钦佩的口吻描述了桥原来的样子："一部分盖在德拉瓦河上，也有一部分盖在常泛滥的沼泽地上，能与它相比拟的桥少之又少。这座桥长至少五里，桥上每隔四分之一里建一塔；桥两侧筑有漂亮栏杆，桥靠立于桥下的大树干支撑，每个跨距立九或十根树干。"

被迫等候的这十二天里，战场统帅卡拉·穆斯塔法并未让部队闲着。奥斯曼军队的前进，虽然一再遭暂停和礼拜日打断，但他因此下令禁卫军在暂停行进时进行日常操练，检查、修理所有装备。奥西耶克河港距多瑙河只约二十九公里，每天有货船从贝尔格莱德驶来，卸下额外的口粮、弹药、补给。留在贝尔格莱德的火炮，有一部分通过船运到奥西耶克，该地的木匠赶制了两轮拉车以载运这些火炮。卡拉·穆斯塔法收到探子回报，得知敌人在南北岸整军备战，令人惊讶的是，得知维也纳的奥地利人毫无动静。土耳其人都知道该城防御破落，需要修整，奥地利人却完全未予以强化。这一消息使他对于大军延搁在桥头一事感到特别泄气，因为他们的敌人修补城墙、棱堡的时间越少，土耳其人就越容易拿下维也纳。

伊斯坦布尔已启动战争机器，维也纳则是踉踉跄跄应战。两国这时由一连串的事件接连在一块，一切都在未定之天。苏丹和宰相深信，通过可能是千载难逢的诸多有利条件，这次可拿下维也纳。哈布斯堡家族深信，他们拥有能征善战的军队，尽管蒙帖库科利已于1680年去世，军队仍由已在他麾下磨炼出带兵作战本事的指挥官统御。但这些想法都是表面之见。关键不在这些经验丰富（而年纪日大）的指挥官和上校，哈布斯堡的问题更为根本。兵力远远不足，资金短缺，这两个缺陷不是速速就能补救的。但皇帝莱奥波德和其顾问沉浸在圣哥达大败敌军的美好回忆中，仍旧一副高枕无忧的模样。那次胜利不正是证明了土耳其军队完全不是哈布斯堡王朝英勇武士的对手？特使卡普拉拉已告知他们，奥斯曼的战争机器能井然有序动员十万兵力，且能满足这些人远赴异地打一整个作战季所需的粮秣和必需品，但他们对此信息几乎置若罔闻。

双方在信仰、语言、社会上的差异不言自明，但相似的地方，则远不如那么明显。当时的英格兰学者亨利·内维尔，在其对话录中探讨了欧洲所有政体。对话者有三人，分别是威尼斯贵族、英格兰绅士和该绅士的医生。内维尔论道，自古以来，帝国都是因为卷入“拘泥形式的蠢事”而垮掉。他对哈布斯堡王朝的评价不高，该王朝邦邻“为了保住自己的几项自由，为免遭奥地利王室侵犯，付出极大心血”。相对的，他深信，若非土耳其禁卫军“使宫廷和后宫成为王子的屠场”，奥斯曼王朝本有可能成为“史上最佳、最稳固的君王制国家”。但维也纳和伊斯坦布尔两地的朝廷，都是以“拘泥形式的蠢事”的古老传统为基础，两者间有许多共同之处。17世纪末期时，维也纳的哈布斯堡朝廷和伊斯坦布尔的奥斯曼朝廷，都已和外在真实世界脱轨。这种与外隔离的状态，对1682~1683年的情势发展影响甚大。

但双方的统治者（皇帝莱奥波德一世、苏丹穆罕默德四世），有一些共同的特质。理论上，两人都有无上权力，却都已完全依赖身边的朝臣。两人过着与世隔绝的生活，年幼时机缘巧合登上大位，都热衷于看书和手抄本，都会花不少时间和精力打猎。他们也不愿更换心腹顾问，而那些人对主子的欲望和怪念头知之甚详。当时没有哪个政治体制强调绝对的君权，但维也纳和伊斯坦布尔是例外，朝臣对统治者毕恭毕敬。不让君王烦心，是朝臣的责任。因此，匈牙利前线的地方指挥官，特别是有充分理由反对贸然攻打维也纳的布达城帕夏，从未向穆罕默德四世提出建言。同样的，在17世纪70年代，从未有朝臣向莱奥波德剖析在匈牙利境内实行高压政策的弊害，直到情势已恶化到无可挽回，才有人发出劝谏，而1682年他从其顾问那儿所听到的，全都是土耳其人绝对会被打败的过度乐观看法。

两位统治者，在性格上有这些耐人寻味的相似之处，且同时出现在历史舞台上，当然出于偶然。但他们统治的两个帝国，虽然是世仇，却也有许多重要的共同之处。暂且撇开支配精神领域的罗马教皇不说，在17世纪80年代时，它们都是欧洲最古老的大国。哈布斯堡王朝和奥斯曼帝国都是在15世纪缓缓崭露头角，而哈布斯堡始终稍稍落于后奥斯曼人，它资源也较有限。两者都在16世纪逐渐成熟，查理五世于1519年成为神圣罗马皇帝，苏莱曼一世则在1520年继父王塞利姆一世之后当上苏丹。两个王朝都创建了自罗马帝国覆灭以来，欧洲第一个官僚帝制体系（哈布斯堡王朝在此又稍落后于奥斯曼人）。两者在17世纪80年代时都已经显露出了疲态，需要重振活力。

欧洲的每个大国，都由新家族统治。在法国，波旁王室已取代瓦卢瓦王室，在英格兰，斯图亚特王朝已取代都铎王朝。在西班牙，最后一位统治该地的哈布斯堡家族成员，常年处于濒死状态，又没有直系继承人。在瑞典，本土的瓦萨王室已覆灭，而由一日耳曼裔国君——古斯塔夫·阿道夫大帝的侄子——取代。每一次的改朝换代，形同换上一批新的管理阶层，最终带来全面性的震荡，往往使人事和政策随之改观。相对的，奥斯曼王朝和哈布斯堡王朝，一百五十年来的“家族事业”从未间断。

家族统治的连绵不断，并不代表稳定。在欧洲作家幸灾乐祸的记载里，奥斯曼帝国谋杀、废黜、暴乱的事情接连发生，奥斯曼家族里有“持续不断的革命”传统。但在这段漫长历史里，这两个国家的基本结构、习性、错综复杂的习俗和习惯行为，没有什么改变；特别重要的是，到了17世纪时，两国都越来越自豪于自己国家历史的绵远悠久，非其他社会所能及。实际上他们的历史并不如他们所深信或宣称的那么悠久，在16世纪时，双方都为自己的治理问题，找到了非常现代的解决方法。他们创造了以统治者和朝臣为核心且井然有序的统治结构。奥斯曼和哈布斯堡王朝，在任何可能的地方，通过以下作为来实行统治：创造先例，独占他们所细心保存在皇宫档案室里的档案，中央集权，将法律制度系统化，使行政和政治都奉行固定一致的准则。奥斯曼人已在其帝国境内创造出强有力的军事体制，而哈布斯堡王朝则要到18世纪才能打造出类似的体制。不管是在哈布斯堡王朝，还是奥斯曼帝国，关键都在于能否施行上述作为。

奥斯曼和哈布斯堡王朝都执着于奉行传统，把这视为头等大事。就如斯蒂芬·耶拉西莫斯所论述：

大凡是传统社会，都把“创新”视为“堕落”。因为创新被视为离经叛道。奥斯曼人也不例外……奥斯曼皇帝的游行行列，也是炫耀奥斯曼国力、重振国力、向自己人民和其他人展现国力的机会。在节日期间，外国特使、政府官员、同业公会负责人、才华出众的杰出人士，走在苏丹前头，在暗暗带有全天下人向他表示效忠之意的典礼中，把礼物献给苏丹。事实上，我们必须把1582年割礼节——最重大的节日——期间，包括农民、渔民、各行各业的商人和工匠参与游行一事，视为一项明证和迹象，从中证明并显示苏丹是社会体制的照护者。在这种情况下，我们应把奥斯曼皇帝的游行视为意在减轻社会紧张、加强政治权力和威权的活动。

哈布斯堡王朝的游行、宗教仪式、比武大会、戏剧演出，也有类似的用意。

但到了17世纪80年代时，这两个古老的王朝产生了一个重大差异。那时候，奥斯曼帝国的元首，可能徒有其位而无实权，但在哈布斯堡王朝，元首不可能是这样。替莱奥波德立传的约翰·史皮尔曼，如此描述他年轻时："他不是个行事鲁莽而急欲创造历史的年轻统治者，而是个完全符合受传统束缚的王朝与极端保守贵族社会要求的国君：他谦逊、谨慎、虔诚，既非浪荡不羁者、也非扫他人兴致者，他是个沉默寡言的年轻绅士，乐于遵守传统与一切旧制。"家族传统和外界期望他主动积极，不应将所有决定权交予大臣和仆人——这点与奥斯曼的体制很不同。因为莱奥波德极谨小慎微，行事拖沓，他的个性不利于做出果断而有效的决定；另一方面，一旦他做出决定，就不会改变心意。他在夜里祷告，虔诚倾听心中得到的答案。穆罕默德四世在贝尔格莱德把战场指挥权全权交给卡拉·穆斯塔法，但1683年时，莱奥波德旗下的指挥官，没有一人有这么大的自主权。

靠后见之明撰写的历史，普遍把奥斯曼人必胜的信心视为狂妄。土耳其人开拔到如此远的异地，补给线拉得如此长，怎么可能会赢？简直愚蠢至极，哈布斯堡王朝也有同样的想法。事实上，神圣罗马皇帝和其顾问面临难以解决的难题：该把哈布斯堡王朝的军力部署在哪里？该用来防御西侧法国的威胁，还是防御东边奥斯曼人的威胁？法国的国力和威胁，哈布斯堡王朝很清楚，来自奥斯曼人的威胁已几乎是个古老神话。土耳其人在1529年进攻过维也纳，未能得手。后来的几次进攻，同样失败。另一方面，如果真构成严重威胁，出钱出人迎接挑战就是神圣罗马帝国的责任。莱奥波德和其顾问遣使赴帝国内诸国，收下教皇英诺森十一世热心赞助的金钱，他深信应发动圣战以对抗异教徒。莱奥波德最具创意的举动，乃是努力争取波兰国王约翰三世索别斯基，与其缔结共同防御同盟。波兰已于17世纪70年代遭奥斯曼人攻击德涅斯特河北部数次。莱奥波德这些反应，审慎、冷静且充满政治自信。这个老练且运转平顺的政权毫不慌乱，其反应有条不紊，且接下来，立即以同样的从容不迫，应付更为迫切的其他问题：来自法国的威胁。

莱奥波德在1683年5月6日任命其妹婿洛林公爵查理出任战场统帅，也就是将近两年前蒙帖库科利去世而卸下的职务，这是他最高明的决定之一。洛林公爵查理曾在1664年战功显赫。1682年时，他处于半退休状态，代表皇帝坐镇茵斯布鲁克，治理蒂罗尔地区。与他同时代的波兰国王约翰三世索别斯基，后来精确描述了他的容貌。他有着“鹦鹉般”的长长鹰钩鼻，许多人称颂那是良好教养的表征。天花在他脸上留下密密麻麻的痕迹，他看上去就像个战士。“他穿着没有装饰的灰衣服，戴着不插羽毛的帽子，脚上的靴子已有两三个月没有上油擦拭，有软木制后跟。他的假发（烂假发）是金色的。他的马不差，配备的是破损不堪的旧马鞍和马饰。他显然不太在意自己的外表，但仍旧遮盖不了他上流人士的气质。”不过，在波兰王廷或其他任何王廷，他都不会摆架子。

查理家族统治古老的洛林公国已久，身为这家族的一员，在接任战地总司令之前，他的戎马生涯即使不显赫，却也扎实而丰富，但他对哈布斯堡王朝的忠心毋庸置疑；他欣赏并尊敬莱奥波德，看待莱奥波德的角度与只认识皇帝而不了解其个性的人不同。这位公爵在统兵作战上的最大特色是能激起部属的敬重信赖之心，部下都知他是出了名的骁勇善战。在战场上，他总是身先士卒，冲进战斗最激烈的地方。他身上有许多战斗留下的伤疤，上场杀敌时他通常会拿掉那顶“烂假发”，露出暗红色的平头短发。身为战地总司令，他的职责乃是避免愚勇行径，以保住军队。毕竟那是哈布斯堡王朝领地的唯一防线。

将指挥权交予洛林公爵的仪式，盛大隆重，一如卡拉·穆斯塔法在贝尔格莱德获授奥斯曼战场统帅的仪式。土耳其大军远在南方的贝尔格莱德扎营时，皇帝莱奥波德和朝臣，还有随行的所有外国使节，驾着一辆辆四轮大马车，浩浩荡荡离开维也纳，前往基特塞的平原。该平原位于多瑙河南岸，普雷斯堡的对面。负责守卫基督教欧洲的部队，在那平原排成战斗队形以供检阅。一个又一个团以分列式走过，总共只有三万两千多人，他们前面排着七十二门火炮和十五门追击炮。早上八点，皇帝、皇后、十四岁的公主玛利亚·安东尼娅和与其刚有婚约的未婚夫巴伐利亚选侯（莱奥波德最重要的盟友），跪在所有士兵之前。格兰大主教主持弥撒，宫廷合唱队伴唱，歌声响彻云霄。皇帝和文武百官从大主教手中领取圣体，然后，在随军牧师送圣餐给士兵时，每名士兵和军官也领到教皇颁予的特赦状，鼓舞他们在即将来临的战争中奋勇杀敌。稍后，莱奥波德还加大鼓励，承诺加发一个月的薪饷。可是事后，就像每个人都料想得到的，那只是空头支票。

弥撒仪式之后，莱奥波德骑上脚步轻快的马，在皇族与侍从随同下，慢慢检阅部队。他来到一个又一个单位面前，称赞他们有精神、有纪律，散发勇武精神，仪式持续了四个小时。他称赞火炮擦得光亮，与团长、连长亲切交谈，并特别给艾斯泰尔哈吉伯爵募集的匈牙利骑兵加油打气。匈牙利骑兵艳丽的绿、红、金色的制服，与奥地利步兵的素白外套和骑兵的黑色上身铠甲，形成鲜明对比。然后，校阅结束，皇帝一行人转赴盛宴，炮兵一次次齐鸣礼炮以示庆祝，最后，四轮大马车队返回都城。但许多人，特别是匈牙利人，注意到部队人数比他们预期要少得多。典礼结束后，这位皇帝随即把奥斯曼人在南部集结的事抛之脑后。他已完成部署，事情已经解决。

客观来看，对战双方的政治、军事形势，特别有利于奥斯曼人1682~1683年时的征讨大业。虽然理论上，基督教世界已开始团结，共同防御野蛮的土耳其人，但基督教阵营内部的政治分歧却日渐扩大。神圣罗马帝国内的诸多大国，已有一部分承诺原则上支持抵抗土耳其人攻击，但承诺并未落实在出兵上。只有他未来的女婿愿意助莱奥波德一臂之力。1683年3月31日，莱奥波德与约翰三世·索别斯基签署共同防御条约，但波兰人实际上愿意出多大的力，协助抵御奥斯曼人攻击，同样仍是未知数。最糟糕的是，莱奥波德除了要应付奥斯曼人从东边来犯，还得防范法国军队可能进攻该家族在西边的土地。法国驻伊斯坦布尔的老练大使，纪耶拉格公爵，自1679年就担任此职，靠着大笔馈赠和百般奉承，与宰相的关系才打下很好的基础。纪耶拉格信誓旦旦地告诉卡拉·穆斯塔法，法国深信这是土耳其人出兵的绝佳机会。他的主子路易十四会竭尽所能支持奥斯曼。

不过，对1683年奥斯曼人攻打维也纳最有利的因素，似乎是匈牙利人，包括新教徒和天主教徒，因为他们痛恨他们的国王——莱奥波德一世。哈布斯堡王朝不断宣称他们在匈牙利施行仁政。历任统治者都强调“王朝的仁慈”和善意，仿佛那是他们根深蒂固和“与生俱来”的集体特质。事实并非这么回事。替莱奥波德宣传者表示，“奥地利王室温和如蜜，只在迫于无奈时才会动刀，让有罪之人流血。”而“有罪之人”众多，从具影响力的马扎尔权贵到老百姓都是。不管是新教还是天主教的匈牙利人，都反对让皇帝权力往边境地区不断扩张；许多新教徒并不厌恶哈布斯堡王室，却因为“异端”信仰而不断遭迫害。

基于法律和习俗，莱奥波德有权以天主教为国教，但落实此政策的方式使他在人民眼中，比苏丹还暴虐。17世纪70年代末期，维也纳政府已几乎无力掌控其“皇家匈牙利”的乡村地区，反哈布斯堡王朝而信仰新教的袭击者，自称“十字军”，作风越来越强悍而凶狠，使乡村地区成为独立王国。1680年，面对来自奥斯曼日益严重的威胁，莱奥波德对造反的匈牙利人稍作让步；最后，在1681年，他恢复了匈牙利王国的古老权力，让新教徒享有信仰自由。但要匈牙利人忘记前十年不断遭受的残酷迫害，已经太迟。

要挽回匈牙利新教徒的民心，相当不容易。在川西瓦尼亚的高地区和今日斯洛伐克的山区，喀尔文派、路德派、一位论派的教徒，人数远超过天主教徒，而且从城里和大平原不堪迫害而逃来的难民，更拉大其差距。二十年来，莱奥波德一直认为新教徒是阴谋推翻哈布斯堡在“皇家匈牙利”统治的核心分子，而这推论的确正确。他们既侮辱他的信仰，也侮辱他的政治威权。但哈布斯堡在东部对新教的迫害也损及哈布斯堡王朝在西欧的地位。17世纪70年代骚扰匈牙利喀尔文教徒的举动，就在新教国家，例如与他结盟对抗法国的英格兰和尼德兰，引来极大反感。1675年，四十名年长的新教牧师被发配到那不勒斯的西班牙哈布斯堡舰队上，当划桨奴隶。这些“遭迫害殉教者”的悲惨遭遇，促使多人写书、写小册子，呼吁采取行动对付压迫他们的人。最后，海牙的荷兰议会派舰队司令勒伊特，率领荷兰舰队，赴那不勒斯拯救他们。1676年2月11日，他派海军陆战队摸上那些牧师工作的船，救出他们。他们被送回阿姆斯特丹时，受到英雄式的欢迎。

哈布斯堡王朝与奥斯曼人对待新教徒的方式，天差地别。根据1676年在伦敦出版的一份小册子，“在顺服于（神圣罗马）皇帝的那些地区”，新教教堂为数极少，在与土耳其人土地相接的那些地区，则有约两百座，但“这些人（新教徒）每日过得提心吊胆”，因为哈布斯堡王朝当局已派过许多人来恐吓他们。不过，在归土耳其人管辖的匈牙利南部，有约六百座教堂，丝毫没有遭压迫或迫害的迹象。哈布斯堡王朝在1681年正式终止了对匈牙利新教势力的扫荡，但哈布斯堡“暴政”激起的仇恨并未随之消失。莱奥波德在1673年暂时撤销了匈牙利的宪法，使许多匈牙利天主教徒也开始认为他们的国王莱奥波德是暴君，但矛盾的是，他们仍把他视为自身信仰的捍卫者。

最顽强的新教“十字军”，在马扎尔轻贵族伊姆雷·特克伊领导下，继续抗争。1682年，穆罕默德四世听从宰相的建议，别有居心封他为上匈牙利国王，条件是特克伊将受到奥斯曼保护，但必须每年纳贡。上匈牙利位于布拉迪斯拉发北边和东边，境内包括保护维也纳，抵御来自多瑙河北侧的攻击的诸座要塞。奥斯曼人深信特克伊能拿下该地区，成为名副其实的上匈牙利国王，进而破坏哈布斯堡王朝的防线（事后证明奥斯曼打错了算盘）。1682年11月，莱奥波德邀请叛军派代表团前来维也纳与他会晤，隔年春天，代表团成员伊斯特万·锡尔迈到南方，亲自向奥斯曼朝廷报告那次会晤的情形。他充分利用赴维也纳的机会，仔细观察了该城的动静。他告诉土耳其人，该城防守薄弱。他曾在霍夫堡宫短暂会晤神圣的罗马皇帝，亲眼见证了该宫旁边的防线特别薄弱，皇帝的居住区紧贴着城墙。他有一名当过修士的仆人，甚至利用等主人的机会，偷偷画下城墙上的棱堡和棱堡前方的三角堡。锡尔迈还告诉苏丹，神圣罗马皇帝试图贿赂特克伊，希图他可在土耳其人进攻时保持中立。

奥斯曼人对特克伊玩着虚张声势、真假莫辨的游戏，特克伊也对奥斯曼人、哈布斯堡王朝玩着同样的游戏，因此，我们难以断定每个人的动机或用意。但似乎很有可能的是，苏丹和宰相希望利用特克伊去治理他们所拿下的每一寸新土地，因为他们认识到长期统治与奥斯曼文化格格不入的维也纳，即困难又代价高。而这种间接的统治方式，在川西瓦尼亚、摩达维亚、瓦拉几亚都很管用，可能也可以轻松套用在上匈牙利，乃至奥地利的边境地区。

来自奥斯曼辖下的欧洲边远地区的分遣队，例如瓦拉几亚的基督徒骑兵和滑膛枪兵，从泽蒙开拔后，终于赶上主力部队。每日都有部队分列式和检阅活动。卡拉·穆斯塔法在其大营帐里修改计划。他与特克伊开了几次会。特克伊来得太晚，未能在贝尔格莱德面见苏丹。与卡拉·穆斯塔法的几次会晤，只是论斤称两的讨价还价，而非礼貌性的会面。卡拉·穆斯塔法的秘密策略要能成功，至少多瑙河北岸的匈牙利要中立化。对于特克伊更为狂妄的承诺——号召“皇家匈牙利”人民起来反抗哈布斯堡王朝——他并不相信，但如果这些叛军牵制住同样人数的敌军，使其远离奥斯曼大军的主要攻击目标维也纳，就大有利于他拿下该目标。这位战场统帅画出在奥斯曼人的支持下，如果一切顺利，特克伊所能赢得的

“王国”的诱人远景。届时维也纳甚至可能成为他的都城，匈牙利人将在远远数百年后再度成为这城市的主人。

双方各怀鬼胎，互不信任。特克伊偷偷与皇帝莱奥波德商讨更好的交易，卡拉·穆斯塔法则以一旦对方没有利用价值即无情甩掉对方的作风而恶名昭彰。但眼前，彼此各取所需，利益相投。6月14日，工程完成，宰相与其盟友率领奥斯曼大军走过浮桥，越过沼泽地，来到匈牙利境内的第一个城镇。战争在此真正开始，进攻决心在此真正表露，因为从达尔达发出的几条大路，往北呈扇形展开，奥斯曼军队距哈布斯堡王朝边境，只剩一个月的路程[1]。

鞑靼部队前进时，每天早上都有许多小队脱离主力部队，消失在敌人的方向。每支小队可能有二十四名骑士，每名骑士身后牵着两三匹马。有些小队朝西北骑向格拉茨，有些骑向肖普朗，还有更多往北骑向多瑙河。这些小队是指挥官的眼与耳。他们往往会带着俘虏或有关哈布斯堡王朝动向的情报回来。还有一些小队会从反方向过来，重新加入主力部队。土耳其人以稳定速度往西北前进，一天行走四五个小时，卡拉·穆斯塔法了解奥地利骑兵与步兵的主要部署、哈布斯堡王朝要塞的备战状态、前方纵横交错的河川、桥梁的状况。而敌军总司令洛林公爵查理，对其敌人动态却所知甚少。

宰相已命匈牙利境内的奥斯曼部队和他们的帕夏，全数到匈牙利旧都白堡见他。匈牙利的旧都建在耸立于沼泽地的山丘上，位于布达城西南方约六十公里处，土耳其人称之为伊斯托尔尼·贝尔格莱德，今称塞克什白堡。该城在1543年即遭土耳其人攻陷、洗劫，城中的大教堂也遭毁坏，之后土耳其立即移入穆斯林为居民。到了1683年，该城看上去就和巴尔干半岛上的任何奥斯曼城市没什么

1. 如果他们像在1664年时，走南路前往格拉茨，在圣哥达渡过拉布河，路程会更短。但由于那场大败余悸犹存，不可能走此路线。

两样，旧城的建筑只剩已改为清真寺的圣安娜礼拜堂。卡拉·穆斯塔法的大营帐搭在城墙下，6月27日用过午餐后，他召集指挥官开作战会议。作战的相关决定，应由族中高阶指挥官集体做出，这是自奥斯曼人初期发迹沿袭下来的惯例。卡拉·穆斯塔法担心，进攻维也纳而非小要塞的秘密计划会引发疑惑。所有人都知道，就连伟大苏丹“立法者”苏莱曼一世都未能攻下维也纳，有些人可能也知道基督教族群里流传着这样的说法：只要拿下维也纳这个传说中的“金苹果”，奥斯曼的国力就会开始衰退。[1]但它和大部分的神话传说一样，“金苹果”指的是哪座城市并不清楚。该传说并未指出只有维也纳是注定要被土耳其人征服的象征目标，就像君士坦丁堡是“红苹果”一样。还有一些日耳曼城市也是“金苹果”。但该传说的确显示，征服西方一事深植于奥斯曼人的政治观念，而维也纳将是征服者虽危险但上好的战利品。

作战会议的与会者，都是经过卡拉·穆斯塔法刻意挑选的。他要听话的人。布达城的帕夏，驻守边境的高阶指挥官没有被邀请，因为卡拉·穆斯塔法知道他们反对这一冒进行动。有位作家在他的记录里记载：他在会议上宣布作战目标后，与会者众口一声，开始念诵《古兰经》的第一章，期望他们的大胆行动能够得到真主的赐福，最后他们念道：“这等人，是遵守他们的主的正道的；这些人，一定会成功。”隔天早上，大军拔营，准备进军维也纳。

有位西方作家（以稍带夸张的口吻）说道，1683年6月28日早上开拔的大军，“从此地平线（绵延）到彼地平线，长六里的队伍，见不到其尽头”；那“其实是一支新的薛西斯一世[2]大军”。但军队庞大且带着种种轻重武器，其前往维也纳时只有一条路可走。在塞克什白堡西北方，直接通往哈布斯堡王朝的道

1. 在土耳其和伊斯兰的传说中，有一整套关于红苹果、金苹果的传说。

2.薛西斯一世是公元前5世纪的波斯国王，曾率大军入侵希腊，洗劫雅典。

路上，坐落着杰尔镇要塞。这镇建在战略要地上，奥地利人称之为拉布。从南方流来的两条河，拉布河和拉布卡河在此汇入多瑙河的南支流。通往维也纳的唯一理想道路得经过杰尔镇近旁。而兴建于16世纪，在17世纪得到改善的强大防御工事，扼守着这个有河流交汇的要地。这一由棱堡和深沟构成的防御复合体，加上下游四十公里处的岛上要塞科马诺，构成哈布斯堡王朝防御敌人从东南方来犯的防御体系核心。杰尔和邻近数镇坐落在坚实土地上，但在其南方和西南方，地形已变为沼泽和草地，其间有大河。河与河间的土地有小河、小溪纵横交错，是辽阔的多沼泽地区。

历代哈布斯堡王朝军官认定，要塞加上荒无人烟的沼泽区，将挫败土耳其人对都城的攻势，可阻挡任何来犯大军。这种想法滋生出自满心态。奥地利人深信，最大的威胁位于多瑙河以北较易穿越的地区，因此把防御重心集中在该地。维也纳当局这些自信满满的假定，并非根据对杰尔以南地理环境的真实理解而得出。根据当时的记载，没有人勘察过那处荒野，皇家档案里也没有关于该地区的报告。但卡拉·穆斯塔法率军北进途中，鞑靼人的侦察队已带回详细勘察报告。该地区的河流不深，侦察队可涉水而过或游过。可在那些河上搭桥，以运送较重装备，且当地农民为到田里干活或打猎，早已建了许多小桥。

身在维也纳的神圣罗马皇帝和其顾问，还有他那位于野外的指挥官，并不知此事。多亏一位25岁的军官，他们才发现了这些令人惊讶的事实。他是来自波隆那的意大利贵族，名叫路易基·费南迪诺，头衔是马西利伯爵。当时有许多能力不凡的意大利人，跨越阿尔卑斯山，投入皇帝莱奥波德麾下，他就是其中之一。他好与人争吵，脑袋反应快，言语刻薄，在圣哥达之役大败奥斯曼军队的莱蒙多·蒙帖库科利与被迫随奥斯曼军队北上的卡普拉拉都是他的表兄弟。马西利生性好动，又有无可餍足的好奇心。好探究的个性，促使他在1680年走访伊斯坦布尔，写下有关博斯普海峡和其强劲海流的文章，并在这过程中学到一些土耳其语。1683年初春，他已来到杰尔，因为当地要重建防御工事，这位急欲有番作为的军事工程师，可一展所长。在那里，有人要他去看看该城南边奇怪的多沼泽区，这立即勾起他的好奇心。马西利的报告和他用心画下的素描显示，有条小径穿过沼泽区，他发现只要建造几座临时性要塞，守住一部分水浅而可渡过的河段，就能挡住敌人。但整个来说，拉巴河沿线到处都可能遭遇敌人渗透，因而马西利受命强化最远及于圣哥达的三十八个难防之处，不然就毁掉能阻滞土耳其人前进的桥梁。

奥斯曼人从奥西耶克逐步逼来时，哈布斯堡指挥层仍无明确的策略，不知土耳其人的意图。他们不知敌人已前进多远，甚至不知道敌人前进的方向。当卡拉·穆斯塔法抵达塞克什白堡时，他们还是一样不知道状况。哈布斯堡王朝的高阶军官，几乎个个都有自己的看法，个个都想实行自己的战略观点。奥斯曼总司令可能会要其部队绕过沼泽区以南向肖普朗挺进，之后如马西利所认定的，渡过拉巴河，然后挥师往北，直捣维也纳。或者他也可能会挥师直抵哈布斯堡王朝设于多瑙河南边的据点杰尔，对其强攻。

他甚至可能会往正北进发，在多瑙河上构筑浮桥，进攻河北方的诸座要塞。事实上，这些都是推测：他们没有情报或报告，对于奥斯曼大军的动向，只能诉诸猜测。土耳其人对哈布斯堡王朝军队的部署了若指掌，皇帝莱奥波德和麾下的诸指挥官却对敌人动态一无所知。在都城维也纳，著名军事工程师格奥尔格·林普勒已命人着手改善防御工事，但在超乎寻常的初夏热气中，改善工程进展缓慢。

洛林公爵查理抵达维也纳时，发现朝中充斥各种相互干扰的目标和莫衷一是的建议。皇帝和其心腹深信他应采取攻势，以表明哈布斯堡王朝军队随时能痛击敌人，或许认为他应围攻维也纳东方远处的埃斯泰尔戈姆——位于布达城上方，多瑙河转弯处，防守薄弱的奥斯曼人要塞——不然，也可以攻打奥斯曼人据点新扎姆基。新扎姆基较接近杰尔，但位于多瑙河北岸，进攻该处或许可鼓舞波兰人更快前来支援盟邦。但莱奥波德和其心腹也表明，这些大胆出击决不能削弱维也纳或施蒂里亚的防御，因此必须分出部分部队防守拉巴河沿线的南疆。

在各抒己见的背后，洛林公爵与作战会议主席巴登侯爵赫曼之间，渐渐出现严重争执。赫曼父亲是南日耳曼巴登一地的统治者，坚决捍卫天主教信仰。赫曼身为家中的非长子，一如非长子出身的皇帝莱奥波德，本来注定要献身于罗马教会（许多统治家族的非长子必然的归宿）。1683年时他53岁，已在1680年接替蒙帖库科利，出任作战会议主席。但他还想得到战场统帅一职，结果皇帝却将该职授予洛林，这令他心生不满。他身材高大，不怒而威，若依附于他，可得到他百般照顾，但若与他作对，则会遭到他整肃，大部分高阶军官靠巴结他稳住官位。因此，他们常当他的应声虫，毕竟那是有野心的军人最稳当的升官途径。五月底时，洛林不情不愿地带着他的步兵和骑兵启程前往埃斯泰尔戈姆，却遭皇帝召回，因为皇帝已决定改攻新扎姆基。

人员可以说调头就调头，攻城炮要调头却没有那么容易。六月第一个星期结束时，重炮和迫击炮已困在泥淖中，有些困在多瑙河北岸。6月12日，洛林抵达目标；经过十天乱无章法的围攻后，这支部队再度南进。原奉命前往北方参与这次围城的马西利，奉命调头，十万火急地赶到杰尔以南，以完成该地的防御工事。奥斯曼大军则逐步逼近；洛林公爵（再次）渡过多瑙河后四天，他们已在距维也纳只数日行程的地方扎营。

两军交手前最后几天，双方的基本差距再明显不过。在奥斯曼大军这边，虽然作战会议只是个形式，但卡拉·穆斯塔法一人可全权做主。据说大马士革省长曾对这宰相说："你负责发号施令，我们谨遵奉行。"哈布斯堡军队则是山头林立，谁也不听谁的；有由各上校自己募集、指挥的不同团级部队，有盟军，有雇佣兵，有一群私人部队，最后还有民兵。这些部队全需要靠一强势、受尊敬、经验丰富的战场统帅来整合。这一角色，莱蒙多·蒙帖库科利担当最称职，但他已去世，而当前又没有才干、声望能和他相匹敌者，也就是说他没有接班人。哈布斯堡王朝这边的确有体制，有军政组织，且理论上那运作虽然非常迟缓，却很平顺。唯一真正一言九鼎、能让各山头都遵从者是皇帝莱奥波德本人，但他胆小、多疑、没有带兵作战经验，所以他明智听取专家的意见，问题是在这不寻常的情势下，他该听谁的？

蒙帖库科利是个学者、战争英雄，性格刚毅。他年轻时好与人争吵，性格冲动，在圣哥达战役中，脾气已有所收敛。但终究没有人会挑战他。他死时，虽然未安排接班人。但就现有的人选来说，深得老将军赏识的洛林，即使能力不及他，但也是最理想的。而且他还拥有他的老上司欠缺的特质：魅力与外交手腕。这场战争得靠那些好争斗而个个都自视天之骄子的盟军，在这种情况下，他的圆滑老练就大有用处。他不像蒙帖库科利那么善于军事谋略，可以说是最差劲的廷臣，虽然他有亲王身份，是由通婚才与哈布斯堡家族搭上关系，但他却以坦率、勇敢、既冷静且果断的作风，赢得了他人的尊敬。

莱奥波德碰到大部分事情时，冷静应对，外加长长的祷告。1683年6月最后几天和7月前几天，他做了他最拿手的事。他下令无论白天黑夜，在圣史蒂芬大教堂里的祷告都不能断，而且城里所有同业公会、行业、商行都必须参加。皇帝和皇族在周日早上九点出席，多瑙河渔民在星期四早上八点，小提琴制造业者在周六凌晨三点。他还重新施行奏"土耳其编钟"的习俗，维也纳和各省城镇的所有教堂每天早上鸣钟。从他的言行举止，外界看不出国家正遭遇困难或危险。他去维也纳西南方西托尔茨多夫的皇家围场打猎。他唯一一次透露出他遭遇的危险，是下令将圣史蒂芬的古王冠从布拉迪斯拉发的教堂带到维也纳。该王冠一直存放在该教堂，供匈牙利国王加冕之用。他在7月6日晚上回到维也纳，打猎一整天，成果丰硕，心情大好，虽然无处逃过夏季酷热的煎熬。

隔天，7月7日星期六，皇帝一如往常，大清早去做弥撒，然后若无其事进行他平常的作息。但从正午起，陆续有信使带来来自匈牙利边境的报告，且每次来报，情势就恶化一分。这下大事不妙。奥斯曼大军正在逼近，像潮水般从杰尔往西涌来。鞑靼人在沼泽区另一边，移动快速，沿途烧村，放火烧掉林地和玉米田。卡拉·穆斯塔法和土耳其大军也在移动，朝维也纳快速逼近，数千匹马和行军部队卷起漫天尘埃。他们正朝布拉迪斯拉发的对面逼近，在多瑙河的南岸，有一排山丘，与北岸的丘陵遥相对峙。那是洛林驻扎其部队的地方，讽刺的是，这个有利的地点就在基特塞旁边，而基特塞正是两个月前的5月6日，哈布斯堡军队集结进行大阅兵的地方。只要过了这高地，到了贝格村，地形就变得较平缓，有路直通维也纳。

大清早，洛林骑马出去巡视阵地时，有名军官从东方快马来报，说土耳其人已抵达莫松镇，也就是莱塔河——匈牙利与奥地利自主以来的界河——注入多瑙河的地方。洛林公爵望向东方，看见一大团淡红色尘埃浮现于远方空中。然后，他们交谈时，他注意到自己身后，驻军与维也纳之间，有数股烟雾从地上升起，这表示土耳其人的前锋部队已在他与都城之间。六七月推演时，哈布斯堡王朝军方一致低估了奥斯曼军队的本事。许多人认定奥斯曼军队已失去了锐气和威力，就连来到边境也成为不可能，更别提进逼维也纳。他们所收到的情报，似乎也证实了这一判断。通风报信者表示，奥斯曼宰相受制于麾下诸指挥官间的对立与不和，成不了大事，奥斯曼军队里能打的士兵较少，又受庞大的轻重队牵累。如今洛林看出，敌人可能侧翼包抄，打垮他。成年后一直在军中历练的他知道，眼下他有三件事要办。首先，得把分散在多瑙河两侧阵地的部队重新部署。他必须完好无缺保住这支部队。第二，得拖慢奥斯曼人前进速度，以替都城争取时间准备好防御。第三，得承认以他手中薄弱的兵力，完全无力阻止维也纳遭围攻和遭攻陷。

这一即将降临的浩劫，几小时后在霍夫堡宫中皇帝住所里，将绘声绘色地上演。谣言满天飞。洛林派来的伯爵奥尔斯佩格，汇报土耳其人已从杰尔冲出；然后埃尼奥·卡普拉拉将军，也就是派驻伊斯坦布尔那位倒霉特使的兄弟，带来土耳其人在莱塔河对岸的消息；不到一小时后，上校蒙帖库科利（打赢圣哥达之役的指挥官之子）前来报告，鞑靼人正在骚扰洛林的撤退部队，并误报鞑靼人已攻占费沙河上的桥，那是抵维也纳之前的最后一道天然屏障。传到莱奥波德耳中的消息越来越不妙，他于是下令，皇族和作战会议准备好立即离开，前往两百一十六公里外，多瑙河更上游处，他们认为的安全之地林茨。载人、载行李的宫廷马车集结；宝库、宫廷档案室、莱奥波德珍爱的图书馆里，最值钱、重要的东西全拿走。

霍夫堡宫里乱哄哄准备离开的消息，很快即传遍全城，许多权贵人家准备逃跑。下午六点，皇帝正式宣布他和朝臣将于当晚离开，留下临时编组的作战政府负责防守该城，抵御土耳其人的野蛮进攻[1]。这时候，只有约一千名受过训练的士兵可供调度来防御城池，而他远派的守城指挥官，鲁迪格·冯·史塔姆伯格，是个身经百战的彪悍军人，仍与军队驻守在多瑙河对岸，而不在城中。当时许多人把逃离维也纳的决定视为怯懦的行径，但在哈布斯堡王朝眼中，那绝对合情合理。莱奥波德有两个儿子，分别是五岁大的约瑟夫和一个不到一岁而体弱多病的婴儿，两人当时都和他住在维也纳城里。他没有兄弟，也没有在世的叔伯。如果

1. 这将由鲁迪格·冯·史塔姆伯格与老伯爵卡普利尔斯率领。

他和两个儿子遭土耳其人杀害或俘虏，王朝香火将几乎断绝。届时，血缘关系最近的男继承人将是西班牙王卡洛斯二世，而许多人误认为他是个低能儿，也认为他不会活太久。而在他之后就无男继承人，在莱奥波德眼中，维也纳若被夺走，还可以夺回或重建；但最后的香火若断绝，这个王朝就绝不可能重建。

晚上约八点时，一长列载客马车，载着莱奥波德和儿子以及有孕在身的第三个老婆，还有大批武装侍从，出宫门，沿着城墙往东，走向那条将东防御土墙与新开发区“莱奥波德施塔特”隔开的多瑙河支流。那支流水流缓慢，且露出一半河床。队伍过桥，来到平坦的孤洲，接着又过了数座桥，穿越数个孤洲，最后一行人抵达多瑙河北岸。这不是最理想或最好走的路线，但鞑靼部队已在维也纳西边的山林出没，他们不得不小心。胸甲骑兵和龙骑兵已等在河岸，时刻防范敌人来袭。在此同时，莱奥波德的继母，跟一队强大骑兵，走出宫门，沿着南岸而距离较短的直行路线，走向筑有防御工事的克洛斯特新堡修道院。那是易招来袭击者攻击的目标，正可借此牵制袭击者。两支队伍打算在上游处的梅尔克修道院会合，修道院位于河边高耸的岬角上。

对莱奥波德来说，离开维也纳，心里并不好过。[1]他祖父斐迪南二世的英勇行为，是哈布斯堡家族神话的一部分。1619年，斐迪南二世被波西米亚的新教徒叛军团围困在霍夫堡宫。斐迪南拒斥叛军的要求，把生死交给上帝。聆听他告解的神父拉摩尔迈尼，后来替他写了歌功颂德的传记《斐迪南的懿行》，而上述英勇事迹，就是该传记里的主要事迹之一。坚决捍卫天主教的斐迪南1617年被选为波西米亚国王后，成为神圣罗马皇帝的当然继承人，波西米亚新教徒担心自己的新教信仰遭到迫害，于是发起叛乱。当斐迪南身陷敌人包围时，丝毫未显出怀疑或惊恐。敌人的滑膛枪子弹直直射入他房间，他不动如山，面不改色。他成为哈

1. 他写给马可·达维亚诺那封痛苦的长信，非常清楚表达了他的感受。

布斯堡家族成员应效仿的榜样，而他孙子的表现，至此时为止，有辱门风。但莱奥波德做出正确的政治判断，他的职责在于号召帝国境内诸侯出兵保护基督教世界，使基督教世界，即使在维也纳失守后，不致落入异教徒之手。在皇族抵达林茨镇之后，就有人开始撰写皇帝莱奥波德英勇坚毅的传说，只是那仍无法掩盖住仓皇出逃的事实。

事实上，这位皇帝，就如维也纳人民，已感染上群众的疯狂。据说，皇帝离城后的几天里，有将近六万人逃离该城，而他们的家园则遭从乡间前来城里避难的难民占领。逃出城后一星期，土耳其人来到城外，激烈的防守战随之展开。届时，该城必须有战斗到底的准备。

第六章

起来，起来，各位基督徒[1]

皇帝一行人在7月7日星期四晚上，坐马车离开维也纳，队伍十分凌乱。二十四小时后，新任的防卫司令鲁迪格·冯·史塔姆伯格伯爵，返回维也纳。在他还未明了来犯奥斯曼部队的兵力和移动速度时，洛林已将旗下骑兵团和步兵分开，步兵被派到多瑙河对岸归史塔姆伯格指挥，任务是确认土耳其人的攻击目标。奥地利指挥部里仍有许多人认为奥斯曼人的计划是渡河过多瑙河，摧毁由多座要塞构成的哈布斯堡王朝防线。当他们确认奥斯曼人的目标是维也纳城时，洛林立即命史塔姆伯格和他手下的数个团的部队，以最快速度回防都城。洛林要他尽快赶回，途中利用位于布拉迪斯拉发或维也纳的浮桥渡过多瑙河，他才不会耽

1. “Auff,auff Ibr Cbristen” 这是著名传道士亚伯拉罕·圣克拉拉（Abraham a Sancta Clara）所写小册子的册名，碰巧就在1683年7月7日于该城出版。

搁时间。

在多瑙河南岸，洛林担心会被移动快速的奥斯曼骑兵从几个方向包抄，因此在奥斯曼重骑兵到来之前就撤退，并让北岸的步兵自行尽快逃离。滚滚的烟雾越来越逼近人数居于劣势的洛林旗下的胸甲骑兵和龙骑兵，可见土耳其人进兵的神速。洛林的骑兵使劲奔驰，终于和奥斯曼大军拉开距离，但其实是因为土耳其人放慢了速度。最后，洛林部队驾马疾奔，穿过维也纳东郊，来到维也纳城外，城中守军见状，高呼他们是救星。洛林骑兵绕行城墙，从南门进城，在喇叭声和鼓掌声中游行，好似凯旋，接受着来自群众的欢呼。他们的自信之姿，渐渐稳定了城中民心，那股在皇帝、皇族、权贵人家相继逃离之后日益浓重的不安，与对大难临头的恐惧，开始消退。[1]这时谣言满天飞，涌进城里的难民，大多数人连一个土耳其人影都没见，却都煞有其事地说起可怕故事，然后口耳相传，添油加醋，使之更为生动。但这时候在维也纳的军官，军民都受到严格约束。

7月9日，剩下的居民和数千名难民很快开始工作起来，修复城墙和棱堡。将火炮拖至固定位置，将长木打进土里，沿着渐渐崩溃的外围防线横筑出一道连绵不断的防栅。在后来出版的该城全景园中，这道外围防线呈现为一道强固的木墙，其实，它许多地方已倒塌或腐朽在地，还有些墙上已被维也纳居民打出洞——他们觉得穿洞出城，比走城门出去更省事。实际上该城的第一道防线，看上去弱不禁风，但若有死守的决心，其实它仍是难以攻破的障碍。这些木桩粗如船桅，以同样的间隔深插入土里。露出地面的高度不一，最短不低于1.8英尺，有的高逾2.4英尺。炮火虽能炸碎这些木桩，但只有直接命中，才能将它们夷平。即使是炸断的残桩，滑膛枪兵若将之作为掩体，仍足以挡住进攻。大部分防栅筑在该城南侧，霍夫堡宫对面，该处的外围防御土墙较高，上

1. 这帮助不大，因为许多人在往西的路上遭鞑靼人抓走。

面有胸墙和沿胸墙开辟的狭窄走道。有些施工队把原木和梁插在护城河的陡坡上，以强化陡坡，其他施工队则在外墙面铺上平滑木板使墙面变滑溜，并穿插削尖的木桩。

他们在害怕心理驱使下拼命赶工，同时，木匠同业公会用木板、原木、塞了泥土或沙石的篾筐，搭建了一条覆有坚固屋顶的走道，以保护维也纳城周围防御土墙上的守军。另外还建造了一组防御工事，让守军可向下方干涸的护城河和爬上城外斜坡的敌人开火，工程在黎明时就开始，经过酷热的白天，在入夜后靠火光继续进行。全城动员，就连数百名修士和神父都卷起袖子一起干活。军法官约翰·费尔克伦，围城期间一直住在城里，他的日记揭露了居民的危机意识：“不分男女老幼，不分俗人和神职人员，全部争分夺秒，不辞劳苦，赶工挖掘、移除泥土，弄平干沟底部，将干沟挖得更深，让敌人更难通过。”

他们一边工作，一边渐渐了解到维也纳的守卫根本顶不住围攻。从军事上来看，维也纳是筑有城墙的13世纪城镇，16~17世纪，在该城较古老的防御工事上，零碎加建了较有效、较现代的防御工事。第一代城墙的建造，其实是由英格兰人间接出资。话说伟大十字军战士狮心王理查，和其对手暨十字军同胞奥地利公爵，巴本贝格的莱奥波德五世闹翻了；理查完成第三次十字军东征返国途中，乔装打扮，取道该公爵的领地，结果被俘，关入牢中，被控谋杀罪，最后是付了笔庞大赎金，才得以脱身。那笔赎金据认是“六百桶白银”，相当于英格兰一整年税收的两倍。巴本贝格的莱奥波德，拿这笔钱为其都城维也纳建造了高大的新城墙，完成他特别看重的工程——南方的新边境镇“维也纳新城”。恢宏的防御土墙和高塔，由其儿子“光荣者”莱奥波德六世完成，约瑟夫·马蒂亚斯·特伦克瓦尔德1872年的浪漫主义画作，就描绘了1221年的一天，莱奥波德六世初次骑马隆重进入该城的情景。

城墙初建成时，城内除了有街道、房舍，还穿插有空地和菜园，但到了16世纪初期，这些空地大部分已盖了房子[1]。苏丹苏莱曼一世于1529年围攻维也纳时，该城仍局限在中世纪初建的城门和城里，水与住房的供应几乎已不堪重负。那时，该城能撑过围攻，只不过是运气好，因为土耳其坑道工兵花了比预期还久的时间，才在卡林西亚城门附近的城墙炸出缺口，然后冬天提早降温，奥斯曼人不得不撤军。但经过那次恐怖的经验，从16世纪30年代晚期起，慢慢在紧靠旧城墙的城外，建造了一圈新防御工事。这些新工事——厚实的棱堡——从古城墙往外伸，城墙本身则被加上扶壁支撑、改建，渐渐成为新防线的外墙，或所谓的围廊。由于贵族、神职人员、商人在16世纪和17世纪初期建造的豪宅，城内变得更拥挤，更压迫。随着哈布斯堡王朝的"皇帝"趋于稳固，维也纳不可避免有了惊人成长，但只能是往上而非往外发展，直到最后，城区才扩散到这新防线之外。

1529年，城内唯一抢眼的高大建筑是圣史蒂芬大教堂。[2]到了1680年，已到处都耸立着高楼，旧城中心的中世纪街道已变成又深又窄的小巷，有时候每天只有一两小时有阳光照射。17世纪末期，城里虽有新皇宫和小游乐园，整座城看来却已不像是堂皇的都城，而是筑有防御工事的城市，永远摆脱不掉宿敌奥斯曼人从东边快马驰骋数天就兵临城下的威胁。每年都有土耳其人袭掠距维也纳只数里的村子，掳走村民为奴。维也纳居民一直在抱怨浪费大笔钱在防御工事上，但这时，他们应该会感谢当局的未雨绸缪。城墙、棱堡虽已朽坏，但仍能让任何来犯者无法长驱直入。

一百多年来，维也纳的防御工事经过数个阶段的转型。成本高昂，往往数十年间未有增建，但新防御工事一旦完成，防御态势就大为改观。古老的防御土

1. 1547年，有张城市地图显示有一百五十座大菜园；到了1600年，这些菜园全已盖上房子。

2. 就如在这时期的鸟瞰图上所见。

墙，这时已围上一道粗厚、坚硬、棱角分明的柱块，状似一个个宽箭头，表面的部分砌上砖而非石头。土墙的尖角往外刺向敌人。土墙上方外缘筑上胸墙，供射手隐身其后和安置火炮。1547年的鸟瞰图就显示，该城为宽阔的护城河所围绕，护城河水来自多瑙河，城墙上每隔一段距离就筑设棱堡，棱堡往河的方向突出[1]。护城河水不可避免渗入墙根和城墙里的地窖，使维也纳城里最靠近城墙的建筑潮湿而不舒服。皇宫霍夫堡宫尤其潮湿。但在敌人来犯的危急时刻，这些防御工事证明了其存在价值。17世纪，较老的棱堡得到“改善”；在这些16世纪的防御工事前面，有一排厚实而独立的三角形射击平台（三角堡），高度超过6英尺，犹如一个个林立着火炮的大战舰舰首，布满围廊前面的空地。

17世纪70年代，这些三角堡靠错综复杂的走道或战壕与棱堡、城墙相通。在许多描绘该城的画作、版画里，护城河显得很壮观，但实际上，护城河一直是个麻烦，用处不大。天气炎热时，原有的漏水问题加上蒸发作用，使护城河的水只剩下位于霍夫堡宫旁缓缓流动的一段小溪，每年夏天都完全干涸[2]。因此，护城河被改成一道宽阔而迟缓陡峭的干沟，并在靠外一侧筑上高起的防御土墙。防御土墙以外是名叫“glacis”的开阔斜坡地，是来犯者要攻城必得经过的“杀戮地”，来犯者在此毫无藏身之处，在守军炮火的横扫下得付出惨重死伤。“Glacis”一词源自冰川（glacier）的冰坡，顾名思义，这地带就是和冰坡一样叫人难以通过。外人要进城，得先爬上这斜坡地，再穿过外围防御土墙里防守严密的窄门，再走堤道越过干沟，最后穿过第二个门楼。卡林西亚城门是1529年奥斯曼人攻城的焦点，这时受到特别严密的保护；关于霍夫堡宫旁的新城门——卡格托尔门，防御则宽松得多。

1. 见博尼法济乌斯·沃尔穆特（Bonifazius Wohlmut）所绘地图。
2. 后来被叫作奥塔克林溪（Ottakringbach）。

这时，外地人若从南边、西边初次看到维也纳，会觉得这城乏善可陈：陡峭的土堤上筑了一道木围墙，木围墙以粗大木头搭成，开有数个窄门。爱德华·布朗在1677年绕城走了一圈，在其日记里如此写道："有两道城墙，在内的是旧城墙，当时几无可观之处……外城墙很宽，以土建成，表面砌砖，边缘砌上毛石，建得很牢固，使这城成为欧洲防御最强固的地方之一。城墙外开阔地，往外缓降三百步；简易外围工事很少。"

维也纳这套新防御体系，在17世纪80年代时已经落伍，因为它源自将近两百年前的意大利。这最初被叫作"alla moderna"，意为"新方法"；到了16世纪中叶，大部分意大利城市的防御工事都建成这类模式，意大利建筑师、工程师在之后不久将这类防御体系传遍全欧。从功能上来看，它旨在解决火炮所带来的防守难题。火炮的诞生，使即使是最坚固的石砌要塞围墙，都可能被炸开。君士坦丁堡的古罗马时代宏伟城墙，保护该城将近千年，却在1453年遭苏丹穆罕默德二世的攻城巨炮打出缺口。在不间断的炮轰下，石砌要塞实际上会自然瓦解，在重力作用下垮塌。这类要塞是多块石块往上重重堆砌而成，其强固靠其本身的重量和体积。炮弹一再袭击，会使石块渐渐松动，最后，整体失去稳定，遭重力下拉垮掉。集中炮火，会将层层堆砌的结构体打得四分五裂。过去，高大建筑是最可靠的防御，可俯临大地的中世纪大城堡，完全无惧于下方远处敌人的攻击。但火炮问世后，最高大的建筑反而变得特别危险，成为火炮最理想的靶子，最容易打倒。

新式要塞的设计，把暴露在敌人炮火攻击之处的建筑减至最少。他们周边的土地往往被填高，以使敌人火炮无法近距离直接炮击城墙或要塞。在新时代，最佳的防御设施是能吸收炮弹撞击力且不会遭其摧毁的建筑。即使是劣质的土，用砖块和木头牢牢固定后，炮弹也几乎无法打穿。

这一新军事建筑问世后，催生出别具一格的理论和哲学。这种防御工事创新的几何对称布局，不只吸引了军事人员，还吸引了艺术家和设计师。杜勒、米开朗基罗和其他人，将其对线条、布局的掌握，运用在军事艺术上，这一“现代的”军事建筑艺术，结合了大地的自然资源和火药武器，两者密不可分。将人造物与自然相结合者，是那些深受文艺复兴与整体论观念熏陶的建筑师，这一创举首开先河。文森佐·斯卡莫兹在其《建筑思想的共性》中写道：“要塞要盖得强固且设计周全，就必须按照大自然——万物真正的导师——所指定的方式来配置、安排各元素……”他们从天地万事万物中寻找以下问题的答案：什么地形最适于建造要塞；哪种野生动物最强壮，防身能力最强，能抵御比自身强大得多的野兽？答案近在咫尺，一般人应该都知道，不是高贵的狮子，甚至不是有厚甲裹身的犀牛，而是意大利人很熟悉的动物——豪猪。豪猪性情温和，它没有天敌，一旦惹火它，要能在自身不受重伤下将其打败，几乎不可能。豪猪若被攻击，会竖起一根根又硬又尖的刺，让敌人几乎无法近身。法国国王路易十二（1462~1515）以豪猪为其徽章，加上座右铭：“不管是近处，还是远处，都没人敢动我。”豪猪就像是排列密集的一队长矛兵，也就是西班牙的长矛步兵团。这种步兵团是16世纪用兵上的重大创新，作战时，长矛兵有独立的滑膛枪兵分队——真正能“距敌于远处”的部队——支援。军事建筑和西班牙步兵团之类的强大编队，都被誉为坚强防御之物，只有炮火才可将之攻破。伟大军事思想家、哈布斯堡王朝将军莱蒙多·蒙帖库科利，形容长矛兵编队是“战场上的城堡”。

新式要塞具体诠释了豪猪式防御精神。在要塞的每一面都像豪猪般竖起硬刺，绝不会留下明显可见的空隙或弱点让敌人近身。低矮防御土墙、坚实棱堡、独立配置的防御工事，使敌人炮火威力大失。军事建筑师和工程师在城墙、棱堡近旁设计了一处空间，当来犯者进入那空间时，不只动弹不得，无处藏身，还会遭到从上方、两侧、前方如雨落下的致命炮火轰击。火器是这些新“天然”防御设施必不可少的东西。在防御土墙或箭头状棱堡上配置多门火炮，加上滑膛枪兵或火绳枪兵，守军可在敌人来到可攻击城墙的范围之前，就将其悉数歼灭。正如现代的围城战史学家克里斯多夫·杜菲所说的，那是场“火与石”的壮烈搏斗。因为拥有固若金汤的阵地（石头），守军也信心十足，能拒敌于安全距离之外。

但精心构筑的防御工事一旦遭攻破，敌我态势就会立即反转，攻方立马占上风。工程师的设计就是防止攻破发生。棱堡建筑群，加之棱堡与棱堡之间坚固的幕墙以及布朗提及的简易外围工事，催生了全新的专业特色和新式几何。建筑师在素描中用枪炮的发射线呈现了城墙、棱堡、其他防御土墙如何打造出固若金汤的防御体系。但奥斯曼人于1669年攻占克里特岛首府坎迪亚时，已向世人表明，即使是新式防御工事也非坚不可破，而且他们靠的不是炮火或正面强攻。他们发明出新攻法，即挖地道到城墙、棱堡底下。然后在地道中引爆地雷炸垮上方土墙、棱堡[1]。

17世纪80年代时，防守强固的要塞遭正面强攻而被攻破的情况很少见，但古斯塔夫·阿道夫的瑞典军队，在三十年战争初期，曾强攻得手。危险和困难可想而知。攻方要穿越一连串的障碍，翻过低矮防御土墙，涉过或游过护城河，或爬上深沟的陡直沟壁，然后杀过开阔无遮蔽的城墙前“杀戮地”，一路上充满着守军猛烈的火力攻击。攻到深沟之后，近在咫尺的新防御工事，像巨大孤峰或巨石，耸立在攻击者头上，城墙后挤满配备火绳枪或簧轮枪或较晚间问世之燧发枪的步兵，步兵之间穿插有能力炸散攻击部队之队形的火炮。

随着防御工事的构筑日益精进，军事建筑师开始设计能因应各种攻击（包括

1. 有人主张，塞巴斯蒂昂·德·沃邦（Sebastian de Vauban）根据奥斯曼人进攻棱堡要塞的技巧，发展出他的攻击战法。

挖地道）的要塞。但只有以防守为考量择定新址建造的要塞，才能建造最强固的据点。有些强固的据点，是有深水保护的孤立要塞，例如科马诺和杰尔；有些难防守的据点是筑有城墙的大镇，需防守相当大的面积。维也纳的防御难题，则是连脑筋最活的工程师都无法解决的。河水流经该城两面。在东边，多瑙河众多支流，都被改造成流动缓慢的水道或运河，沿着北面、东面的城墙边流动，然后折返，汇入主河道。这些支流是维也纳的港口所在，一度也为那条绕行防线而最终遭废的护城河提供河水。水仍是阻绝地道挖掘的最有效障碍，但到1683年时，这护城河已失去其原始功能。维也纳城东侧的多瑙运河，经过一个世纪的侵蚀和不断弃置垃圾，水道已变浅。夏季该运河干涸的河段，河岸上会出现让水泄掉的洞和裂隙。

在该城西南侧，名叫“维也纳”的小河从维也纳林山高处往下流，汇入多瑙河；但夏季时，它也常常干涸。不过，只要下过几天夏季大雨，它就会变成滚滚洪流，河水漫出河岸，几乎漫到该河汇入多瑙运河处附近的城墙。多瑙运河和维也纳河这两条河，使维也纳无法建构有效而现代的纵深防御。该城城墙最弱的地方，无疑在面朝莱奥波德施塔特岛的东侧，该岛被多瑙运河和多瑙河主河道完全包围。在这里，古城墙与河岸之间，没有空间建造真正的棱堡和三角堡，而在海因里希·施密特所制的鸟瞰图中，码头区就像是坚实防线上的一个大缺口，只靠一道厚实的木栅和中世纪古城墙来保护。哈布斯堡王朝的作战会议深知存有这罩门，17世纪70年代进行的防御体系重建工程，有一部分就针对这点。但若不拆除掉旧城大部分地区，强化效果有限。

但这个守方的罩门，也为来犯部队带来大难题。指挥官得将大批部队和装备运上莱奥波德施塔特岛，而岛上几乎无调动空间，部队实际上很容易成为瓮中之鳖。多瑙河水位虽常低到可以涉水而过，但是突降暴雨却可能使水位于几小时内大涨。1683年攻城一役，就发生了这种事。此外，奥斯曼人没忘记1664年在圣哥达，突涨大水困住他们部队的事。由于多瑙河距城墙如此近，最危险的事是根本没有机会挖地道；要攻破防栅和城墙，便只有靠密集炮轰和强攻。即使防御薄弱，还是有龚查加和俗称“大钉”的小龚查这两座要塞，当来犯部队涉过多瑙运河浑浊的河水时，他们将经历最强的交叉火力攻击，后果是他们会死伤惨重，也有可能依旧达不到他们的目的。

面朝维也纳的城墙，是另一个明显的弱点。河床无水时，进攻者可能从距城墙非常近的地方开始挖掘战壕。而且在东南角，河流与棱堡之间有果园和许多建筑，能为来犯敌人提供更好的掩护。这地区的棱堡面积小，安置士兵或火炮的空间不多。他们的设计虽不如较先进的防御工事，也没有完善的维修，但是基本设计却很完善。每座棱堡前有一座新三角堡，敌人欲进犯棱堡和城墙，得先消灭三角堡里的火炮和滑膛枪兵。

西南侧的地势往维也纳城缓降，除了几道溪流，地干而平。北侧的地势往城墙方向上斜，坡度较陡。因为这些因素，维也纳城区往城墙外扩展时，主要往南侧，从而在南侧形成由别墅、工业、零星贵族豪宅构成的区域。比起城墙内狭促的街区，在这里可建造更宏大的建筑。有些有钱人城里有一豪宅，在这些新郊区还有一避暑豪宅。所有军事建筑理论都主张防御工事前方数百米内绝不可有任何建筑或障碍物，因为那可为来犯者的火炮提供掩护，让来犯者可以在接近城墙处开挖地道。

自16世纪中叶起，维也纳当局几次打算扩大防御设施，将这些新住宅区涵盖在防线内，将防线往西边扩展，虽然下了许多道命令拆除新建筑，最后都是不了了之。1704年，距奥斯曼人1683年来攻约二十年，面临来自匈牙利的新一批劫掠者威胁，维也纳终于新建一道防御性土墙利宁城墙和一道深沟，呈大弧度围住维也纳城和其郊区。这些防线的痕迹如今仍在：环城大道基本上循着旧城的内防御线开筑，外环道则取代利宁城墙原来的位置。

维也纳在1529年遭奥斯曼人第一次围攻，而到了1683年，奥斯曼人若以同样的方式来攻，维也纳大概也可以漂亮地防守住。1529年那一次，苏丹苏莱曼一世的工兵往维也纳城的西南入口挖掘战壕，把地道挖到卡林西亚城门边；到了1683年，从卡林西亚城门往西北到斯考特团城门，虽已大大加强了防御，仍为进攻者提供了最佳的得手机会。这段城墙外的护城河，只是道干沟。在霍夫堡宫附近，不同阶段新建的新防御工事，有不相称的奇怪现象。他们与两侧的结构体都未对齐，而且连接小棱堡勒布尔与较大棱堡布尔格的那段幕墙太长，且没有保护。这一段幕墙新建于16世纪40年代，照理应建于旧城墙的外面。后来兴建时，照理应与三角堡和棱堡前面更往外突出的一连串干沟——不是单单一个障碍物——对齐，而不应只是顺着后方的旧防御土墙而建。这段防线的基本对称丧失，相邻的防守位置无法按照军事建筑理论的要求，达到炮火完全相互支援的目的，这段防线因此遭扭曲。该城的另一边，临多瑙河的那一面，也有同样的问题。在皇宫附近，有个防守上的盲点，让棱堡难以对来犯敌人施展火力。这些防御据点彼此连接也不佳，因而不易将部队从某段防线调到另一段防线。

这一段就像是豪猪身体唯一没有尖刺防身的部位——脸和头。紧接在防御薄弱这一段后面的是皇宫建筑群，再后面是如迷宫般的城中街道以及又直又长而两侧林立贵族宅邸的大街——海伦街。[1]敌人一旦在那个点破城而入，守军将没有多少空间在那段幕墙的突破口后面，建筑紧急防御设施：一旦碰上势如破竹的攻击，将难以抵挡。这一固有的弱点，因环境上的缺陷——非常靠近郊区，特别是靠近与特劳琛伯爵的避暑豪宅相连的庭院和园中建筑——而更显薄弱。这庭院和

1. 有一段小防御土墙，利用卡格托尔城门上方“西班牙人”旧城墙的一段建成。

园中建筑往维也纳城的方向延伸，距该城外围防御工事只几百米。防御工事前的开阔斜坡地，也就是“杀戮地”遭到翻掘，精心栽种上植物，成为游乐园和菜园，而充分翻掘过的土壤将使土耳其人的坑道工兵往城墙这方向挖掘地道时，轻松得多。

负责该城的防务者，非常清楚这些弱点。1682年，在巴登侯爵赫曼坚持下，哈布斯堡王朝已以极优渥的薪水，聘请作战会议主席格奥尔格·林普勒（欧洲最出色的要塞工程师之一），改善该王朝的领土和维也纳的防御，以防御来自东方的攻击。他最初建议强化由诸要塞构成的外围防线，特别是杰尔镇，后来转而将他严格的目光落在维也纳城本身。先前，奥斯曼人攻打威尼斯人坎迪亚要塞时，林普勒在要塞里，然后，1671年和1674年，他先后出版了两部探讨火炮使用和防御工事的重要著作。从这两部论著，可看出坎迪亚的防守经验对他影响极深。他带了一队经验丰富的工程师同到维也纳，其中两位后来出书详细探讨了这场攻防战，其中一位是他的萨克森同乡，名叫丹尼尔·苏丁格，另一位是意大利人莱安德·安吉索拉。他们两人一起系统化地探讨了防御上的缺点和改进之道。

林普勒了解土耳其人的围城战法，知道必须削弱奥斯曼人的攻击威力。欲补救防御工事的基本缺陷，唯一法门就是修复逐渐崩塌的护城河墙壁和某些棱堡已严重蚀毁的砖造结构。但除此之外，他可以就地取材，自行发挥创意，大大增强防御。攻城战时，攻击就像一股直直冲向防御工事的强劲水流，其冲劲和压力会迅速冲破城墙上的所有弱点。城墙一旦出现缺口，门户洞开，敌人步兵和掷弹兵就会迅速涌入，消灭守军。但只要能找出方法阻挡猛冲而来的庞大敌军，或使其转向，拖延其前进的步伐，攻击就会力竭。林普勒就从这些务实的角度看待维也纳的防务。在土耳其人兵临城下前几天里，他的主要任务是修复第一道防线——防栅。然后他不眠不休地工作，在较接近城墙处设计新的防御工事。他命人挖掘新战壕，在棱堡和三角堡上方建置新射击点；他设计简单的障碍物，挖掘战壕，建立临时性防御工事，提供掩护以便保护干沟底部的滑膛枪兵和炮手。只要死守这些工事，可大大拖延敌人的前进。

林普勒所需的原料近在手边：大木甚至是树干都很粗壮，将两端削尖，随时可插入土中。用绳索将它们绑在一块，或以横梁予以加固，然后靠更多的木头支撑，可用来建造带缝隙的木墙。瘦子可侧身钻过这些缝隙，但大军攻势可因此被迫停下。

奥斯曼人善于利用以原木和土建成坚实木堡，林普勒也在建造类似东西。他利用木桶或盛有泥土的篾筐，沿着陡峭内墙（壕沟的外涯）铺了木头道路，建了一排木堡。守军自此可向下方侵入废护城河的土耳其兵开火。每座木堡都是座小堡垒，土耳其人得一一将他们消灭，才能前进。就护城河本身，他命人在三角堡基部挖掘战壕，构筑掩体和木堡，并在每座棱堡部署密集的滑膛枪兵，让他们能阻止横越护城河朝城墙、三角堡逼近的敌军。他命人在胸墙上切出开口（射击孔），以便棱堡上的守军能往下开枪，射击干沟里的入侵者。这些修缮旨在将干沟里原本非墙上守军视线所及的盲点，纳入攻击范围。但土耳其人开始进攻时，这些紧急赶工的设施尚未完工。

针对最要命的进攻方式，林普勒却束手无策。一如坎迪亚围城战所显示的，致命的打击将不是来自炮轰，而是来自地底下逐步进逼而防护周全的坑道。奥斯曼人挖掘坑道时，边挖边用粗大木梁盖住坑道顶，再盖上土，以免坑道兵遭守军炮火伤害。有时他们会挖得更深——地下4.5或6米——如矿井般用扶壁加固坑道。在坑道里，攻方安全无虞，除非守军也开挖地道。攻城时，往往会爆发激烈的地下战斗，奥斯曼与奥地利双方的坑道兵，在漆黑的坑道里相遇。但维也纳的自然条件并不利于抵御来自地下的攻击，它不是建在坚不可穿的岩质露头上，而是建在多石的河土上，坑道兵虽挖起来费力，但也不是严重阻碍。1529年那一战，土耳其人表明了他们能挖得多深、逼到多近。而1683年这一役，他们逼近敌人城池的方法没有改变。他们会挖进外围防御土墙（壕沟内岸），挖穿废护城河的河壁，一路挖到三角堡和幕墙。这些旧防御工事挡不住敌人的地道挖掘，在地道里引爆火药，就能使坚固的防御工事瞬间化为一堆碎石松土。[1]

届时，奥斯曼地道肯定是具有防御性的，但林普勒最能依靠的防御是，由驻守在突破口两端的士兵，对冲进来的奥斯曼部队两侧发出毁灭性的炮火。他的预想没错。最后，攻击者必须花很大工夫夷平一大段外墙，才能畅行无阻地进入后面的干沟，才能使他们的突击部队免遭位于土耳其人背后、此时仍驻守在壕沟外崖掩蔽廊道上木堡里的哈布斯堡王朝滑膛枪兵的攻击。

这些防御工事粗糙但难以攻克，但那并不要紧，因为他们顶多只需坚守几个星期，然后结局若非敌人退兵，就是维也纳遭攻陷。这场攻防战，将与记忆中其他大部分攻防战都不一样。西方的大部分攻防战，要塞是否固若金汤并不重要，只要能守到来犯部队比守军早失去斗志即可，争取时间才是重点。在西欧，敌人在完成挖掘第一波战壕的准备工作，隔绝被围城市与外界来往的时候，大部分城市就会开始寻求不失颜面的投降。林普勒知道，奥斯曼的工兵绝对有能力突破维也纳不够周全的防御，但除非维也纳开城投降（这似乎不大可能），要拿下该城，将只有靠强攻。1669年，坎迪亚于敌人最后一波攻击之前，终于接受了有利条件投降，但维也纳似乎不可能有这条路可选。根据东西方的战争惯例，基督教维也纳会被彻底击溃、洗劫并被大肆破坏。

林普勒别出心裁想出的防御措施，全是以消耗敌人战力、抵消敌人的兵力优

1. 较晚的要塞设有暗炮台，暗炮台的地下部分经过强化，以防止敌人坑道工兵靠近城墙或在城墙下方引爆炸药。

势为目的。他已计划好，如果其他办法都挡不住，他会把粗铁链横拉过街道，然后把每间屋子都化为小护城城堡。铁链已在军械库备好，随时可派上用场。铁链封阻的街道，将使奥斯曼人无法将火炮运进城里，迫使他们只能通过近身肉搏，取得每次几米的挺进。后代的军事作家把维也纳称作奥斯曼的斯大林格勒，而且这样的比拟再贴切不过。史塔姆伯格决定，维也纳只会被一块块攻占，土耳其异教徒拿下的，将只是一大堆破砖和还在燃烧的木头。最后的据点将是圣史蒂芬大教堂，维也纳人民将凭借大教堂墙壁战斗到底，至死方休。

历史将大书特书史塔姆伯格的英雄事迹，但他其实是个平庸的军人。自13世纪哈布斯堡王朝第一位皇帝鲁道夫在位起，史塔姆伯格家族在上奥地利世代为男爵。1683年，恩斯特·鲁迪格·冯·史塔姆伯格四十六岁。他与洛林公爵查理、蒙帖库科利一起在圣哥达打过土耳其人，在日耳曼打过法军。他的肖像画，不管是其生前还是死后所绘，都未能真实表现他的面貌。当时的肖像画家喜爱用松垂的假发柔化其脸庞，后来几代艺术家则把他画成秘密圣徒。在布达佩斯的国立艺术馆有尊他的青铜小雕像，乃是阿列克西·卡罗伊刻画哈布斯堡王朝将军的系列作品之一。史塔姆伯格一臂倚着墙，上半身铠甲紧束，铠甲里穿着厚重暗黄皮革外套，看上去好似整个人用鞣过的皮革制成，具有韧性但深不可测。细长鼻子像鹰嘴，身材高瘦而结实，卡罗伊制作的小雕像，呈现出史塔姆伯格在同时代人眼中一刻也静不下来的形象。对这样的人来说，本能反应先是攻击，而非防守。但史塔姆伯格绝不是那种会不顾后果直接冲入混战的人。他会不断斟酌并做出周详的计划，然后带领守军在平常行为中展现不可思议的勇气。他不是出色的将领，但他拥有那种能激起空前绝后的抵抗意志的心智特质。

从皇帝出逃到土耳其人兵临城下的这一个礼拜，史塔姆伯格主导的防御工程，仓促但目标明确。有些准备工作已经完成，该城的两座军火库里，备有大量火药、炮弹、滑膛枪弹。土耳其人包围之前，又运进许多弹药。维也纳军火库里的弹药多到快塞不下的程度，实在不常见，而这是因为该城被指定为与“皇家匈牙利”境内进逼的土耳其人作战时的军需补给基地。围城第一天，谣传潜伏的土耳其破坏分子已纵火引爆火药堆到天花板的军械库，造成人心惶惶。“有个一身女人打扮的十六岁青年……朝某修道院马厩附近地上的麦秆或垃圾丢了几把火，这座维也纳最好、最大的修道院现在已付诸一炬……火一路波及到存有大量火药和其他弹药的军火库，存放火药的房间的那道门着了火。”众人赶忙向那房间里泼水，“军火库奇迹似的保住了。”

那个男孩可能是个演员或异性装扮癖者，也可能是马厩的马夫，总之，事发后遭处死，死状极惨。群众抓到他后，猛劈猛砍，挖出内脏，砍掉头与四肢，只剩下一具光溜溜的躯干，躯干被扯下数大块肉，好似被猛兽撕咬过。在这个已弥漫愤怒、恐慌的城市，这只是诸多野蛮行径的第一桩。

都城里备有格外充足的火炮，也是为匈牙利战事而存放。围城开始时，城墙上有三百一十七门火炮，比奥斯曼人调来攻打他们的火炮多了一半。维也纳的驻军仍然不足：平日驻军（加上城里民兵）只一千多一点。凯撒施泰因的团已从布拉格抵达此处，有千余人，但这两千余人还不够防守长六公里的城墙。但还有步兵在赶来途中。维也纳被围前，为防土耳其人和其盟军突然进攻要塞城市布拉迪斯拉发，史塔姆伯格麾下的几个步兵团，由洛林指挥，驻守多瑙河北岸。还有些步兵团被派去防守上匈牙利的几座要塞。如今，这些部队奉命火速回防维也纳，他们的指挥官舒茨中将，带着剩下的步兵和一些骑兵，总共七千人（由波兰佣兵和奥地利正规军组成），从天亮到天黑，从遥远驻地赶来[1]。上天眷顾，他们比奥斯曼大军早一天抵达

1. 这支波兰部队是亲王卢博米尔斯基的骑兵，以无法无天著称，按合约替神圣罗马皇帝效命。在这之前他们在与匈牙利叛军作战。

维也纳。7月13日，他们拖着疲惫而沉重的步伐走完最后几公里路，越过维也纳附近多瑙河上连接孤洲的浮桥，午夜时抵达洛林在莱奥波德施塔特的驻地。个个疲惫不堪，许多人因为患炎热的夏季时迅速传开的疾病而呕吐。他们带来了会拉血便的红腹泻病，这是跨越多瑙河北岸沼泽地时受感染所致。

同一天，远方卷起滚滚烟雾，表示剩下的步兵和野战炮兵就要赶到。操练纯熟的炮兵是防守成败的关键，他们抵达之前，维也纳有许多火炮却无人操作，仍整齐排列在军火库里。如今，它们被拉到固定的炮位，集结在墙上的防守要地，处于待发状态，随时可炮轰城外的敌人。在都城外扎营不到一天，洛林下令部分兵员负责守城，他要带剩下的骑兵过木桥到多瑙河北岸，防范来自特克伊的叛军与上匈牙利境内的奥斯曼驻军的攻击。但奥斯曼主力部队抵达城下时已是7月14日晚上，那时，鞑靼人和巴尔干轻骑兵已出没于可见到城墙的地方。最后一批进城的部队，来自东方，比土耳其人早到几小时，其中有许多病号和伤兵。维也纳守军将他们迎进后，将各自城门砌砖封死，拆掉干沟与多瑙河上的桥梁。只有位于东侧的红塔城门还敞开，供落后的兵员进城，而防守强固的外围卡林西亚城门未封死，以便出城攻击土耳其人。

史塔姆伯格的守军，这时包括72个步兵连和胸甲骑兵，本地的维也纳城防部队、民兵、巡夜人，还有来自偏远庄园的猎场看守人（事实证明这些猎场看守人是一流狙击手）。这些人加起来，大约一万五千人，这些人中的许多人虽能行走，但是有伤在身，事实上，健康无恙者可能只有一万。那么，守住维也纳的概率有多大？此种情境下看确实不乐观。约两百年前，奥斯曼人在苏丹的穆罕默德二世率领下，围攻并拿下君士坦丁堡，而这一事件成为了基督教世界的一大劫难。长且不规则弯曲的拜占庭城墙，没有足够人驻守，即使人员充足，也是无法守住，最后，奥斯曼军队从许多突破口冲进城里，击溃守军。维也纳的防御工事虽有诸多缺陷，防御能力却比君士坦丁堡强。不过他们面对的也是较难对付的奥斯曼军队。来犯者的斗志和勇气或许不如1453年攻打君士坦丁堡者，但在攻占具有防御工事的城市上，他们的经验、训练都丰富得多。此外，他们除了有多次成功拿下现代要塞的经验，还有1529年攻打维也纳失败的教训可供借鉴。大部分城市最终屈服于围城之兵；有一些城市靠其他部队来援才解围。1683年的维也纳就属于这样的情况。能多守住一天，得到援兵的概率就多一分，而能否守住，主要取决于墙后守军的意志力。君士坦丁堡失陷，乃是因为其人数不多的守军失去抵抗意志。守卫维也纳者，都是身经百战而深知士气丧失会有何后果的军人。

皇帝逃离的隔天，就有大批害怕、胆怯的城民逃出城。有位亲历者如此形容："大家吓得要死，没人愿意留下；能找到的马和兽拉车，立即都被租走，而四轮大车和两轮车满载最高贵的贵妇和她们的小孩，他们丢下房子和昂贵家具，抛下所有食物，只带走最不占空间的最值钱的物品。到处只听到哭声和哀嚎声，仿佛土耳其人已入主维也纳。"这些人的逃离，更有利于防守。也有少数留下的权贵，决心死也不离开维也纳。随着包围加紧，城里不免出现疑虑、恐惧、士气低落的危险，但同仇敌忾之心也极其强烈。他们没有"内部敌人"，无人愿意妥协。死守到底的意志，将士兵、留下的居民、逃来都城避难的数千乡民，团结为一。

自从7月8日与洛林的部队第一次接触之后，奥斯曼大军的前进速度稳定但缓慢。数条注入多瑙河的溪、河，妨碍他们前进。每条溪、河都得搭桥。但7月11日，他们来到筑有城墙的海恩堡镇，大为兴奋。海恩堡位于多瑙河岸，是奥地利最东边的城镇。鞑靼人攻击该城已一个多星期，但未能攻下，因为鞑靼骑兵没有攻破城墙的设施。土耳其禁卫军和炮兵在天黑前来到，围住该镇。两门炮连续轰击城墙，部队开始强攻。太阳落下时，他们已把从海恩堡虏获的第一批俘虏和数袋割下的头颅，送到宰相面前。该城遭洗劫后，城里所有抗拒招降的领袖人物，如奥斯曼典礼官在其日记里所记，“遭刀刃加身”。剩下的居民沦为奴隶。隔天，大军沿着多瑙河前进时，卡拉·穆斯塔法在晨祷之后，收到部队献上的另一份礼物——两百个来自海恩堡的首级，加十名俘虏。宰相甚为开心，赐予押送者尊贵的传统袍服和厚礼，然后宰相率麾下众指挥官前去他们攻占的海恩堡，天黑前返回营地。7月13日正午时，奥斯曼大军已渡过费沙河，在距维也纳城墙只约十一公里的施韦夏特扎营。在居民早已逃亡一空的河畔镇费沙蒙德，卡拉·穆斯塔法下令烧毁掉所有东西，于是火光照亮夜空。

如果维也纳居民曾有得到援兵或得救的期望，眼下这些期望也将化为烟雾。土耳其人只会带来死亡和灾难。只有波兰国王因条约规定而有相救的义务，到目前为止，神圣罗马帝国内部诸邦，全部袖手旁观。要到8月6日，巴伐利亚选侯才出兵对抗土耳其人，而他实质上算是哈布斯堡家族一员。奥斯曼的典礼官在7月14日那天的日记开头写道：“维也纳前的营地。今天，在宰相的马尾旗带领下，大军从天亮就开始往前移到新营地，如此持续了整个白天。”他们经过人去屋空的锡梅林村，“以整齐步伐缓缓经过维也纳的要塞”，一举一动，城墙上的守军都看在眼里。维也纳城内，约翰·彼得·冯·费尔克伦每天写日记，生动而精确地记下每天所发生的事。该日记后来多次再版，已出版了几种语言的版本，包括由英王查理二世下令出版的英文版。

7月14日，土耳其全军，带着多得不可思议的马、四轮运货马车、牛、骆驼，翻越圣马可教堂旁的山丘，往维也纳逼来，主力部队沿山边而行，避免被城里守军看得一清二楚……他们立即从多瑙河对岸散开，以包围维也纳的姿态持续扎营，直到深夜。深夜时，我们守军发现他们在皇帝城门（布格托尔城门）外开始构筑工事，驻守该地壕沟外崖的守军从防栅后面不断向他们开火，以阻止他们前进。我们很快就发觉自己已遭正式包围。

奥斯曼人迅速而果断地将维也纳团团围住，这显示他们对维也纳的弱点事先有充分的掌握。由帐篷构成的城市迅即出现：7月16日拂晓，一大群奥斯曼重骑兵哗啦啦驰过多瑙运河的浅水区，登上莱奥波德施塔特郊区所在的诸岛，奔上前往多瑙河北岸的多座桥梁。他们遇上仍驻守桥头堡的三个骑兵中队，并将其击退。这些骑兵中队由亲王卢博米尔斯基指挥，由奥地利龙骑兵和波兰佣兵组成。部分骑兵固守开阔草地上的塔，最后遭击垮。但因为这一牵制，剩下的骑兵有时间在奥斯曼重骑兵的不断攻击下，过桥撤退到北岸。奥斯曼重骑兵的速度和彪悍，以及他们不怕死的精神和精湛的骑术，让卢博米尔斯基的部队敬畏三分，但卢博米尔斯基的军队也被其盟军认为近乎野蛮。只两天时间，情势已改观。虽然维也纳东面的红塔城门仍有人进出，但如今，整个东面都受到攻击。奥斯曼人在烧毁的莱奥波德施塔特废墟之上，横筑庞大的新土质炮台，架设起排炮，炮火压制住维也纳。维也纳城中心很快遭到猛轰，教堂尖塔成为绝佳的轰击目标。在城的另一面，土耳其战壕逼近的速度，同样叫守军心惊。土耳其工兵先是在郊区菜园里的软土挖掘，继而在防御工事前的多石开阔斜坡地挖掘，只两天的工夫，就将战壕挖到距守军外围防栅不到五十米处，战壕深达1.8米。

初期进攻的顺利，让奥斯曼人开始自大起来。卡拉·穆斯塔法瞧不起对手，他还未兵临城下，他们就先逃亡，对于他所提出的招降、皈依伊斯兰教的要求，不当一回事。土耳其人的营帐阻绝该城与西边的交通。但与有经验的西方将领不同的是，这位宰相未针对营地可能遭受从西侧而来的攻击做任何防备，甚至未派兵防守俯瞰该城的高地——维也纳林山。他的鞑靼部队在维也纳以西的广大地区游移，但他似乎未像之前穿越西匈牙利往北进军时那样，设法从鞑靼人那儿取得有关敌人动静的情报。这位奥斯曼战地总司令所关心的，只有他眼前的维也纳城。

卡拉·穆斯塔法有实地作战经验，带兵作风大胆。但他此前的征战经验中，只有在乌克兰的两场战役和在攻打克里特岛的一场小战役的对手较弱。而他眼前的对手，在他眼中或许微不足道，但他们受过实战训练。洛林打过圣哥达之役，和法王路易十四的军队交手过数年。他在1676年围攻菲利普斯堡时断了一条腿，这时走路仍一瘸一拐；鲁迪格·冯·史塔姆伯格在蒙帖库科利麾下习得带兵打仗之道，打过荷兰战争，受过伤，菲利普斯堡之役时服役于洛林麾下。城里其他指挥官，则体现了当时前来投效哈布斯堡王朝的军人国际化的组成。巴尔库海恩与费特尼尔的莱斯利家族，被誉为17世纪最出色的苏格兰雇佣兵。他们在三十年战争期间忠心耿耿效命于哈布斯堡王朝，瓦尔特·莱斯利最后获神圣罗马皇帝封为伯爵，被赐予位于施蒂里亚、波西米亚的大片庄园。他的两个侄子——詹姆斯·莱斯利与亚历山大·莱斯利，都参加了维也纳保卫战。维滕贝格的斐迪南·查理带了自己的团前来。从父亲手中接下兵权的上校查理·德·苏谢也是。这些都是像兹林伊一样的人，宁死也不愿屈辱而生。在维也纳，他们与自己的部队一起在城墙上、在废护城河里与敌厮杀，许多团的指挥官战死、受伤。

但对奥斯曼的战地总司令来说，这些胆敢对抗他的人，和在维也纳周遭村庄抓获的那些老百姓——据奥斯曼档案有约八百人——一样不值一提。那些俘虏由虏获者随意发落，不是被砍头，就是沦为奴隶。在奥斯曼人眼中，在他们大军到来之前，西方异教徒就已像绵羊一样吓得四处窜逃。卡拉·穆斯塔法认为他的坑道工兵肯定会炸掉他眼前的城墙，维也纳这块肥肉肯定跑不掉。后来有人说他攻打维也纳并未尽全力，因为他想占有城里丰富的财宝，是无比邪恶的贪婪之徒。

除了未替其黑压压一大片的营地做好防御工作，他的进攻计划合情合理，因为他把最精锐的部队集中在他们最能发挥威力的地方。卡拉·穆斯塔法或许统领了当时欧洲有史以来最庞大的大军，但他麾下技术纯熟的滑膛枪兵和受过训练的突击部队、炮兵和工兵，人数却不多。呈弧状分布的广大营地，沿着维也纳周围延伸超过二十四公里，但营地里的人，大部分除了偶尔巡逻干沟、防栅前的地区，没做什么事。或许他们对这场仗缺乏兴趣，从摩达维亚、瓦拉几亚征来的基督徒，在胁迫下不情不愿投入这场战争。来自各省的骑兵甚至不会用滑膛枪，不过后来作战时，他们徒步进攻，却和骑马进攻一样一往无前。

在这位宰相眼中，攻下维也纳就像是撬开胡桃（奥斯曼人常吃的食物）。只要挑对点施力，撬开硬得穿不透的胡桃壳，柔软的果仁就会露出。所有人，包括守军，都认为突破点将是莱奥波德皇宫旁的区域。卡拉·穆斯塔法在维也纳城的这个侧面之前扎下其大营，俯瞰该城。更前头，是还在燃烧的郊区废墟，因为史塔姆伯格在土耳其人到来的两天前，叫人放火烧了那些郊区，而眼下，卡拉·穆斯塔法则命令在这些废墟中建造精致、豪华而类似木堡的工事，作为其指挥所。那指挥所距维也纳的防栅不到四百五十米，完全在守军的射程内，它以更为华丽的形式，呈现了奥斯曼人传统的木墙防御工事。艾佛利亚称那些是“塞满迫击炮的木墙”，路易基·马西利则精确描画出它的外观。结实的杆子紧挨着插进土里，形成两道木排，中间留下至少六十厘米宽的空隙，然后塞进泥土，予以夯实，再以木质系梁和支架予以加固。

外面铺上帆布，里面铺上丝织品，从外表完全看不出这结构体是多么的牢固。它抵得住小型火器的攻击，甚至抵得住重炮的直接命中。卡拉·穆斯塔法将在这里观看奥斯曼战壕的前进，将在这里隔着一段距离，指挥部队一再冲锋，从这一制高点，他能看见、听见维也纳的防线后面持续不断的活动。敌军主要的进攻面，林普勒和史塔姆伯格都看得很清楚，因此，守军的活动全集中于西南侧。整个白天，守军忙于进一步加固强化防栅，敲打声一直不断，而在棱堡和三角堡上，火炮迅即就位。

17世纪末期的战争，越来越像是按照固定的剧本上演的戏剧。土耳其战壕的前进与守军加固防御工事的迟缓动作，看上去几乎是同步在进行。奥斯曼人挖掘三天后，其蜿蜒前进的坑道，最前头距上方立有木桩墙的外围防御土墙只约有三十米，防御土墙后面，滑膛枪兵隐身胸墙后，随时准备迎敌。防御土墙上，每隔一段距离有一个较宽的平台，平台上架设了轻型城墙炮，驻守着默然无声的掷弹兵。城墙炮里装满了炮弹、石头、废铁钉，每名掷弹兵手上都提着粗帆布背包，背包里塞满炸弹。

掷弹有危险，一连串的动作得一气呵成，丝毫不能马虎。掷弹兵随身带着缓燃引信，将冒烟的一端吹到火红，确认导火线烧得够旺之后，站直身子，甩臂过肩，将手榴弹掷进敌人战壕，或掷进正朝着防栅吃力往上爬的土耳其军队里。手榴弹爆炸，杀伤力很大，而技术纯熟的掷弹兵，可在不到一分钟内接连投出手榴弹。对围城战的攻守双方来说，手榴弹都是最重要的武器。掷弹兵可迅速移到奥斯曼人任何攻击点，制造出毁灭性的火力网，为滑膛枪兵提供近距离火力支援。体格强壮者可掷弹二十或三十米远。掷弹兵的死亡率很高，因为掷弹的那一刻，他们暴露在敌人射击范围内。导火线也不尽可靠，手榴弹过早爆炸，反而会造成守军一方严重伤亡。但它们是近身搏斗的理想武器，可杀死敌人或炸掉敌人手脚，虽然有可能让木桩受损，但不会让木桩伤筋动骨。这样的战斗，很快就在防栅旁每日上演。

围绕维也纳城的那道坚实土堤，上面布有一排间隔一致的木桩，相较于后面厚实的三角堡的棱堡，那道土堤看来不起眼，战争开始之后，它却成为维也纳最可靠的防御。土耳其坑道工兵往城墙推进时，往两侧挖出与外围防御土墙平行的战壕线。在某些地方，这些战壕加宽，以便炮手能将轻型火炮往前运，在石篾筐的防护下，炮手能支援土耳其禁卫军的冲锋。为前进部署的战壕里，挤满突击部队。围城第一个星期，执行进攻者是禁卫军的滑膛枪兵，他们先不使用滑膛枪，而是冲过短短的开阔地，爬上陡坡到防栅前，试图爬过防栅。在他们面前，一排排哈布斯堡王朝的滑膛枪兵会站起，把枪架在木桩上，对着下方进犯的大批敌人开火。然后他们会退到后面，重新装满子弹，另一排滑膛枪兵上前，接替他们的位置。冲到防栅前的土耳其人，会用矛、剑、穆斯林弯刀刺进防栅的空隙，攻击敌人。守军会以剑、截短的长矛、野猪矛回击。进攻线清楚呈现，邻近炮台上的火炮会重新瞄准攻击部队，掷弹兵会立即移到攻击点。

当时的记述说明了守军攻击行动的残暴。它们提到守军如何用绑了长钩的杆子，将奥斯曼人拖进来，让奥斯曼人死在基督教的矛和小刀之下，还提到守军如何将割了皮的土耳其士兵的尸体钉在防栅上，给其土耳其的同胞看。但这些只是蜻蜓点水般提到，而非专题报道，根据这些零星的记述，实在难以想象奥斯曼人如何拼命进攻，而守军如何回击，更别提要理解小小的城墙和防御土墙，如何发挥功能，使人数不多的守军得以击退人数多很多的进攻部队[1]。

当时维也纳发生了什么事？筑有防栅的防御土墙为何能发挥如此强的防御功能？首先，防御土墙防守严密。史塔姆伯格抽调了城中守军前来防守外围防线和其后的干沟。第二，防栅前的陡坡和防栅本身强固，功不可没。它们是用新砍下的木头深深插入土中构成的，为了加固还加了横梁。奥斯曼炮兵或许可炸掉一段防栅，但炸掉的部分可迅速修复、补上。土耳其禁卫军冲到防栅前几米时，速度变慢。那里没有平地可供他们摆放梯子，没有空间可供他们集结于木栅前。头几

1. 斯大林格勒攻防战之类的20世纪的战事，也帮助不大，因为现代武器在火力和射程上大不同于当时。

波进攻的报告和卡拉·穆斯塔法亲眼见到的攻击情形，使他认识到那道土堤和其上的木栅，就和该城的主要防御工事的大墙（有些高近十二米）一样难以攻破。这道防栅防守太强，无法靠强攻攻下；得像对付其后的维也纳城那般，采取包围和从底下一段段破坏的方式。

这样一来将耗费多日。奥斯曼人在7月16日就攻抵防栅，十天后仍未能将其攻下。前几波强攻都遭击退，伤亡惨重。奥斯曼工兵开始较为费时的任务——挖地道到防栅底下，埋炸药引爆，以突破防栅。但进攻仍然受挫。炸药炸出一个土质松软的大土丘和一个大坑，但奥斯曼步兵仍遭击退，击退他们的是“前来解围的塞伦尼伯爵与杜皮尼团的中校圣克罗伊，还有一百名配备手榴弹而体力充沛的士兵；他们很快即打败土耳其人，砍下对方许多头颅，绑在壕沟外崖上，让敌人看见”。展开第一波攻击的三个星期后，8月第一个星期，奥斯曼人仍拼命在突破外围防线。到了8月5日，他们已在突击坑道两侧造了土丘，以使自己相对于防栅处在居高临下的位置，以便他们可以从高处往下射击守卫防栅的滑膛枪兵；然后土耳其人将火炮前移，集中炮轰防栅；配备手榴弹的土耳其禁卫军，首度得以一波波冲过防栅后面的开阔地，来到4.8米深的那道干沟边缘。

8月7日，包围战的第二十五天，卡拉·穆斯塔法的部队突破了第一道障碍。第一批土耳其人在干沟底部挖战壕固守时，抬头注视这时耸立在他们上方而伸出一根根枪管的维也纳的主要防御工事。他们往左右极目望去，都是高大厚实的砖墙；前方就是布满滑膛枪兵的战壕，在滑膛枪兵的后面，棱堡与幕墙的底部，是架设有轻型火炮的防御工事。上方火炮所打击不到的“杀戮地”，全在这些轻型火炮的火力范围内。这个窄小的四方地，被战壕与地道开肠破肚，被从土墙上方丢下的炸弹炸出一个个深坑，两军就在这个地区对决，决定维也纳这个基督教世界堡垒的存亡。

第七章

地　狱

一万名部队军人为争夺勒布尔与布尔格两棱堡之间那道狭长土地奋战了三十七天。从8月初起，护城河——这时已变为外围和内围防线之间的干沟——成为维也纳存亡的关键。城墙上的守军，一天天看着奥斯曼人在下面挖出蜘蛛网般的战壕，感觉土地似乎以沛然莫之能御的气势向他们一步步逼近。一堆堆松软的土壤，就像蚯蚓挖出地面的大山丘，在半掩蔽的堑壕两端越堆越高。不久，这些土丘就堆得比三角堡的墙壁还高，奥斯曼炮手和滑膛枪兵因此可以居高临下，往守军破损不堪的防御工事上方挖出的浅壕里射击。土耳其人的炮火攻势越猛，哈布斯堡王朝步兵就把壕挖得越深，挖出的土被用作防御土墙，抵御持续不断的炮火。这一惨烈的战斗，以铲和锹为武器。

鲁迪格·冯·史塔姆伯格被飞溅的砖石砸伤后，就穿起骑兵的暗黄皮革外套。白天大部分时间，他待在战场上方的城墙上。经过接连几次腹泻折腾，他走几步就有走不动的感觉，不得不坐在椅子上，由他人扛上高处，观察下方战斗的情景。他的书信被偷偷带出城传播，造成很大冲击。有些书信在战事方酣时就广为流传，信中向正在多瑙河另一岸为战局苦恼的总司令，描述维也纳的战况。有时，若洛林的查理离维也纳够近，他可听得到炮轰声，但通常他位于距该城极远的西边，焦急等待着多瑙河北岸攻击的号角响起[1]。

奥斯曼人的火炮，形成三大群，架设在维也纳诸棱堡对面的一个巨大阵地上，以固定节奏朝城中开炮，守军的排炮也开火反击，没有哪个目标不值一轰。正如某人在8月20日的日记中所写："这天，有个炮手，站在卡林西亚城门与（该城南侧）供水系统棱堡之间的三角堡上，发现一名土耳其人带了两匹马在维也纳河边喝水，立即开炮，一发就打断他双腿，当场要了他的命。"

双方的射击手都在等待目标出现，或者在可能会造成某种伤害的情况下开枪；时密时疏的炮火声持续了一整天。不久基督徒这边就体会到，什么是土耳其人最致命的武器。城墙数个地方的边缘砌上加工过的石头，成为墙顶部的保护性遮盖，又称压顶。压顶遭重炮弹击中，会裂成尖锐的碎片，并四处飞射，造成严重的割伤。有些土耳其迫击炮，以高弧线将炮弹射向高空，落地爆炸时就像巨大的手榴弹。可能有数十人，被这些从天上悄悄降下的死亡天使打死或受到致命伤害。双方都有厉害的狙击手，奥斯曼军队这边，最厉害的是来自巴尔干半岛的滑膛枪兵，而来自维也纳周边贵族庄园的猎场看守人小队，驻守在城墙上的要地，枪法的命中率最高。土耳其人的武器射出又大又重的铅弹，能射穿盔甲或头盔。奥地利人用来福枪，威力较弱但精准，不小心暴露自身的土耳其人，对此有惨痛

1. 特克伊的部队一度攻下布拉迪斯拉发，但不久，该城居民即在洛林部队支援下，在8月29日击溃他们，光复该城。

的体验。

夜色降临，另一种战斗开打了。三角堡上和干沟底部战壕里的哈布斯堡王朝军队，利用夜色的掩护，完成粮食、人员、弹药的补给，有时还会送伤员回城里。双方都会对敌人战壕发动突袭，在大部分的夜晚，城外不时传来滑膛枪开火声、手榴弹爆炸声或垂死者的尖叫声。有些出击任务较奇特，例如基督教徒动用一群人，每个人推一部手推车，将最高土丘底部的松土运走，使土丘发生小崩塌，进而暴露原来隐身在土丘后的奥斯曼人的火炮。土耳其人发觉遭袭后，立即向下方这些人射箭、投掷手榴弹。这类行动总是死伤惨重。

维也纳的主要入口，卡林西亚城门，就位于布尔格、勒布尔两棱堡之间激烈战场的南方，有专属的三角堡、处于外围防御土墙上的两组大门和一条严加保护的回城墙之路，为军队提供保护。突击队会在土耳其人看不到的地方偷偷集结，当薄暮或夜深时，外城门会打开，骑兵和滑膛枪兵冲向奥斯曼人营地。城墙上的守军会突然停止开炮，这时他们冲进错综复杂的土耳其人的战壕，朝挤在下面的人丢掷手榴弹。有时他们会前往更远处的奥斯曼人的营地，然后赶着牛或绵羊回城门。偶尔他们会把没有警觉的哨兵抓回去审问，最后以惨无人道的方式将其处死。

一个星期又一个星期过去，双方阵营的士气日渐低落。史塔姆伯格和麾下的高阶军官发动突袭，以维持军民士气。最初，这些攻击非常成功。伯爵塞伦尼与伯爵谢芬贝格领军的一次强力反击，杀掉正往勒布尔棱堡逼近的所有奥斯曼坑道工兵。他们放火，火势迅速蔓延，毁掉奥斯曼人用来建造进攻型战壕的备用篾筐（塞满棉布的篾筐）和木头，使土耳其人在那一段的攻势后推了十二天，但他们的人员损失惨重。有一百人死在这次出击之中，而参与出击者，都是最优秀、斗志最高昂的守军。奥斯曼人不断地炮轰施压，不断地挖地道进攻，使得莫名的恐慌弥漫在维也纳城内。谣言满天飞，头几天传言有援军会来解救维也纳，到这时仍不见一个人影。他们很可能会死，但死得光荣伟大，有上帝与他们同在。城里教堂挤满人，尽管教堂是特别危险的地方。莱奥波德施塔特岛上的奥斯曼炮兵，理所当然将教堂尖塔和高塔作为炮轰目标，因为它们是城里唯一清楚可见的目标。

8月1日，有枚炮弹穿过圣史蒂芬大教堂的高大桃尖拱窗，击中了一根柱子，碎石和金属碎片洒在会众身上。多亏上帝恩宠，只有一名男子重伤：双腿被炸伤。隔天，位于西南侧的奥斯曼炮兵连也开始发射炮弹。“因为是圣日，土耳其人一大清早就朝嘉布遣会教堂发射了许多炮弹，使教堂里做礼拜的人瞬间陷入混乱……一枚炮弹带着可怕的声响命中教堂顶部，落在大拱上，当时教堂里的人正在做祷告，见到炮弹落进来，大为惊恐，全冲了出去，后来他们看没造成严重伤害，又回去做礼拜。”每一丝希望都遭到放大。嘉布遣会教堂发生奇迹的这一天，“晚上约八点时，我们引爆一枚从勒布尔棱堡带到敌人工事的地雷，爆炸威力很强，他们（土耳其人）许多人被炸上天，粉身碎骨，我们从城墙上看到数支手臂和腿炸到空中，夹杂着烟尘和垃圾”。但如此强烈的乐观只是一厢情愿。史塔姆伯格的工兵或许能创造这难得的佳绩，但阻挡不了土耳其人逼近。土耳其人前进是为达到宰相所要求的速度，但奥斯曼坑道工兵和战壕里的禁卫军突袭队，一路稳稳克服了每道障碍：外围防御土墙、防栅、干沟、三角堡。攻击未曾中断，整个白天维也纳城不断遭炮轰，晚上也未能幸免。地底下，土耳其坑道工兵和挖对抗地道的哈布斯堡王朝工兵，轮班干活，日夜不停。有一两次，双方的鹤嘴锄突然相碰，双方工兵在松软的地底正面相对。诚如战争日记所记载：“这一次，值得一提的是，土耳其人不断挖掘时……我们的人也从上面往下挖地道对抗，好巧，双方的鹤嘴锄相击，彼此狭路相逢。但土耳其人不愿上去，一如我们的人不愿下去，冲突瞬间结束。”双方都担心地道如果崩坍，会被闷死在土里。在土耳其人的战壕里和维也纳的城墙上，小型炮很少闲着，每一次齐发都引来敌炮的反击。事实上，当炮火停歇时，通常是地雷爆或奥斯曼部队新一波进攻前的宁静。

围城期间和围城后所写的日记，都清楚记录了守军的勇敢和他们无关大局的小胜。人们对敌人的优势兵力着墨较少；后来的史书也忘了这场围城战的惨烈事实。维也纳攻防战的规模和激烈，在当时是空前的，即使当时欧洲已连续打了三十年战争，直到1648年才获得和平。但就连三十年战争里死伤最惨的几次战役，都比不上东边这场可能发生的浩劫。从17世纪开始，到维也纳被围之前，最惨烈的围城战是天主教联盟的军队在1631年攻下路德教派的马格德堡战役。马格德堡位于易北河畔，是个有城墙围绕的古城，和维也纳一样，拥有中世纪的防御工事，在天主教军队来攻前，城内已加筑现代棱堡并强化防御。马格德堡攻防战于1631年4月3日开打，5月20日，所有外围防御工事全遭攻破。天主教军队从六个方向同时强攻，一天就攻下该城。天黑之前，城里已遭洗劫一空，两万名马格德堡军民遭屠杀。但即使这场灾难，都比不上维也纳城外干沟里每日进行的寸土争夺战，以及在维也纳攻防战死亡和沦为奴隶的人数。

在维也纳，冲突最激烈的地区，差不多就是哈布斯堡王朝都城里举行仪式的中心地区。那里原是演出豪华戏剧的地方。奥斯曼人兵临城下之前，紧锣密鼓增强防务的最后几天，史塔姆伯格已命人拆掉建在城墙与皇宫之间狭窄土地上的木造宫廷剧场。那是皇帝莱奥波德娱乐消遣的地方，他本人写了许多部戏剧和豪华音乐剧，供剧场演出。1667年的骑士芭蕾舞剧《风与水的较量》，华丽到有船队漂在人工湖上，有马和马车列队走过（其中有些似乎凌空而驰），爆竹从埃特纳山、帕纳塞斯山里爆发出来，它们是用热石膏、粉饰灰泥塑制的。如今，在剧场原来矗立的地方附近所上演的戏码，更扣人心弦。

从城墙往下如炼狱的干沟望去，看到的是从天亮至天黑无一刻停歇的战斗场景。在这舞台的一边，土耳其人控制了原是外围防御土墙的大土丘，每天晚上，数百名奥斯曼步兵和工兵铲起软土，倒进下方的干沟里。地底下，数百名坑道工兵在木桩支撑的地道里干活，他们一面前进，一面在顶上放粗木头，上面再铺上一层土。土耳其人在这些木构地道里，以稳定速度向前挖，从上面纷纷落下的火、手榴弹、炸弹，基本伤不到他们。在另一边，维也纳守军高踞在距敌人数百尺的棱堡和城墙上，不断以炮火轰击敌人前线，希望找到暴露出来的目标。他们几乎每天都有小成果，但完全挡不住土耳其人前进。或许有数百名土耳其禁卫军和坑道工兵，死于从城墙后突然发起的攻击，或死于一次成功的地道反击战，他们死后立即有人补上他们的位置。每天有一两处土耳其人埋设的地雷爆炸，地雷炸陷的坑和炮弹炸出的坑，距那座三角堡和那两座棱堡越来越近。

这时期大部分的激战，最多激烈厮杀个一天就结束，中间还穿插数次暂停。而海战就较为惨烈，船只开炮互轰，然后战斗人员登上已不能动的敌船，双方人员在甲板上和甲板下互砍。在1942年的斯大林格勒攻防战之前，没有哪一场战役比得上维也纳城外的干沟里无休无止的争夺战。在这两场战役里，双方部队为抢下瓦砾成丘、布满残破建筑又十足荒凉的土地而激战。

从圣史蒂芬大教堂的塔楼，可以看到多瑙河北岸的所有动态。可看见洛林公爵部队的侦察队，有时候可看到鞑靼人成群游过河，突袭四方。史塔姆伯格会派信使出城，将城中的情况告知洛林公爵，最后，信使带回有支援军正缓缓前来的消息。偶尔，远处会有缕缕黑烟升起，显示又有一座村子或农庄遭土耳其袭击队放火烧掉。慢慢地，随着维也纳这边袭击队出击的收获变少，也没有援军即将到来的好消息，维也纳城内，大难即将临头的气氛越来越浓。比炮火的杀伤力更大，比缺粮更糟糕的是，疾病传播一发不可收拾。城里的猫（俗称为“屋顶兔”）都已吃光，有些维也纳人设陷阱抓老鼠，以填肚子。即使在和平时期，维也纳都是病毒感染、传染的温床。1679年瘟疫肆虐过维也纳，17世纪80年代初期又爆发几次新疫情，夺走城里和周遭乡村七万六千多条性命。这场瘟疫始于东方遥远的奥斯曼帝国境内，经巴尔干半岛往西传；其他城市受害程度更甚于维也纳——布拉格在1681年死了八万一千人。神奇的是，在这次围城期间，未出现新疫情。或许是因为老鼠多被杀或被吃光，减少了感染源。但居民和守军躲过瘟疫，却因许多其他疾病而倒下。他们的伤口很快出现感染，城墙上的守军饱受腹泻摧残。疾病滋生，有个原因可以确定，那就是慢慢堆满街道的发臭垃圾堆。“士兵和市场贩子杀了牛之后，血流进排水沟，带来恶臭和疾病。”来自该城医生委员会的资料提及，被困在城墙里受到的精神压力：“极度恐惧、忧虑，备受精神折磨。”

奥斯曼阵营的情况好不到哪里去。随着久攻不下，平日的纪律慢慢瓦解。料理食物、处理垃圾对应遵守的卫生规定，态度也是越来越马虎。就连令西方人大呼不可思议的使用厕所、清理厕所的习惯——马西利伯爵，路易基·费南迪诺，被奥斯曼宰相俘虏期间，曾画了张生动的小素描，描绘使用厕所的情景——这时也渐渐荡然无存。在卡拉·穆斯塔法的营帐区，仍奉行传统的卫生规定，但营地里其他地方，则渐渐像是垃圾坑（并散发垃圾坑的味道）。死伤人数众多，因为正值盛夏，苍蝇满天飞，伤者裂开的伤口，很快就会化脓。食物供应虽然不稳定，奥斯曼营地里的人，吃得比维也纳城里人好，较少饿肚子。攻城初期，城里女人会偷偷钻过维也纳北墙上的木防栅，在苏格兰城门旁建成一个临时性粮食市场，拿面包跟土耳其人换新鲜蔬菜。但这漏洞封死后，奥斯曼军队只能靠喝汤、吃米饭填饱肚子。

围城过了四十天，卡拉·穆斯塔法必须留意自己部队的士气问题。他不懂如何跟自己的部队打交道，士兵对他害怕更甚于尊敬。一个成功的奥斯曼指挥官，会终日与其士兵相处，奖赏士兵的英勇表现，向他们说明战胜之后会得到的好处，有多少战利品等着他们去拿；甚至每个队伍都有随军传道士，提醒他们在真主面前的义务。列队游行、检阅、奖赏英勇杀敌，都是主要部队期待并看重的。但对于鼓舞而言，这个奥斯曼战地总司令似乎更善于责骂。他虽带领麾下的指挥官，却未得人心；每个奉命的指挥官，接到的都是要他们更用力逼部队进攻，把战线更往前推的不容分说的命令。穆斯塔法一心一意要贯彻他的方式，不容争辩与讨论。他的策略在前期就已确立，不容更改：因为只要遵照他制定的计划，必能攻下维也纳。

较有经验的指挥官建议卡拉·穆斯塔法不要低估敌人，但他听不进去。并不是奥斯曼人没掌握情报——鞑靼人的扫荡范围及于维也纳以西极远处，自有关于西边的情报回传——而是他们的领导人不想听。他似乎只关心维也纳，对于那些可怜的异教徒的动静，他觉得无关紧要。他也不在意辽阔的奥斯曼营地正渐渐失去长久以来令西方人大为佩服的秩序与纪律。动物尸体在大太阳下肿胀、腐烂，埋得不深的人尸因为腐烂散发的气体而肿胀顶开了松软的覆土。

他那些已在匈牙利边境打过至少十年仗的下属，不像他们的指挥官那么瞧不起眼前的敌人。他们知道哈布斯堡王朝的骑兵宁可战死也不愿逃走，该王朝的步兵，在各种尖状物、木桩或野猪矛防栅保护的侧翼下，可以用齐发的滑膛枪火力，击溃冲来的步兵。16世纪90年代的“长战”是他们的共同记忆。那段时间，双方军队一再交手，尸横遍野，却根本无助于决定整体战局的胜负，直到双方打得精疲力竭，无心恋战，才握手言和。但卡拉·穆斯塔法听不进他底下诸位帕夏的意见，活动范围绝大部分局限在城墙前他那座受到严密防护的木堡里。但他错了吗？苏丹的军队，按照这位战地总司令的战术，正稳定往前推进，他深信，一旦城破，攻下维也纳，他将会以帝国历史上最伟大的征服者之名、成就最高的科普律吕家族成员之

1683年，维也纳攻防战

双方在残破的勒布尔棱堡上，做殊死争夺。此画为1837年莱安德·鲁斯所绘的《地狱》

名，永垂不朽，他的征服伟业将与“征服者”穆罕默德二世、“立法者”苏莱曼一世、“残酷者”穆罕默德四世之类功绩卓越的苏丹一样崇高。

随着土耳其人的坑道越挖越靠近旧城墙，城里人开始忧心敌人已在他们脚下四处乱钻。城墙的地基不深，只是埋进土里的大石板。城墙靠城里的这一侧，有潮湿而带霉味的地窖和储藏室，在皇宫区的房间里则存放着皇帝的葡萄酒。城墙某些地方有扶壁加固，而其他地方只是靠自身的庞然体积和重量立着。谣传土耳其人除了每天引爆地雷炸垮三角堡和棱堡，还往里挖，挖过城墙底下，挖到葡萄酒地窖下面，挖出一条通往城里的秘密通道。眼看恐慌就要爆发，史塔姆伯格不得不命人看守所有地窖，命令城民注意街道地下挖掘的声音。他和他的民防指挥官伯爵卡普利尔斯每天都收到奥斯曼人继续进逼的报告，但他们只能看着对方不断进逼，几乎无力阻止。

8月25日大清早，史塔姆伯格与其高级军官在勒布尔棱堡会面。此时土耳其人已在挖棱堡下面的墙脚，并用重炮不断轰击该棱堡。他们一致认为必须减缓这一攻击的速度。他们整个早上纠集了两队坑道兵，下午四点，大批步兵从这主要受攻点旁边的出击口冲出，沿着干沟推进，用滑膛枪、剑、矛攻击土耳其人，步兵后面的掷弹兵则往战壕里丢手榴弹。城墙上的火炮朝奥斯曼炮兵连连续开火，使他们无法反击这一出其不意的出击。另一支突击队，从位于卡林西亚城门旁的最大出击口，冲向部署在前沿的奥斯曼炮兵连。自围城以来，该炮兵连让守军死亡惨重，对于守军而言是一大祸患。希尔滕贝格的亲王和一些人，杀死数名炮手，然后撤退，气急败坏的土耳其人在后追赶。

这一突然反击，带走了四名军官、两百名士兵的生命，却丝毫撼动不了大局。隔天，又有两枚地雷在那座饱受轰击的三角堡底下爆炸，一枚在早上，一枚在晚上九点。这时候双方陷入了固定的动作和回应模式。先是一枚地雷爆炸，震动地面，然后，奥斯曼战壕里会举起马尾旗，一群人在马尾旗后起身，冲向那个炸陷的坑和那座三角堡已然脱位的一侧。上方的守军会用炮火、沸水、石头、手榴弹猛击下方的来犯者，相邻的棱堡则迅速调整炮位，以较重型的火炮猛轰这些土耳其禁卫军。虽然奥斯曼人每次进犯都失败，但每次进攻都有收获，销毁了三角堡的更多地方，使守军可据以向敌人开火的根据地变小。土耳其人日复一日进攻，基督教徒一方则一步步被逼退。8月26日，杜皮尼上校带领三十名骑兵和其步兵团的三百名滑膛枪兵出击。他们冲进城外干沟，冲向敌人战壕，杀死所有正在工作的坑道工兵，将手榴弹和火药丢进地道，炸毁地道。但土耳其人这时已懂得如何对付这类突击，派了特种部队驻守坑道：于是，这一次，一场惨烈的战斗爆发，并持续了一个多小时，最后滑膛枪兵背着上校遗体撤退。同天，又有土耳其人的两枚大地雷爆炸，一枚进一步炸碎了那座三角堡，另一枚在布尔格棱堡旁边爆炸。很显然，那座三角堡一旦被攻破，这座棱堡将是主要攻击目标。

那座三角堡若完蛋，守军的抵抗能力将会大挫。在设计较佳的防御体系里，城市核心由前后层层布设而相互支援的防御设施保护。两防御工事的火力将相互掩护，如果其中之一遭攻破，另一个可以负起这保护之责。但在维也纳，两座棱堡与一座三角堡就是只三脚凳：拿掉其中一只脚，三脚凳必然会倒下。雪上加霜的是，在布尔格棱堡上，有道坚实掩体占去表面许多空间，人员和火炮无法迅速上下这平台，勒布尔棱堡则是中看不中用。尚存局部的慕尔克棱堡和卡林西亚城门，虽较为强固，但无法提供支援性火力。因此，奥斯曼人的进攻计划，已瞄准维也纳最大的罩门[1]，先摧毁那座三角堡，再同时攻击布尔格、勒布尔两棱堡，

1. 有人主张，进攻面朝莱奥波德施塔特岛的维也纳城墙会比较容易得手，但若这么做，土耳其人得穿越满是多瑙河烂泥的开阔地强攻城墙。当时的西方军官一致认为，进攻布尔格棱堡是正确选择。

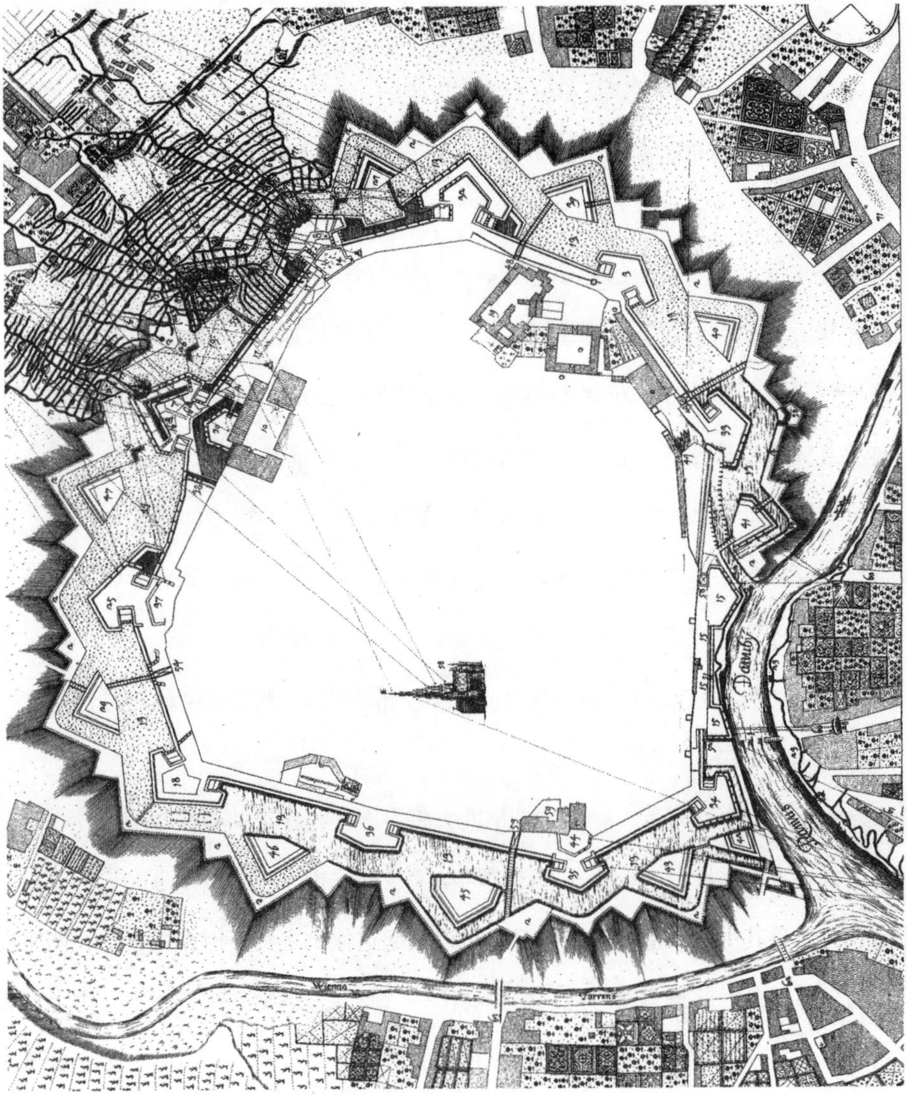

维也纳攻防战鸟瞰图

奥斯曼人围攻维也纳期间，著名军事工程师丹尼尔·苏丁格全程待在城里。他根据个人实地观察所绘的奥斯曼人进攻平面图极为精确，刊布流传全欧。

然后突破这两座棱堡之间的幕墙。奥斯曼人一旦全面进攻，守军将无法及时抽调兵力或火炮前来增援这两座棱堡，史塔姆伯格永远无法掌握敌人的致命一击会落在哪里。同样，他不能抽走其他防区的兵力，以免奥斯曼人对该城的其他地方发动强攻。那座三角堡这时只是一座土丘，但仍能为那两座棱堡提供支援性火力。但能撑多久？

对双方来说，胜负渐渐取决于谁能撑得久。在奥斯曼阵营，粮食开始短缺，因此他们杀掉基督教俘虏，以免消耗粮食。在城里，逃兵被捕，立即在市场吊死，显示士气日益低落。大胆出城袭敌，无异于送死，因为土耳其人已将火炮对准出击口。越来越少人自愿参加这种英勇出击，而史塔姆伯格也知道，他禁不起如此浪费人力。每日的死亡人数有增无减。一次从土耳其人重型滑膛枪射出的子弹，竟一连射穿五个人，使五个人全部当场丧命。这场战役沦为如炼狱般的折磨，使双方的末日论期望渐渐成真。双方都预期会有一场类似善恶最后决战的战役，他们的牧师和讲道者都如此告诉他们。基督徒知道《启示录》如何描写这场决战："那一千年完了，撒旦必从监牢里被释放，出来迷惑地上四方的列国，就是歌革和玛各，要他们聚集争战。他们的人数多如海沙。"（第二十章第七至八节）对穆斯林来说，《古兰经》如此提醒："我所毁灭的市镇，想复返人间，那是不可能的。但当歌革和玛各埋头护下每个山丘，当真实的应许快要应验，不得道者将惊愕地瞪着眼睛叫道：'悲哉我们！我们对于今天这事一直未留心，我们做错了。'"（第二十一章九十七节）

8月28日，天气突变，来了猛烈的夏季暴风雨，双方炮火顿时沉寂，因为火药没办法保持干燥。但下午雨停时，又有一枚地雷在那三角堡侧面爆炸。土耳其禁卫军起身攻击，三角堡上只有很少的守军往下开火，布尔格、勒布尔两棱堡上的守军，用塞了铁钉和弹丸的霰弹，扫射这座已毁坏的三角堡的墙面。但这时土耳其人离三角堡上的守军太近，守军的射击不免会误杀到自己人。隔天早上，“九至十点”之间，土耳其人“在三角堡残体下方引爆一枚地雷，将三角堡完全摧毁。经过先前无数枚地雷一点点的撕扯，这座三角堡已没有坚实地面可供双方战斗了；我们的人只能守在三角堡中央，躲避敌人的攻击。敌人团团包围住这堑壕，但他们决不放弃”。此后，那座三角堡只是维也纳人决不投降的象征，因为它再无法提供侧翼火力以支援那两座棱堡。

史塔姆伯格已派自己的部队前去支援这个三角堡，并指派海斯特曼上尉负责这个几无成功希望的任务。这位上尉原是史塔姆伯格的副官，接此任务之前，已被守军视为英雄。他带领守军多次出城袭击奥斯曼人营地，其中一次，他与一名孔武有力的土耳其禁卫军扭打，将对方压制在地，夺下对方的穆斯林弯刀，然后像打败巨人哥利亚的大卫一样，“用土耳其人自己的弯刀”割下那土耳其人的头。他拎着头颅和弯刀回到城里，将头颅插在矛上，把弯刀献给其指挥官。前去驻防三角堡之前，史塔姆伯格告诉他，土耳其人如果逼得太紧，可以趁黑夜撤回，放掉这一块仍在基督教徒手中的土地。但他无意撤退：“与五十名弟兄来到这三角堡驻守之后，尽管敌人已放火烧了防栅和木头护墙——我们弟兄仅剩的防御设施——（他）仍不愿撤退。”二十名士兵在夜里战死，包括他的副指挥官，索梅佛格尔中尉，剩下的三十名守军抵御住逐渐逼近的数百名土耳其人。隔天，9月3日，一支救援队遭土耳其人一阵飞箭击退，史塔姆伯格以口头直接下达命令，要海斯特曼烧掉剩下的防御设施，在火力掩护下竭尽所能将剩余的弟兄带回到幕墙边。他在午夜时执行命令，“因而，土耳其人在9月3日那天，拿下那座让他们付出大量死伤的三角堡”。

8月27日晚上，基尔曼塞格伯爵已率领一小队炮兵到圣史蒂芬大教堂的塔楼上，向夜空射出四十发信号火箭，“向（洛林）公爵示意，我们希望救兵快来。”这根本是痴心妄想，城里人却相信不久后他们就会得救。事实上，已好久没有收到偷偷带进城的军士情报了，叫人泄气。史塔姆伯格这位最冷酷现实的军人，是否真相信援兵正在赶来，或即使有援兵赶来，是否还来得及，这问题恐怕无解。无论如何，此后每天晚上，火箭队都登上那塔楼观望，尽管并无援兵到来的迹象。

多瑙河对岸的洛林公爵查理，从一开始就不看好维也纳能久守。整个围城期间，他从史塔姆伯格那儿收到的信息、急报，都是令人沮丧的。如今他更知道，随着那座三角堡的失守，土耳其人将会加紧进攻，维也纳再撑，顶多撑两个星期多一点。奥斯曼人立即加强其攻势。他们拿下那三角堡的隔天，一枚地雷在布尔格棱堡北墙下方爆炸。那是土耳其坑道工兵准备已久的地雷，是目前为止威力最强的地雷。面对土耳其攻击性战壕的火炮，三角堡大部分因此变得无用武之地。这座棱堡垮了九米宽，超过千名土耳其禁卫军从战壕里涌出，爬过松土、砖块、石头，爬上近乎垂直的陡坡，爬向棱堡顶部的平台。爆炸发生在下午两点钟，正是守军交班的时候，因此当时棱堡上挤满了新旧值班人员。有些人在这场大爆炸中被炸死、炸伤，但等他们回过神，重新整队，火力几乎加倍。

烟雾散开时，守军见到黑压压一群土耳其人往上爬，奥斯曼人的箭、滑膛枪子弹不断朝他们射来。“火炮炮弹、迫击炮炮弹、子弹从四面八方飞来，干沟顶端出现约一千名土耳其人，他们突然一个接一个跑向下面的某些洞和坑道，借此下到干沟底部，然后跑向那座棱堡已被地雷摧毁的部位。他们在颓圮区的凹陷处挖掘，用挖出的松土作为掩体，借此站稳脚跟，也为更大批土耳其人的涌来腾出空间。”越来越多的进攻者，通过相连的战壕加入前线，一根根高举的马尾旗汇集于突破口。第一批攻上来的部队，有些是别有代表勇武之肩章的土耳其禁卫军，有些是以不怕死闯出名号的敢死队。他们距守军只有几米，守军往下丢掷松脱的木头。防栅的木桩、砖块、石头阻止他们逼近。在第一波攻击部队后面，是数千名一心要爬过碎石堆与异教徒厮杀的土耳其人。

情势紧急，奥斯曼人若能在城墙这个大缺口顶部取得立足点，就还有希望。军士官立即召集弟兄，要一部分人用“大梁、装满沙石的布袋”筑设临时防御工事，那防御工事“前面，肩并肩占了三排人，（前一排）往下射击后，转到旁边重新装满子弹，然后再度进入射击线”。他们成功地维持了一道近乎没有断的火网，而这完全是因为有大量滑膛枪兵可用。守军火速组装了野猪矛防栅，将其推到突破口边缘，构成紧急性野战防御工事。还有些防栅给往下推进突破口，几名土耳其兵试图翻越他们时被尖矛刺穿。

小型火炮是靠人力紧急搬上那棱堡并架起，以便向下方集结的敌人发射霰弹。数百枚手榴弹被点燃导火线，然后被丢向下方土耳其人头上；有些手榴弹不可避免地提早爆炸，重创了守军防线。那棱堡上的平台，挤满奋力阻挡土耳其人上来的战斗人员，而似乎每个方向都有土耳其人涌上来。棱堡上的守军拥挤到死了也不会倒下，因为有紧挨着的人撑着。“一枚炮弹打掉我身边同胞的头。鲜血、脑浆溅到我的鼻子上，喷进我的嘴里，因为那天很热，我那时张着嘴……事后我很不舒服，感到严重心悸，并十分想呕吐。”

这场战斗很激烈，持续了两个多小时。史塔姆伯格和其麾下的指挥官冲到现场，以坚定部队的战斗意志，撑过难关。奥斯曼迫击炮和火炮，不顾会伤到自己人，往棱堡拼命炮轰，数百名守军战死在这狭小的战场上。入夜后，守军往地里打进数百根木桩，围住棱堡平台：他们担心还会有大爆炸。这时守军只剩四成人力，却还得守六十四处防御据点，已无受过训练的后备士兵可以用。9月6日，三枚地雷在勒布尔棱堡下方爆炸，摧毁面向布尔格棱堡那面挡土墙的大部分墙面。

有份日记写道："我们所担心的事终于发生了。下午约一点时，敌人引爆几枚地雷……炸出一个大缺口。这座以砖石建成，厚至少二十尺的棱堡，从顶至底垮下一大块，留下一个三十六尺宽的缺口，我们的人因此失去掩护。敌军猛烈进攻，但因为炸下的残砖碎石堆挡在路上，不易通过，他们不久就撤退了。"

在这几次爆炸中，除了位于勒布尔棱堡左侧的一些守军火炮，其余火炮都被毁。剩下的守军立即往下冲，肩并肩站在缺口处，以剑、矛、长钩、乃至长柄大镰刀为武器，不顾如雨般飞来的土耳其人的炮弹和箭。莱安德·鲁斯在1837年所作的那幅撼动人心的油画，也无法完全呈现这场战斗的惨烈。最后，守军再度将野猪矛防栅——等于是17世纪的有刺铁丝网——推到缺口，抵挡如潮水般一波波涌进来的土耳其禁卫军和骑兵。这场肉搏战持续了整个白天，天黑才停歇。整个晚上，守军没有休息，因为一些人忙着建造新的临时防御工事，立起一道防栅，在碉堡后面建了几座木堡，另一些人忙着将火炮拖到炮位，构成新的阵地。工事得到强化，有更多人员和守墙武器（轻型火炮）驻守，还有炸弹乃至胸墙上的压顶石可砸向下方的敌人；史塔姆伯格显然认识到，他这最后一道防线很快会遭到强力攻击。

两棱堡互为犄角、相互支援的能力，这时大不如前，而土耳其人看到每次地雷爆炸都重创守军棱堡时，士气大为高涨；腐尸、火药燃烧的臭味，这时成为胜利在望的甜美味道。大批土耳其人主动请缨进入干沟，等待下一次进攻。这道现已变窄的前线，到处都是忙碌的景象。奥斯曼军队攻击那两座棱堡时，奥斯曼坑道工兵挖了三道深坑道，朝着那道幕墙稳定推进，与那道幕墙连着的就是勒布尔棱堡。城墙上的守军开始往幕墙墙脚处丢炸弹，在地面炸出坑洞，使敌人较难挖地道穿过防御土墙底下；但那无济于事，因为奥斯曼坑道工兵只要挖得更深即可。史塔姆伯格和其麾下军官只做好了一旦城墙被破，他们可立即采取的抵御措施的准备。就地取材做计划周全的防御，说不定会和砖石一样有效。

第二道防御线的核心是筑有防御工事的中世纪城墙。这段古墙位于皇宫旁边，建造布尔格棱堡时，完全被保留下来。出皇宫前往附近布格托尔城门的马车夫，一直觉得这段城墙碍事。那使他们必须在幕墙和皇帝莱奥波德所建的新御花园之间，转个难转的弯。它与外城墙一样高，是用未加工过的硬石筑成的。重炮能在两天内将其击垮，但对步兵来说，它仍是难以逾越的障碍。它后面高耸的新皇宫，可成为滑膛枪兵现成的射击点，而幕墙上后方有个广场，一旦土耳其人集中到这里，炮手和滑膛枪兵可调转武器，朝那里开火。勒布尔棱堡后面，可供布防的点较少。那棱堡的上方后面有座旧木堡，但土耳其人一旦冲破那木堡，就可以在城里的街上肆意散开。

守军最大的麻烦是奥斯曼兵力的供应似乎源源不绝。维也纳仍被包围，土耳其人已准备好在任何点发动攻击。如果将其他城墙上的部队全调去堵住皇宫正面的缺口，城里其他地方将任由敌人逞威。每座大建筑都要有作为抵御中心的准备。教堂、医院、住宅区里堆满武器，门窗均打上大木封住。城中巡夜人员和不分年龄的男子，均得负责保卫自己家园和所在街区。每条街道、每座广场都将成为与敌厮杀之处。最后，在史塔姆伯格命令下，人们用长长串起的大铁链，拦住街道。

奥斯曼部队也在为最后的决战做准备。来自布达的预备部队已进驻前线，一长列两轮车跟着他们来到，车上装满新补给的火药、武器、粮食。尽管奥斯曼人的战争史书里提到，维也纳城的军民不分男女都会战斗到最后，但在当时，宰相和其麾下的诸军官仍认为，土耳其禁卫军、重骑兵和庞大的非正规军一旦进城，将很快压制住剩下的维也纳的反抗力量。他们还听到传闻说维也纳的志愿军正在西边多瑙河两岸集结；但他们不清楚其兵力规模和当下所在位置。他们一致认为，最重要的任务是拿下该城，拿下这块注定归他们所有的肥肉。如果攻下维也纳，他们将在整个伊斯兰世界永垂不朽。但有个阴影一直在他们的脑海中，他们的营地已成为污水坑，处处可见人尸，完全不符合奥斯曼人讲究秩序、纪律的传统形象。比卡拉·穆斯塔法更接近部队的众指挥官，察觉到兵变的气氛越来越浓。没有人敢说出他们心里共同担心的事：如果这最后一次强攻未能拿下维也纳，等待他们的将是什么？

第八章

“一道黑沥青洪流”

9月8日星期四，维也纳欢度万福圣母玛利亚诞辰。皇帝莱奥波德的祖父斐迪南二世在位时宣布：玛利亚，上帝的母亲，是指挥哈布斯堡王朝军队对抗异端新教徒和土耳其异教徒的最高统帅。这一天，大教堂和城里各地热烈庆祝，神父在祭台助手和捧香烟者随侍下，将圣体送给城墙上的守军将士。在为期整个白天的弥撒中，军民都祈求他们的最高统帅和圣母在这个存亡关头前来拯救他们。迹象显示，真有神迹出现在他们眼前。每天夜里火箭队到圣史蒂芬大教堂的塔楼顶上发射信号火箭，结果都是白忙，但9月8日那晚，竟出现了他们渴望已久的回应。火箭射上天空，发出璀璨火光，然后消逝，火箭队一行人随之准备走下通往大教堂的狭窄楼梯，就在这时，他们注意到，在维也纳西边卡伦山高处，出现“以同样方式回应我们的……五支火箭，表示我们所期盼的救兵就在附近。”

但隔天，他们从城墙上只见到奥斯曼宰相在火炮射程以外还很远的地方集结其部队。显然整个战线沿线，奥斯曼人活动非常频繁，迹象显示，土耳其人又开始挖地道，有部队移入战壕。那天白天，炮轰较少，而这往往是引爆地雷的不祥之兆。下午两点，有个地雷爆炸，又炸垮勒布尔棱堡的部分墙壁，史塔姆伯格的人这时知道敌人会从哪个方向攻来。士兵紧挨着站在两座碉堡后面，准备应战，还有些士兵在新防御工事与旧城墙之间的地区挖战壕，构筑小堡垒。这时，棱堡与城墙上的火炮，有许多射的是霰弹——装满铁片、旧铁钉、碎石片与尖锐石片的帆布袋——而非炮弹，只有少数火炮与在更远处战壕里的奥斯曼火炮，进行炮弹对决。土耳其人对这棱堡上的新缺口发动两次强攻，都遭击退，伤亡惨重。“史塔姆伯格伯爵则（始终）把最大心力放在建筑堑壕和堑壕里的土护墙、修复防御土墙、修补棱堡上的缺口……用铁链和栅栏替防御土墙与棱堡附近的街道、房子筑设防御工事，务必使不论何时何地，敌人都会遭到无法想象的抵抗。”

这一坚决的抵抗，最终可能是枉然。残酷肉搏战乃是奥斯曼人最看重的作战方式。到1683年时，西方已到处有人在谈土耳其人的衰落，谈土耳其禁卫军如何不堪一击，谈他们如何不如前辈骁勇善战。但在维也纳的城墙缺口里或此后的战役里，西方部队遇到的土耳其士兵，并非如此。他们遇到的是斗志昂扬、充满自信、勇气、大无畏的敌人。有个土耳其禁卫军成员写道：“我们自开天辟地以来就是（伊斯兰）信士。自那时起，我们就已认知到阿拉的独一，我们愿为这信念抛头颅……万古以来，我们一直陶醉在这信仰中——我们是‘神光’的蝴蝶——在这世上，我们是一支在阿拉的伟大面前永远处于狂喜状态的军团。”而维也纳守军亲眼见证了这段宣言最后几行字的真确：“我们人数多到无法计数，我们的活力永远不衰。”哈布斯堡王朝的士兵知道敌人的战斗精神有多旺盛。

后来，英格兰大使罗伯特·萨顿描述1711年的普鲁特河战役时，这样写道：“有名土耳其禁卫军来到大臣营帐前，大喊，‘我们要躺在这里，病死，痛苦而死吗？所有真正的穆斯林都跟我去打异教徒吧’，然后他们抓起营帐前的马尾旗，走上前。其他禁卫军成员、精心挑选出的突击部队（敢死队）、亡命之徒（巴尔干轻骑兵）立即跟进，他们集结成队，喊着平日的口号，走向敌人。他们遭击退三次，损失约八千人……”这些是“上天挑选的战士”，一旦让他们攻进城里，就赶不走。这场维也纳攻防战过了约一个世纪后，有位哈布斯堡王朝将领写到土耳其人时说道：“土耳其人坚守不退……实在超乎人所能理解。一防御工事遭摧毁，他们立即挖另一个防御工事。对付任何传统要塞和任何军队，都要比对付防守据点的土耳其人容易。”

9月8日，从情势看来，维也纳肯定会落入奥斯曼人之手。同样可能的是，这事一旦成真，所有守军都将遭屠，城中人口大减，要赶走他们就更不容易[1]。守军虽认为援军就要到了，土耳其人却未露出惊恐或慌张的迹象：“他们继续在挖他们的地雷坑道，好似完全不担心外面的情况……”迹象越来越清楚显示，维也纳旁边丘陵里有一支基督教大军，但土耳其人攻击的力道还是越来越强。

从7月初起，维也纳城外够分量的哈布斯堡王朝军队，一直就只有洛林麾下那些身经百战的骑兵、龙骑兵、胸甲骑兵，加上一些难得的滑膛枪步兵。他们挡住土耳其人和匈牙利人从多瑙河北岸而来的每次进逼，击退往西窥探的每支奥斯曼纵队。如今，两个月后，他们准备与已在维也纳西边集结的一支援军会合，那支援军装备齐全，随时可与敌厮杀。他们不是皇帝莱奥波德自己的部

1. 后来的历史学家认为，土耳其人若拿下维也纳，也没能力守住，因为那已是他们战略“前伸能力”的极限。理论上的确如此，但实际上要赶走他们不会这么容易，因为（如后来奥地利陆军元帅劳东所说）他们会为保护一堆残破的废墟而力战到底。

队，而是从神圣罗马帝国多个国家、城市招募来的队伍，以及由他的盟友波兰国王率领的骑兵队。神圣罗马帝国树敌众多，肯为它的存亡拼命者尚少。政治哲学大家塞缪尔·普芬多夫，在1667年说它是个“无法无天而类似怪物的实体”。启蒙运动主要人物之一的伏尔泰，后来如此批判它：“这个过去被叫作神圣罗马帝国而如今仍以此自居的实体，既不神圣，也不罗马，也不帝国。”作为政治实体，它的躯体的确衰弱，但四肢仍极有力。布兰登堡、巴伐利亚、萨克森的新军队，是三十年战争（1618~1648）期间该帝国的军队主力，战力傲视全欧。帝国内还有些较小的国家，兵力较少，但能征善战。三十年战争后，这个帝国已被视为徒具其形，似乎无法号召各成员国进行一致的行动。但为拯救维也纳，这个奄奄一息的帝国，已从天主教、新教国家召集了总数约四万的步兵和骑兵。

日耳曼人出兵，夹杂了政治、经济、心理上的动机，但最大的动机是恐惧。哈布斯堡王朝的存亡，也关乎他们的实质利益，因为莱奥波德将他从梵蒂冈得到的资金，拨出一部分补助、报偿他们，让他们获益甚大。日耳曼诸邦的部队，占了这支援军兵力的一半以上，因为如果奥斯曼军队拿下维也纳，下一个往西攻打的目标就是这些国家。巴伐利亚将首当其冲，斯瓦比亚、弗朗科尼亚的大小公国也是。如果土耳其人往北推进，萨克森选侯的领地将成为攻击目标。他们在1683年支持哈布斯堡王朝，与感受到东方的威胁有直接关系。北日耳曼诸大国，例如布兰登堡，最后选择不出兵加入这支联军，因为自觉未受到奥斯曼人的直接威胁，唯一的例外是汉诺威，它象征性地派出了六百名骑兵，还将子嗣乔治（后来继位为英格兰国王乔治一世）送往维也纳战场。[1]

1. 汉诺威未出兵，乃是因为该公爵担心自己遭攻击，他虽有庞大兵力，但禁不起抽走部队，让其公国陷入防御空虚的危险。

皇帝莱奥波德大可号召全帝国出兵，但他和他的外交官颇为明智，锁定与维也纳存亡最大利害关系的国家下功夫[1]。第一个要说动的对象是他未来的女婿，巴伐利亚选侯马克西米利安·伊曼纽尔。8月6日，他承诺派兵一万一千余人，包括五个骑兵团。事实上，他的部队已在征途。他们在皇帝赞许的眼光下，七月底时经过帕绍，然后沿多瑙河往东，在北岸的特莱森河畔扎营，距维也纳不到八十公里。[2]弗朗科尼亚、斯瓦比亚两国，经过与皇帝一番讨价还价后，提供六千步兵和两千骑兵；他们在8月21日抵达帕绍，8月30日扎营于林茨。最后成军且可能是最有用的部队，是萨克森选侯的约翰·乔治亲自领军的萨克森部队。他带了七千滑膛枪兵、两千骑兵、一部分欧洲最精良的轻野炮兵，往东南缓缓前进，穿过波西米亚，来到迈索镇。8月底时，已有两万多步兵扎营于多瑙河北岸平原。

这些援军的兵力并没胜过奥斯曼大军，但加上人数最多的来援部队——这时仍在往南途中的波兰骑兵——无疑就可和奥斯曼人一搏。最重要的是，他们精神饱满，渴望一战，且资金源源不断。能解救维也纳的，不只是集结在多瑙河北岸的那些部队，还有从梵蒂冈注入皇帝金库、理论上只用于抗击土耳其战事的庞大资金。来自帝国各地的分遣队，其该得的丰厚报酬，全由皇帝支付（巴伐利亚例外）。1683年8月，莱奥波德已近乎破产：他的资金已几乎耗尽，而且他借不到钱。富可敌国的萨尔茨堡大主教，收到皇帝的亲笔求救信，立即予以回绝。1676年选上教皇而取了“英诺森十一世”这个响亮名字的贝尔德托·奥德斯卡尔基，念念不忘奥斯曼人的威胁。他还时时刻刻惦记着路易十四当政下法国这个心腹大

1. 哈布斯堡王朝也费了极大心血来说服布兰登堡大选侯出兵相助，但这主要是因为该选侯的三万精兵是欧洲最精良的部队。

2. 这是克雷姆斯与维也纳之间唯一的过河桥梁。

患。法国派兵占领教皇领地阿维尼翁，大大损坏了教皇在天主教教会里的威权，且其外交政策处处阻碍英诺森的计划。莱奥波德是罗马教会的虔诚教徒，东西两边一直受到奥斯曼人、法国人的侵扰，因此，支持莱奥波德，不只有助于英诺森实现其道德目的，也有助于其实现政治目的。

如同一个世纪前的教皇庇护五世一般，英诺森十一世深信上天赐给了他遏阻伊斯兰势力逼近的绝佳机会，前提是能够组成基督教联军。为此，他组成由他领军的“神圣联盟”，类似庇护五世支持，于1571年在勒班陀取得惊人胜利的那个联盟。尽管没有自己的军队可供调度，英诺森有经济与意识形态两方面的力量可供动用。只有他能动用罗马教会旗下的庞大资源。只有他能核准课征教会土地税，要求较富裕的教区上缴更多的农产品，或向俗人提供价值不菲的精神信仰，以换取赞助这场大业。只有少数世俗化国家能如此轻松地募集到资金，莱奥波德当然不在此列。英诺森当上教皇后即努力消除浪费、奢华的现象，改善朝廷的财务结构。因此，梵蒂冈有钱供他用在伟大计划上，这位教皇资助成立“解放（维也纳）大军”，一如他资助波兰国王约翰三世·索别斯基。

8月31日，期待已久的波兰大军，经过漫长跋涉，终于出现在多瑙河边。波兰国王在约三千轻骑兵的前头领骑，洛林的查理骑马上前迎接。波兰的大部分部队随后到来，先抵达者是两千名翼骑兵和万名其他骑兵，加上一些步兵。波兰的翼骑兵是独一无二的精锐突击部队，身穿重重的金属盔甲和锁子甲、抢眼的豹皮，戴着饰有羽毛的头盔。他们骑马时，手持一根长约4.8米的长矛，佩戴双剑和至少一对手枪。翼骑兵攻击时，放低长矛，一起驾马奔驰，其任务是冲垮敌人的队形。配备马刀、狼牙棒、斧头的轻骑兵紧跟其后，砍杀阵形大乱的敌军。波兰的翼骑兵是厉害的重骑兵，在17世纪的欧洲无人能敌。人马一体的骑兵，实际上是叱咤一时的中世纪骑兵的残余，他们手持长矛或挥舞长逾1.2米的刺剑，像支火箭冲进敌阵，他们的存在就只为了冲锋。面对西方军队的齐发火力，他们大抵上已无法发挥原先的功能，但对付奥斯曼的禁卫军步兵或队形松散的重骑兵，他们的破坏力可以如火炮一般强大。

来支援的基督教部队集结时，洛林与所有指挥官会面，一一取得他们的信任。他以尊敬的语气，赢得多疑而敏感的波兰国王支持：身为洛林公爵的他，毫无疑问地承认波兰国王地位较高，但也把他当平辈战友，恳请他大力帮忙。波兰国王其实比洛林公爵还大十四岁，却显得较有精神，在仪态和外表上无疑显得高贵得多。洛林平日就不修边幅，在战场待了两个月，更显邋遢。危险在于援军组成复杂，来自不同地方的部队，彼此协调不够。哈布斯堡王朝的军官团，七十多年来都是意大利人、日耳曼人、苏格兰人、爱尔兰人、英格兰人、法国人的大杂烩。洛林的查理，本身是古代洛塔林基亚国王的遥远后代、神圣罗马帝国的亲王及皇帝的女婿，很久以前就懂得如何赢得同僚的信任[1]。他还深谙说服之道，从虚张声势、自以为是的战士，到暗地搞阴谋的朝臣，他几乎都能拉拢到自己阵营。他没有大野心，但想打败土耳其人，最重要的，他决心拯救维也纳，只是时间紧迫。

洛林的指挥官同僚，对当下真正的情势和奥斯曼人的进攻兵力，几乎一无所知。只有他最近曾与土耳其人交过手，那是7月下旬时击退奥斯曼人在多瑙河北岸的某次强大攻击。只有他每个礼拜看着维也纳一再遭到攻击，只有他知道史塔姆伯格已快要撑不住。但援军里最大的一支部队并不听从洛林的指挥，他的位阶大大低于波兰国王和萨克森选侯约翰·乔治。洛林心知这是临时性的结盟，每个指挥官除了支持解救维也纳这个最高目标，还各有各的盘算。因此，他指挥不了他们，但必须想办法让他们相信，他的计划是有限的几个选择中最好的选择。

1. 并非所有人都信服于他。帝国作战会议主席，巴登的赫曼就与他势不两立。

洛林有让人消除戒心的魅力，他平易近人，让每个人都觉他只是个单纯的战地军人。他不质疑任何人：约翰·索别斯基只对他的邋遢穿着有批评，极力称赞他的勇敢和军人风范。所有将领聚集在哈尔德格伯爵的史戴特尔多夫城堡旁，从那里几乎可看见史托克劳镇旁的多瑙河。他们在此开会，决定维也纳的存亡。洛林公爵代表哈布斯堡王朝军队和皇帝；汉尼拔·冯·德根费尔德将军代替他的主子巴伐利亚选侯马克西米利安·伊曼纽尔出席。德根费尔德组织能力强，是个冒险家，相继在萨克森、巴伐利亚、威尼斯共和国的军队待过。他延续了家族传统：他父亲打过三十年战争，先效命于蒂利、瓦伦斯坦统帅的神圣罗马帝国部队，继而效命于瑞典军队，最后效命于法国军队，然后在效命威尼斯的愉快日子中终老。第三位出席的职业军人是神圣罗马帝国的陆军元帅，卡尔·冯·瓦尔德克伯爵。他和洛林一样，作战经验丰富，为布兰登堡打过仗，为瑞典人在波兰打过仗，与蒙帖库科利、洛林一起打过圣哥达之役，最后将以尼德兰威廉三世的陆军统帅身份，结束他的戎马生涯。

他们很快制定了攻击计划，决议采行洛林的构想。瓦尔德克坦然表示，皇帝逃离都城的行径显得很懦弱，皇帝希望采用较谨慎的进攻路线，走较好走的路，从南侧逼近维也纳。深知情势紧迫的洛林，主张采行最短的路线，往正东穿越长长的维也纳林山。因为他们不满意莱奥波德的间接指挥，所以同意了这条较大胆、较危险的直攻路线。多瑙河北岸的所有分遣队，要在9月5日在多瑙河的几个渡河点旁会合。萨克森部队要走克雷姆斯附近的施坦因旧桥过河到南岸，巴伐利亚部队则要挺进到图尔恩镇之前扎营。

图尔恩对面的多瑙河北岸是河边沼泽地，当地人俗称为多瑙草地。洛林的人马辛苦了十天，开辟了一条穿越这些沼泽地的崎岖道路，并建造了两座浮桥通往河对岸的图尔恩。在南侧，洛林的工兵，在其苏格兰籍助手莱斯利领导下，筑造了一道木头防栅保护南岸，防范仍在攻击这个平原区的鞑靼人。第一波不停歇的秋雨使多瑙河水位升高、河面变宽，那座脆弱的桥因禁不住冲击几度垮塌。9月6日，雨终于停了，隔天，波兰骑兵开始渡河，洛林的部队紧随其后，最后只剩下三个营的骑兵和一些步兵留守河边的防栅。

17世纪的战争里，渡河是最危险的部队调度行动之一，而鞑靼人的确有可能趁此机会来袭，扰乱部队渡河；奥斯曼正规军和其匈牙利盟军，虽在十天前曾遭洛林击溃，但这时在北岸仍有不少残余，行踪不定。波兰人必须留下所有载运军需品的四轮货运马车，因为那座临时性桥承受不了这么重的东西。等到桥梁加固之后，他们才得以让这些马车过河。9月9日，军队往维也纳开拔时，只有一半的轻重马车车辆过河。

军需品得从林茨往下游送：在图尔恩前方平原集结的联军，领到够吃上一个星期的面包，奉命要在三四天内抵达维也纳旁边的丘陵。但他们的粮食、军需品很快就会耗尽，而且往维也纳推进途中的乡村已是满目疮痍，他们将完全弄不到吃的。这可不是去散步兜风。9月8日，万福圣母玛利亚诞辰，所有部队在图尔恩防栅前的平地整队，接受检阅。在场有三位已和洛林部队会合的君王，分别是波兰国王约翰三世·索别斯基、萨克森选侯约翰·乔治、年轻的巴伐利亚选侯马克西米利安·伊曼纽尔；还有一些职业指挥官，一大群从四面八方前来参加解救维也纳圣战的年轻贵族。其中的一名贵族，年轻而瘦小的萨伏依亲王欧根，是第一次上战场。日后他将大放异彩，成为拿破仑眼中最伟大的军事指挥官之一。先前，洛林已派海勒斯上校率六百名龙骑兵快马奔往维也纳，侦察土耳其人阵地，如果可能的话，希望他们能在卡伦山（“秃头山”）拿下一可防守的据点。后来发射信号火箭，告知维也纳守军援军已在赶来途中的就是海勒斯。

从图尔恩到维也纳，有二十多公里，但只有一条大路蜿蜒穿过维也纳林山。大路两侧的森林里，有许多条小径穿过，深谷深不可测，不过还有一条路况较好的路，沿多瑙河而行。最终方案敲定：洛林公爵担任最靠近多瑙河的左翼总指挥，管辖帝国的所有步兵、骑兵和萨克森部队；萨克森选侯全权统辖自己的部队。中军分成左右两路，左路由弗朗科尼亚、巴伐利亚的步兵组成，指挥官是伯爵瓦尔德克。右路包括巴伐利亚、弗朗科尼亚的骑兵，加上马克西米利安·伊曼纽尔和其所带来的部队。但中军总指挥官是萨克森·劳恩伯格伯爵尤利乌斯·弗朗西斯——少数前来解救维也纳的北日耳曼统治者之一。传统上属于尊位的右翼，由波兰国王约翰三世·索别斯基统领的波兰部队组成。简单来说，步兵集中于左翼，大部分骑兵位于右翼，大军打算以大弧形队形下丘陵，攻打围住维也纳城围住之奥斯曼广大营地的整个西面。

9月9日拂晓，哈布斯堡王朝与日耳曼部队在图尔恩平原拔营，开始东进。数千名波兰骑兵还在后面未动，直到下午约三点时才出发，因为他们移动速度快过步兵。众指挥官已一致同意采行洛林的意见，穿越维也纳林山攻击奥斯曼人。从他给众指挥官的地图看来，穿越维也纳林山似乎不算太难，虽然指挥官对所要走的这条路线，没有太多的了解。洛林本人也要等到部队开拔，亲自勘察了通往维也纳林山山脊的某些路线后，才算对此有详细了解。1683年时，这个地区是尚未绘入地图的蛮荒地区，1493年皇帝马克西米利安禁止进一步拓殖该地区，除了一些猎人和伐木者，这个地区大部分地方一直无人居住。维也纳林山就像一座地势高的山毛榉、橡树森林，靠维也纳一侧的陡坡上则是灌木丛林地。维也纳林山一直是维也纳人木柴与猎物的来源，而哈布斯堡王朝声称那是他们的御用狩猎场，但是该地没有皇宫或狩猎小屋，因而已渐渐失去王朝的青睐。莱奥波德无疑比较喜欢其中有人工放养的动物、近旁有设施齐全的皇宫的猎场。

靠维也纳一侧的森林，先是地势缓缓向上，有葡萄园和小村落；再往上，地势变得陡峭，有溪流和小溪谷切割山地。从多瑙河往西南逶迤的山脊，林木浓密，没有树木的地方则长有茂盛的下层灌丛。最高那座圆丘上有几栋建筑，还有1683年时已渐渐沦为废墟的一座老隐修院。下雨时，众多小溪的水量大涨，滚滚流下山坡。

就在多瑙河前，有一连数个取有名字的高地，分布在约十公里长的棱线上。这些地标从最西南边算起，先是罗斯科夫山，再是海拔最高的赫曼斯圆山（五百一十多米），最后是耸立于多瑙河旁边，高约三百九十米的卡伦山。卡伦山旁边是名字颇为俗气的母猪山，因有成群以橡树果实为食的野猪出没该地而得名。1628年，皇帝斐迪南二世从克洛斯特新堡的僧侣手中买下这座山头，立即将其改名为约瑟夫山，并建了一座供奉该圣徒的小修道院。[1]

洛林从海勒斯上校那儿得知，位于该棱线末端的两个高地已遭一些土耳其人占领，但只充当观测站。那些土耳其人已在不久前挖了些战壕，可能要进一步强化该据点的防御。所幸奥斯曼人未占领那道棱线，未在其上建筑野战防御工事：若有土耳其人在那棱线掘战壕固守，即使只是一些滑膛枪兵，也将大大不利于援军的进攻。薄暮时，步兵和日耳曼骑兵已在维也纳林山西沿的小镇圣安德拉旁扎营，波兰部队在当天深夜抵达，扎营于西边数公里处。众指挥官开会，谈定最后的进攻计划。他们拟出作战计划，说明每个单位要如何与邻近友军合作，进攻时要如何行动，甚至大炮要摆在哪里。他们商定援军应占领从卡伦山往西南到罗斯科夫山这整条约十公里长的前线。

1. 1683年，为庆祝维也纳的胜利，皇帝莱奥波德一世下令在卡伦山——这场大捷象征性发动的地点——建造一座大型教堂。但1693年该教堂启用时，他下令以更为威严的他个人名字称呼该山，于是渐渐改为莱奥波德山（Leopoldsberg）。在这同时，他把附近的约瑟夫山（Josephsberg）改名卡伦山，使得此后几代人都搞不清楚哪座才是卡伦山。

当时的欧洲战争，大部分发生在地势平坦或起伏平缓的乡野，要调动如此多人，以如此宽的正面，穿越森林、爬上陡坡，只能边做边摸索。棱线不高，有数条小径通往山顶，但没有一条适合数千人一起通过。或许莱奥波德与其在帕绍的军事顾问主张小心行事，并没有洛林等指挥官所认为的那么愚蠢。全军必须吃力爬上一道布满灌木和矮树的长坡，翻过山顶，下到河谷，再爬上另一边的山脊，然后与敌人厮杀。

波兰骑兵大军吃的苦头最大。从心理上来说，他们将是与敌厮杀的主力。他们在长长的山坡吃力往上爬时，先是骑着马，后来不得不下马，跌跌撞撞地走在疏松多石的地面上，原本密集的队形越散越开，队伍越拉越长。走到距出发点只约三公里的哈根河河谷时，地形更为恶劣，地上有巨石和页岩，甚至有一处只能容一两匹马通过。

天黑后许久，前锋部队才抵达预定的集结点，隔天还有一趟累人的上坡路。全军在第一道山麓后方的威德林河深谷聚集时，有一支小队在9月10日傍晚奉命先行。小队由萨伏依山地志愿军和一些滑膛枪兵组成，年轻的欧根亲王也在其中。他们的任务是在当地猎人带路下，在迷宫般的森林小径中找出爬上卡伦山头的路。天全黑后，他们得摸黑突袭，攻下土耳其人位于卡伦山的前哨。9月11日星期六天亮时，他们已突袭了那个土耳其人的小基地，杀光他们所能找到的土耳其人。但有些奥斯曼士兵趁着黑夜逃走，回到下方平原上的土耳其人主营地，通报敌人即将来犯的消息。当天早上十一点，奥地利、日耳曼部队的主力已抵达棱线。他们在卡伦山、福格尔桑山、赫曼斯圆山的山坡，按照野战迎敌时的顺序，一连接着一连扎营。在卡伦山最靠近多瑙河的是洛林的奥地利部队；再过来，扎营于福格尔桑山山头下面的是瓦尔德克率领的萨克森部队。波兰人抵达棱线后，在距多瑙河最远的三个山头——德莱马克斯坦山、格兰山、罗斯科夫山——扎营。这些活动，全被城里大教堂塔楼上的侦察员和土耳其人看在眼里。

棱线上的营地，按照进攻计划的兵力配置，排成数排。但洛林的查理与波兰国王约翰·索别斯基骑马上到卡伦山的制高点，赫然发现他们手上的地图与实际地形差别很大。根据地图，这丘陵下方应是数块平坦、开阔的长方形田野，地图上甚至画出田地里犁过的整齐线条。但呈现在他们眼前的，让他们大觉不妙。那里并没有朝维也纳方向平顺下降的山坡，而是坑坑洞洞、呈现一连串裂缝与隆脊的多岩地形。有小村庄簇集在田野之间，田野并不平坦，而是很陡斜，大多被石墙、浓密的灌木丛隔成一块块。最糟糕的是下坡地势太陡。大部分作物不是谷物，而是枝条蔓生纠缠、垂着饱满果实的葡萄树，再过几个礼拜就要采摘。大部分葡萄树攀附在用柳枝编成的长栏架上，但在布满裂缝的地区，他们往地上四处蔓生。这些田野上有一道道小冲沟穿行，雨后冲沟里是湍急的溪水，滚滚流向多瑙河。此外，还有被多瑙河的支流切割出的较大、较深的河谷。田野区的下方是靠酿制葡萄酒为生的村落。

对步兵来说，这地形不易穿过，但对骑兵来说，则可能要命。索别斯基的翼骑兵，高高骑在马上，小心翼翼缓缓下山时，将成为奥斯曼射击手的活靶，可能还没到能整队发起冲锋的地方就遭歼灭。唯一的希望是得到能与奥斯曼人交火的滑膛枪兵的强力支援，但索别斯基麾下的滑膛枪兵不多。他要求调拨一部分日耳曼最精良的步兵增援，洛林立即同意。两人观察这片地形，都理解到这将不是他们所预期的情况。他们的人数或许多于敌人，他们初入战场，体力充沛，在精神、心理上得到牧师与基督教会的支持，但眼前的地形更有利于奥斯曼守军，奥斯曼人可设计一连串埋伏和近身遭遇战。在这里，凌空飞来的一排箭，杀伤力会与齐发的滑膛枪火力一样大，而较轻的土耳其马，比硕壮的日耳曼或波兰战马，更适合在崎岖之地驰骋。

因此，从战术角度看，这有可能导致基督教救援军的大败。不管是长矛兵还是滑膛枪兵，都无法如指挥官所计划的，以随时可射击的姿势成排前进。最理想的就是一群群人乱糟糟地往下冲，爬过岩石和其他障碍物，停住，重新整队，再继续前进。不可能进行高明的部队调度。然后，穿过布满葡萄藤的田野，有许多村子，土耳其人很可能将其辟为一个个防御据点，构筑了野战防御工事或战壕，将相邻的村子串连成一体。奥斯曼的滑膛枪兵或炮手，可在援军踉踉跄跄冲下山时，将援军一个个击倒，援军在这途中几乎无可用的掩护。天气又格外热，热到叫人难以忍受，突如其来的暴雨，也未能稍减这叫人喘不过气来的闷热。

诸位将领可以孤注一掷，命令部队进攻，但接下来的成败，将完全看连队军官与士官的表现。反正目标很明确，就是山下的维也纳城和围住该城的庞大奥斯曼人营地。通过望远镜，蜘蛛网般通往城墙的战壕和守军防御工事的受损地形，清楚可见。随着太阳逐渐升起，他们还可看到奥斯曼人如何因应援军突然逼近的压力。奥斯曼人从巡逻兵所捕获的俘虏口中得知，有支军队在多瑙河北岸集结；9月9日，卡拉·穆斯塔法得知那支军队已渡河，扎营于图尔恩前的平原上。那支军队据称兵力强大，大部分由异教徒世界出兵组成。9月10日早上，在宰相营帐里开了作战会议，会议决定继续攻城，但大部分骑兵仍留在营中备战，以便援军来犯时迎击。在这期间，宰相已下令让位于匈牙利的预备军赶来，包括步兵、骑兵、新军需品。会议还没结束，预备军便已赶来。

敌人逐渐逼近，卡伦山遭袭，证实这将是敌人的攻击线：鞑靼人的侦察报告里并未提到南边有任何动静。卡拉·穆斯塔法与麾下众指挥官骑马出营，慢慢巡视德莱马克斯坦山下的整个正面，直到卡伦山旁的多瑙河。他们研判，敌

1683年，维也纳攻防战想象图

作者是荷兰著名艺术家罗迈因·德·霍格（Romeyn de Hooghe，1645~1708）。他根据雅各·佩特斯（Jacob Peeters）所绘的素描，制作了一组11幅维也纳攻防战雕版画。这些雕版画在攻防战开始不到一个月后出版，当然想象更多于纪实，所以此系列画被称之为维也纳攻防战想象图，但是仍然传神地表现了1683年维也纳的状况。

3	1
4	2

1.攻占莱奥波德施塔特郊外的塔伯尔岛
2.土耳其人战壕
3.匈牙利人臣服
4.神圣罗马皇帝莱奥波德进入弃置的奥斯曼宰相营帐

人的攻击最有可能集中在多瑙河边这块地区。这区域有道路从克洛斯特新堡的大修道院延伸过来，然后往下推进，穿过努斯多夫、海利根施塔特、下德布林、上德布林诸村。这计划简单而合理。因此，奥斯曼人的主要防御位置，将是上德布林村上面的山脊，这里可俯瞰魏恩豪斯、盖斯特霍夫两村，两村已构筑好野战防御工事，加强防守。迪亚巴基尔的帕夏及有作战经验的指挥官卡拉·穆罕默德，率五千四百名先遣队迅速上山，将努斯多夫改辟为防御据点。在更左边，有支较小的部队驻守从罗斯科夫山通往维也纳的路线——敌人较不可能采取的进攻路线。由于卡拉·穆斯塔法的防御线太宽，无法在全线各处都派同样数量的兵力防守，因此，他依赖扎营在他阵地极左边的鞑靼人提供紧急掩护。

每个据点都配备火炮，总数约六十门，不过是从攻打维也纳的那些火炮抽调过来的。于是，城中守军开始注意到炮击力度减弱。土耳其人未想到构筑任何防御墙，就连用篾筐、粗木头构成的防御墙都没有。马西利伯爵看着奥斯曼人的部署，疑惑不解。他以钦佩口吻描述奥斯曼人的攻城战法，却不了解他们既然有这些高明的构筑工事本事，明知基督教援军逐渐逼近，却完全未设想为步兵、骑兵提供保护。奥斯曼人用手边可取得的材料，可草草搭建出一些木堡；在努斯多夫，只要在村与村之间那座高地上挖掘堑壕，甚至只要以削尖的木桩构筑临时性的防栅，奥斯曼人的阵地都将无比强固。但奥斯曼人并未这么做。不过卡拉·穆斯塔法抽调了城外战壕里的土耳其禁卫军，还有从匈牙利刚抵达，由八十岁的布达帕夏易卜拉欣统率的部队，增援驻守这些新阵地的骑兵。这位老帕夏长久在匈牙利边境的丘陵地区带兵作战、袭掠，磨炼出一身的作战本事。卡拉·穆斯塔法极不信任易卜拉欣，虽命他统率这关键的侧翼部队，但在如何阻挡敌人进攻方面，却未给他很多的自主权。

理论上，奥斯曼人的防御非常完备：从卡伦山高地下方的努斯山，设了一连串的防御据点，还有位于另一侧山坡上，派有重兵防守的努斯多夫村。敌人若拿下努斯多夫村，前方将会面对多瑙河，因此，基督教军队届时会右转，进入由施莱伯溪切割出的小峡谷。若是这样，从努斯多夫村到前面的海利根施塔特之间，基督教军队将全程陷入奥斯曼火力之下，过了海利根施塔特，是由大量土耳其兵防守的山脊。这山脊下方的下德布林、上德布林两村，部署了大量火炮和滑膛枪兵。在这山脊前，又有一条溪，名叫埃尔布森溪，溪岸陡峭，有些地方的深度超过三米。届时，哈布斯堡王朝与日耳曼的步兵得一路往南打，经过田野、葡萄园、崎岖地，经过流向多瑙河而斜穿过进攻线的所有河流。陡斜的山坡地形，使基督教援军难以往左或往右机动，在每个地方都将援军导回到奥斯曼人的防御工事。那是有大自然构筑且经人为工事予以强化的一连串射击区。

在这片地区西边，水道较少，地形较为开阔，在此，卡拉·穆斯塔法依赖其在骑兵上的优势。此外，维也纳城西边的丘陵地区毫无动静。这里的确没有任何动静，因为波兰部队吃尽苦头往上爬，要到9月11日天黑后，才爬上山脊。卡拉·穆斯塔法注视着卡伦山上如蚁般活动的基督教军队，关注着炮阵地的安置和移动情况，笃定认为敌人会从这里攻击，心中大悦。他一再增援兵力，进驻面向这条他所预期的攻击线的阵地。他派一部分部队占领俯瞰盖斯特霍夫村的高地。高地位于至今仍叫“土尔肯桑茨”（Turkenschanz，土耳其人的孤立小堡垒）的峭壁上。

——早上五点——

拂晓时分，在卡伦山上。9月12日星期日凌晨那几个钟头，洛林的查理一直在外奔忙，就像皇帝莱奥波德最亲信的心腹及部队随军牧师马可·达维亚诺写给皇帝的信中说道的“未进食、未睡觉”[1]。卡拉·穆罕默德率领的奥斯曼先遣部队已占领努斯多夫，且在9月11日，这位帕夏已派数小队滑膛枪兵到这山丘更高处，可将卡伦山的敌军看得一清二楚的地方。洛林要炮手瞄准努斯多夫，但早上约五点时，已摸黑潜行到近距离处的土耳其散兵，从一高地和其下方山坡上的坚实围篱后方零星开火，造成了许多伤亡，而奥地利的死伤更多，因为土耳其人的重型滑膛枪，射程超过奥地利的轻型武器，而且从下往山上射，比从山上往下射更准。开始有人倒地，或死或伤；哈布斯堡王朝部队火速将其两营部队编成两排，一前一后，开始往山下攻击土耳其人。

前排部队举了一面大白旗，旗上饰有鲜红的“十”字，在黎明时分，从维也纳城墙上可清楚看见。他们大部分人在大清早已领受过圣食。这是支要报仇雪恨的基督教部队，很快即制伏土耳其散兵，然后继续缓缓前进。来自帝国各地的其他分遣部队，处在他们的后面和右边，看着正发生的事，但还没行动；然后，较接近这支哈布斯堡王朝部队的萨克森部队，编整队形，开始往山下走。在一小时内，援军的左翼部队也开始往下移，在遥远的卡伦山山地上，洛林看到他们出发，心中惊愕：他的计划不是这样的。若要拿回这次作战的主导权，他得有果断的行动。

早上八点，他命令麾下的龙骑兵和最后一个萨克森团火速下山，挡住土耳其人从努斯多夫沿多瑙河边往上的攻击，希望绕过哈布斯堡王朝部队的侧翼。在这同时，他陆续派了数名传令官，带去要哈布斯堡王朝步兵放慢前进速度的命令，也派他旗下最后一支步兵——巴伐利亚步兵和剩下的分遣队——下山支援他们。

1. 达维亚诺是嘉布遣会修士，身穿灰色法衣的他，是名副其实左右皇帝莱奥波德的想法与决定的eminence grise（字面意思是“灰袍”，比喻幕后的有力人物）。他亲身经历了解围部队所遭遇的种种困难和艰辛。

最后，早上约十点时，先遣部队在努斯多夫山的山坡上，开始遭遇敌人枪炮猛烈攻击。整个山坡上都是人。那位奥斯曼典礼官后来在其9月12日清晨的日记中写道，一支“吉乌尔”（Giour，基督教徒）大军攻向奥斯曼人营地，“好似一道黑色沥青洪流浩浩荡荡往山下涌，摧毁、烧掉挡在路上的所有东西”。他们如此进攻，“奢望从两边包围住伊斯兰战士”。

——早上十点——

那的确是个“奢望”，因为这支先锋部队，正循着土耳其指挥官所曾预期的路线前进。土耳其人的兵力少于正往下攻来的部队，但他们有火炮和选择得当的阵地。不过这场战事的发展出乎奥斯曼人的预期。萨克森的炮手不久就将其轻型火炮拉下山坡，到了努斯多夫村时，很快就有火炮支援。经过一番苦战，基督教部队攻下努斯山山头，把对方打得四处溃逃，这次基督教军队豁出性命，不断往前推进，有时一起开火，有时各自射击目标。奥斯曼人瞧不起没胆的人，但眼前面的士兵，却不怕与奥斯曼人近身肉搏，他们似乎受到上帝的怒火驱策，对着大喊“阿拉，阿拉”的奥斯曼人，高声咆哮当日的口号“耶稣，玛利亚”。

卡拉·穆斯塔法从远处观看，认定这是决定性的时刻，下令其战略预备队往前，他本人带着所有剩下的警卫队和禁卫军，移师到土尔肯桑茨的备战阵地。在那里，他于一顶猩红帐篷前立起先知旗，表明主帅在此，众将士应奋勇杀敌。早上十一点，战争持续五个小时后，洛林成功让不同部队保持住队形，未散掉。在有溪河切割出裂隙的土地上，这几乎是不可能完成的任务，因为在这种地形，要保持同步前进，根本不可能。一有犯错，战线一出现缺口，奥斯曼人就会立即以雷霆万钧之势猛攻那缺口。这时，在从瓦林村延伸到多瑙河水道旁的这一线阵地，土耳其人与哈布斯堡王朝和神圣罗马帝国部队陷入激战。卡拉·穆斯塔法已顾不了维也纳城外他主帅的营区旁边那道停下攻势的战线，和进攻城墙的诸战壕。

将领并没有下令开始，但战斗已开始。要打赢这场仗，所有指挥官都得牢牢掌控战场上的行动。下令让部队行动之后，洛林立即快马前去会晤波兰国王。波兰部队已在夜色的掩护下抵达，且已集结为战斗队形，占据德莱马克斯坦、罗斯科夫两山头下方的地面。两股援军都已定位。他们尽可能克服客观条件的限制，商定配合地形实行共同的计划。索别斯基将指挥右翼进攻，洛林则要率领部队前进，与坐镇在先知旗旁边的奥斯曼宰相对决。相对的，卡拉·穆斯塔法已不想再去协调奥斯曼军营前方诸帕夏的队伍，或军营西南边鞑靼人的行动。他未命人构筑野战防御工事，未建造任何防线。面对来自维也纳林山的攻击，这庞大军营门户大开。

——正午前——

走在前头的哈布斯堡王朝部队，渐渐向新筑防御工事的努斯多夫村集中，萨克森部队则循着穆肯塔尔小溪谷而下，朝防守坚强的海利根施塔特村挺进。奥斯曼人立即反攻，且有卡拉·穆斯塔法的皇家部队在一旁增援。整条战线上演激烈肉搏战，每个缺口都有许多奥斯曼骑兵冲上前来防堵。洛林的胸甲骑兵和萨克森选侯约翰·乔治统领的萨克森骑兵，守在步兵后面，然后冲上前加入战斗，快马进攻土耳其重骑兵。经过苦战，努斯山终于落入基督教徒之手。但后来萨克森部队遭击退。他们重新整队，再度往下冲，拿下第二个奥斯曼据点。眼见努斯多夫和海利根施塔特都已牢牢拿在手里，土耳其人则集中在俯视上德布林、下德布林的那座小堡垒里，洛林在午夜后某时下令停止进攻。自拂晓后，大家都没有进食，只喝了少许水，而此时太阳正大，令人不安的静寂笼罩战线。双方的杀敌口号都已停歇；奥斯曼人的据点活动频繁，但没有发出炮火。援军已拿下所有村子——新施蒂夫特、锡弗林、格林津，往南几乎逼近到奥斯曼宰相树立其帅旗的土尔肯桑茨。但奥斯曼的防线仍使援军无法再往前逼近到随时可能失陷的维也纳。

两边前线日益静寂时，位于努斯多夫和海利根施塔特的基督教士兵关注着西南边高处山丘上的动静。马蹄卷起的尘土出现在山脊上方：将近两万的骑兵，一移动，就无法躲藏。波兰大军编成三大队：统领最右大队者是史塔尼斯拉夫·雅布罗诺夫斯基。他是波兰大军里最著名的军人之一，打过瑞典人、哥萨克人、俄罗斯人、土耳其人、鞑靼人，而1674年索别斯基能获选为波兰国王，他的支持功不可没。接下来是波兰国王统领的部队，集结在格兰山；索别斯基左侧是尼古拉·西耶罗尼莫斯·谢尼亚奥夫斯基的部队，整齐排列在罗斯科夫山。在此之前，谢尼亚奥夫斯基曾与索别斯基一起打过几场仗，他和雅布罗斯诺夫斯基都是波兰国王的亲信。在波兰骑兵前面是一排排波兰步兵，以及洛林所派去增援的日耳曼滑膛枪兵和长矛兵。在他们旁边有二十八门费尽千辛万苦才拉上山的波兰火炮，跟着骑兵下山，提供近距离的火力支援，歼灭进入射程的任何步兵或骑兵。

下午约一点，波兰国王约翰三世·索别斯基领军缓缓下山，越过崎岖地形，雅布罗诺夫斯基与谢尼亚奥夫斯基接着率领其部队出发，各走不同路线穿越峡谷和崎岖地带。索别斯基的部队于下午约两点抵达他们正下方的米迦勒山，波兰骑兵立即由滚滚尘土化为一排排战斗队伍，清楚呈现在奥斯曼人和哈布斯堡王朝、神圣罗马帝国部队面前。远远看去，那似乎是威武不凡的行列，但其实马队走得踉踉跄跄，有些马摔断腿，有些炮车掉了轮子。这三支纵队往山下缓缓移动，最后全部的波兰部队在适合骑兵驰骋的平坦土地上排好队伍。

——下午两点——

波兰国王准备用一天，甚至两天时间，夺取一些可靠的阵地，然后从那里发动进攻。奥斯曼重骑兵和部分步兵数次阻挡他们前进，均无效，最后，下午约四点时，索别斯基和谢尼亚奥夫斯基的纵队，已越过通往维也纳林山的所有山丘和山麓丘陵，从盖斯特霍夫村往西排成阵线。

这时，在土尔肯桑茨，奥斯曼宰相坐在他的丝绒椅上，一场大祸可能就要降临。他面临军事上的典型困境：防线同时遭前后来攻。波兰大军可能穿越他的营地，既截断他与维也纳的联系，也截断通往匈牙利的退路。之前他们面对决不妥协的敌人，他麾下指挥官设立的每一道防线，都遭击溃。他的全部计划无效。他的直觉没错——应当攻击、瓦解两支敌军，但他才智不足，未能执行这一行动所需的复杂部队调度。他一开始也未察觉到，由雅布罗诺夫斯基率领的第三支波兰部队，仍在下山途中。他想在其目前所在阵地的西侧建立一新战线，但需要时间安排。这是最后的希望，却是注定落空的希望。

不过，这时候，洛林与索别斯基面临同样的抉择。部队前进的速度和距离，都超乎两人大清早时的预期。先前对崎岖地形的种种猜疑和担心，全证明是多虑的。这时他们得决定该乘胜追击，一举击溃土耳其人，还是该休兵，隔日再给予致命痛击。有关最后做出的要命决定，众皆不语，然后萨克森老将军冯德戈尔茨说道，上帝赐予他们这场胜仗，他们应该继续打，完成上帝要他们完成的任务。他还说，他年纪已大，很想当晚睡在维也纳城里舒服的床上。这股军人豪气打动了洛林，于是，他说“我们继续前进”，下令部队继续打。在战线的另一边，索别斯基，在相当独立的思考下，也认为这是了结敌人的时候。

——下午三点左右——

洛林与索别斯基的决定，符合他们一贯的性格。那时是下午三点左右，但如果他们无法在天黑前解决掉土耳其人，敌人可能溜走或重新集结；更糟糕的是围城之敌可能拿下维也纳。自得到该城守军已有最坏打算的报告之后，他们未再收到该城传来的消息。奥斯曼宰相的战略是完全以攻下维也纳为基础来拟定的。如果仍在围城的奥斯曼部队在这紧要关头成功突破防线，他可能抽师回援，倾全军之力攻城，拿下这座他梦寐以求的城市，在该城圣史蒂芬大教堂的史泰佛高塔上树起伊斯兰新月旗。从小心行事来考量，联军或许应该等待一晚，但他们更担心可能因此错失掉大获全胜的机会。将近下午三点半时，哈布斯堡王朝与萨克森的部队再度对整个奥斯曼防线发起攻击，一开始奥斯曼人反击甚猛。巴伐利亚部队与帝国部队（大部分来自弗朗科尼亚），开始炮轰土尔肯桑茨。下午五点，联军已攻陷上德布林、下德布林村，把所碰上的土耳其人全杀掉，且洛林已命令得胜的部队从北边集中进攻土尔肯桑茨。

当他们在1.5公里外进攻时，另一边波兰部队则开始对庞大奥斯曼营地的核心，发动一连串骑兵冲锋，一队翼骑兵和骑士扈从测试敌人的战力和火力。下午约四点，波兰国王下令一支骑兵连队冲锋。这支连队以国王的未成年儿子亚历山大之名取名，约一百二十人。他们快马驰向敌人，黑、金色三角旗清楚可见于奥斯曼炮火和马蹄卷起的尘土上方。这场冲锋一如拉科夫斯基在1670年《可敬子弟的起床号》中所说的：“放低长矛，在马头之上；往前冲，用马刺驱策底下的飞兽，对准敌人的肚脐。”历史学家维斯帕西安·科乔夫斯基亲身见证了这场维也纳争夺战，并在1684年出版了这场大捷的《评论》。他写道：

翼骑兵才刚放低长矛

一名土耳其人就被刺死在矛尖上

这不只使敌人方寸大乱，还吓坏敌人

那无法抵御或避开的一击

往往一刺穿两人，其他人见状

如发狂的苍蝇四处溃逃

在撞上前方黑压压一大群土耳其人的前一秒，每名士兵都放低矛尖，确保能刺入前排敌人的内脏或胸部。这批注定有去无回的“敢死队”与敌相遇，长矛瞬间裂开，尖锐的裂声，在喧嚣的战斗声中仍可听见。这次战斗只有极少数翼骑兵生还。但波兰国王认为这次试探极为成功，准备集中三支纵队的所有兵力，全面进攻奥斯曼营地的核心。

这时候，奥斯曼宰相已放弃位于土尔肯桑茨的阵地，带着先知旗回到他在主营地的大帐。被他丢下的土耳其人，先是看着他离开，然后纷纷放弃自己在悬崖上的守卫位置，开始逃命。不久，数千名土耳其人或往回骑，或往回跑，但不是回去投入波兰人与奥斯曼人的营地争夺战，而是通过营帐线，跑到厮杀战场的另一头，跑向通往匈牙利的大路。

——下午六点——

将近下午六点，波兰人准备发动最后攻击。这时，国王约翰·索别斯基统有将近三千翼骑兵，还有大概六千名其他骑兵，其中有些骑兵身穿锁子甲，有些骑兵的盔甲较为轻薄。他们组成数个密实的方阵，翼骑兵在前，他们的扈从和支援者排成密集队形，跟在后面。今日常有人说，这种密集队形的冲锋，没什么效用，主要在营造唬人的气势。但在1683年9月12日，波兰人面对的不是西方长矛兵或训练有素的滑膛枪兵，而是一大群士气低落而没有机动空间的奥斯曼骑兵和一些步兵。卡拉·穆斯塔法在其宰相营区里，对这情势一清二楚。他亲眼见识过波兰人的第一波攻击，他看过三个大纵队的波兰骑兵压住阵脚，然后横向移动，慢慢散开，扩及整个平坦地，接着摆开波兰军队的传统阵式，随即冲锋。每支骑兵都是个密实的方阵，在前排的每个翼骑兵，直握长矛，彼此相隔稍稍超过剑长的距离。他们后面是密集的扈从，扈从拔出马刀，有些则偏爱长而直的波兰矛状剑（其实功能似矛而非剑）。骑兵连队两侧，各立着排成数排的滑膛枪兵。土耳其人看着这即将冲过来的敌人的阵仗，未战先怯。

在开阔的野地上，不管是面对骑兵还是步兵，波兰骑兵都是所向披靡的。对付固守在战壕里，前有野战防御工事、后有火炮支援的敌人，他们的威力就弱得多。土耳其人最大的指望，就是引诱波兰人前去攻打有防御工事的阵地。任何工事都行，比如绑在一起的四轮运货马车，一排尖桩防栅，后面配置滑膛枪兵和火炮。1526年的莫哈奇之役，奥斯曼人就用这个办法摧毁了匈牙利骑兵。土耳其禁卫军和火炮，用尖桩挡住匈牙利的剑和长矛，把匈牙利骑兵杀得个片甲不留。但在9月12日这最热的一天（“因为印象中没有比这还热的天”）奥斯曼人未有任何准备。维也纳城外的攻城营地里，满是梁木、篾筐、木桩之类的东西，但全摆着没用。这一疏忽、懒惰或纯粹不小心，却让土耳其人付出惨痛代价。波兰大军在他们营帐前的开阔地上摆了一个整齐队形。

这些波兰骑兵，身着擦得发亮的铜质胸铠，动起来更像是训练有素的机器人，看过去就让人生畏。他们按口令到战斗位置，然后停住；他们往前进，然后等下一个命令。在索别斯基令下，约有五千至九千名骑兵，前排是翼骑兵，已准备好冲向土耳其大军。这是波兰骑兵最紧要、最震撼的一刻，当时人却未留下记载。达莱拉克在其《秘史》里说道："这情况完全如他所料：亲王亚历山大的翼骑兵扑向奥斯曼宰相的主力部队，予以击溃，在那一刻，敌人全军丝毫未抵抗，就撤退了。"波兰骑兵大军压境的气势，似乎瓦解了奥斯曼军队的斗志。翼骑兵骁勇善战，百余人的敢死队奋不顾身地冲进人数更多的奥斯曼骑兵与禁卫军阵里，英勇气概让土耳其人大为敬畏；他们的精神就和1566年米克洛斯·兹林伊率队冲出盖斯特堡直至战死的精神一样，已成为苏丹精锐部队里人尽皆知、永垂不朽的作战精神。

因此，索别斯基的骑兵开始骚动，准备冲锋作战，此时的土耳其人就已认定这场仗已经输了，因为这一次的波兰骑兵，几乎铺天盖地，兵力比先前冲入奥斯曼大军核心那批敢死队多上数倍。土耳其人弃营而逃。有些奥斯曼人误撞上雅布罗诺夫斯基率领的翼骑兵侧翼，猛烈攻击，但不久就无心再战，再度逃跑。"这场大捷，赢得全面又痛快，只有少许死伤……第二线部队等于是作壁上观，因为他们还未向前，敌人就已逃跑，只有龙骑兵、步兵、翼骑兵上了火线与敌交手。"

听到翼骑兵直捣营地核心，卡拉·穆斯塔法便离开营帐重新投入战斗，领兵冲进雅布罗诺夫斯基那支纵队的侧翼。他的贴身护卫队大部分战死，而且先前已有人告诉他，他若被俘，苏丹交付给他的圣旗将随之落入异教徒之手。他于是返回营帐——最后一次回他的营帐——包好圣旗，带上私人实物品，与一些重骑兵策马出营，奔向安全的匈牙利。他以战地统帅身份做出的最后一项作为，是下令撤离围攻维也纳的部队，毁掉所有可能为敌所用的东西，杀掉所有战俘。在这样的紧急时刻，这三项命令并未能彻底执行。

奥斯曼人开始逃跑时，波兰的翼骑兵迅即冲上，其中许多骑兵丢掉笨重的长矛，改拿马刀。平日严谨的训练使他们得以重创队形大乱又丧失斗志的敌人。他们挥刀砍向窜逃的土耳其重骑兵后背，土耳其人有时候转身，不要命地反击，因而不免有一番恶战；但大部分奥斯曼军人只想逃。波兰人追击了一小段，眼见奥斯曼人无意调头再战，便收兵回去收拾那片广大营地。

这场在混乱中开打的战斗，十二小时后在大乱中结束，援军大获全胜。这时仍在土尔肯桑茨的洛林，派人将维也纳已解围的消息，告知城里守军，事实上，守军从城墙上也早已看得一清二楚。史塔姆伯格和城中所有要人，加上一大群居民和难民，在苏格兰城门迎接援军。第一批进城的援军部队由巴登侯爵路德维希·威廉带领，他的龙骑兵在“愉悦的定音鼓声和喇叭声”中，骑着马进了城。冯德戈尔茨得在帆布帐篷里再过一晚，波兰部队和其他援军不敢睡觉，以防止土耳其人使出回师偷袭的老伎俩，但到了晚上十点，情势表明他们已不会回来。维也纳和基督教世界得救。

第九章

圣 战?

1683年9月13日破晓时，十耳其大军已消失无踪。一些倒霉的坑道士兵，从城墙外的地下工事跌跌撞撞地爬出来后，浑然不知时辰和战局变化，随即遭到俘虏，然后被杀掉。奥斯曼人留下一处鬼城般的营地——已遭一再洗劫的庞大营地。夜间，波兰骑兵先来搜刮，然后早上时，哈布斯堡王朝与帝国部队前来拿走他们应得的战利品。维也纳人从发着恶臭的城中涌出，抢走剩下的东西。有则半真半假的说法，说他们发现几袋小豆子（咖啡豆），并就此创立了维也纳第一间咖啡馆。围城期间，格奥尔格·弗兰茨·科尔西茨基冒险穿越土耳其人的防线，带口信给城外的洛林公爵，又把援军快到的消息带回城里，因此被誉为这次围城战的英雄。传说他知道这些不起眼的东西的用途，并取得开设成立第一家咖啡馆的权利。这纯粹是想让自家咖啡馆垄断这门新生意的科尔西茨基所虚构。如今来看，比较可能的人应是亚美尼亚人约翰内斯·狄奥达托，不过两人有几个共同之处。两人都会讲奥斯曼土耳其语，都轻松自由游走于东、西方文化之间。

这则咖啡馆传说，说明了胜利喜悦背后维也纳不为人知的一面。这城市，一如所有边城城镇，有跨国界的贸易往来，而从事此贸易者通常是中间商[1]。开始围城时，许多人遭逐出维也纳或遭杀害，其中许多人是“土耳其人”，也就是来自“皇家匈牙利”以东地区的外地人，但那些人不是穆斯林，而是基督教或犹太人。在这之前，维也纳作为西方抵抗东方奥斯曼的堡垒已数百年，但它也是西方与东方相接的地方。那一段漫长的恐慌历史，敌视无疑支配了一般人的心态。约翰内斯·希尔特伯格所写的被奥斯曼人俘虏的老故事，乃是以德文印行的最畅销的中世纪故事之一，17世纪时仍有广大读者[2]。希尔特伯格生动讲述了十字军兵败尼科波利斯的故事，还有使他被俘虏的那场战斗。那场战役发生在1396年9月，战后，奥斯曼苏丹看着被俘的欧洲骑兵一个个被砍头，以报十字军占领尼科波利斯时期杀害土耳其人之仇。格莱夫领主汉斯的故事，使汉斯成为后人敬仰的英雄。

我看见身为（巴伐利亚）贵族的格莱夫领主与另外四人，被人用一条绳子绑在一块。看见正进行的大报复行动时，他大喝一声，安慰正站在那里等着受死的骑兵和步兵，要他们“站直”。他说：“今天我们的血是为基督教信仰而流，靠上帝之助，我们将成为天上的子民。”说完后，他跪下，与其同伴一起遭斩首。血从早上一直流到黄昏，（土耳其）国王的顾问见到血流了这么多，且还不停，

1. 大部分的证据来自18世纪，但17世纪有蛛丝马迹。克尔斯丁·托梅嫩达尔（Kerstin Tomenendal）断定，喝咖啡的热潮在1665年由卡拉·穆罕默德帕夏的大使馆掀起。

2. 19世纪之前出现许多新编的版本，目前所知的最后一个版本，在1597年由葛雷哥尔·胡贝尔（Gregor Huber）在维也纳印行。布达佩斯的国立赛切尼图书馆藏有该书。

于是起身，跪在国王面前，恳请陛下看在真主的份上，息住怒火，以免招来天谴，因为血已流得够多了。国王同意，于是下令停止杀人。

中世纪十字军东征，始于十字军攻占耶路撒冷的1099年，而尼科波利斯之役，并不是十字军历史上令基督教颜面无光的最后一役。这场战役开启了新的战争时代，在这时代里，战争的主舞台在欧洲和地中海，而非“圣地”（巴勒斯坦）。在这场战役里，欧洲人首次与一个新敌人正面交手，那敌人比基督教世界先前碰上的敌人都要凶狠。库尔德裔苏丹萨拉丁已在1186年从十字军手中夺回耶路撒冷；来自埃及的苏丹拜巴尔斯，曾被马穆鲁克奴隶过，在1268年将十字军逐出其在巴勒斯坦的最后据点。但奥斯曼苏丹巴耶济德给了十字军更为毁灭性的打击，在可见到多瑙河的尼科波利斯，歼灭了这些新十字军。尼科波利斯的惨剧未遭遗忘。许多古老的十字军故事，印制成书，重新问世。这时欧洲本身直接面对敌人，经过1529年维也纳围城战，奥斯曼人铩羽而归，维也纳因基督教世界的“前沿堡垒”身份闻名欧洲。有一天这堡垒若倒下，欧洲将跟着倒下，这成为欧洲人心里深藏的忧虑。

随着可怕的奥斯曼大军遭击溃，各地纷纷出现再组十字军夺回1453年起遭土耳其人占领的土地的呼声。现实上看，收复失土不无可能。这想法不只是1683年客观情势意外变化下的产物，也是西方天主教世界深挚的愿望。将近三百年来，一连串慷慨激昂的学者，以文字和口头的形式宣扬圣战的主张，但通常是言者谆谆而听者藐视。偶尔打赢圣战，例如勒班陀之役，但通常欧洲诸统治者未能同心协力，共同投入这项大业。十字军东征是需要群策群力的事业，有赖罗马教廷坚决而积极的领导。绝大部分教皇认为那是不切实际的战争，因为他们有更重要的事要做。但在这之前一个个短命的“神圣联盟”，都是在教皇主导下成立的。并非每个“神圣联盟”都取得胜果：1538年成立的联盟，在希腊西北部普雷韦扎外海的海战中，遭奥斯曼海军彻底击溃。创立于1570年至1571年的第二个联盟，成就较大，在勒班陀为基督教一方取得重大的胜利。但这些交手，长期来看，影响不大，没有人尝试更艰难的任务——集合基督教世界之力与土耳其人打场陆战。17世纪时，1664年和1683年的两次危机，使发起陆上圣战的想法重新抬头。那或许是基督教世界最后一次暂时捐弃前嫌，并联手合作，因为天主教徒和新教徒都感受到威胁，积极投入到对抗共同敌人的战斗中。这些偶然形成的联盟，是因为教皇用金钱暂时缓解成员之间的摩擦，而教皇英诺森十一世准备花大钱开战，将伊斯兰逐出原归基督教统治的地区[1]。

皇帝莱奥波德对于提升哈布斯堡王朝的声威很是执着，在突然打赢维也纳之役的日子里，使命感开始在心中蠢动。他觉得应完成上帝交付的任务：完成一世纪前他的先祖在西班牙展开的收复基督教失土运动。莱奥波德一世不是冲动之人，但此时，四周充满了让他收复失土的声音，他难以抗拒。他博览群书，在宫中图书馆里，藏有《土耳其人现状》之类的书籍，这是嘉布遣会修士米歇尔·费布尔以意大利文写的通俗作品，在1675年出版，法语版、西班牙语版、德语版先后问世。费布尔的名言是“所有帝国都步入衰退，现在换土耳其人步人后尘。”1675年，他出版了第二部著作——《土耳其人的舞台》，并在书中厚颜无耻地题词，表示将此书献给法国战争部部长卢伏瓦，希望得到他的赞助与支持。与他同样热情澎湃的同代人，尚·科潘神父，约生于1615年，曾在路易十三麾下当骑兵军官，之后赴埃及和北非旅游，当佣兵四处打仗，最后在1644年起担任法国驻达米耶塔的领事。1647年返回法国后，他成为了天主教神父，大力鼓吹发动

1. 除了来自罗马的资金，他还下令当地主教和修道会捐款。对哈布斯堡王朝和其他天主教统治者来说，主教和修道会是更丰沛的资金来源。然后，用这些天主教资金付钱给拥有训练有素、战技高超的职业军队的新教国家，换取他们的出兵相助。

圣战。但所有神职人员，以及卢伏瓦，对他的计划无丝毫兴趣。

科潘迁居他位于勒皮的堂区，已然对这项大业死了心。但维也纳大捷让他重拾信心，重新推出他的老主张，《欧洲之盾与圣战》这部著作先在他的家乡问世，后来被里昂一名富有企图心的出版者相中，在1686年于巴黎重新推出，迅即在全欧卖开。当过军人的科潘，除了大篇幅讲述了四十年前在东方的旅游见闻和经验，还配上插图，说明可以用哪种队形和战术打败土耳其人。

他的论点很简单："最近两年土耳其人遭遇非常重大的损失，那是自他们建立专制政权以来从没遭遇的损失……要进攻这一异教徒民族，可能再也没有更好的机会。"这毋庸置疑是教皇英诺森十一世坚信不疑的观点，他承诺会以当初支持解救维也纳的程度，资助这场圣战。但撇开"收复失土"运动的作战开销不谈，莱奥波德还面临现实上的两难问题。他是日耳曼民族神圣罗马帝国（Holy Roman of Empire of German Nation，16世纪起神圣罗马帝国的正式名称）的国王。法国有意将其北部边界从英吉利海峡重新拉至多瑙河，因而逐步侵占日耳曼诸邦和自由市[1]的土地，侵占哈布斯堡王朝在低地国的丰饶领土。从权力与金钱的得失来看，若哈布斯堡王朝忽视西边土地，其所招来的损失将会多于在那片从未占领的广大空荡的匈牙利所能收获的。

维也纳解围后，出现了两种看法。一种认定，奥斯曼人于1683年在维也纳城外遭遇如此挫败，军力大伤，可能要过一百五十年，才敢再冒险进犯。另一种则主张对东方采取前进政策，认为这是所谓的"天赐"之路。主张放弃征服东方的人（后来被称作"西方派"）与希望进军匈牙利和匈牙利之东的人（"东方派"），各执己见，相拒不下，最后莱奥波德决定采取东进"天赐"策略。虔诚

1.一般指某城市由于有关国家利害冲突，经有关国家协商宣布为独立单位。如第一次世界大战后波兰的但泽（今称格但斯克）就曾经是自由市。自由市具有暂时的或过渡的性质。它名义上独立，地位受到国际保护，实际上往往受帝国主义国家控制并成为争夺的对象。

的宗教信仰是促成他做此决定的重要因素几乎毋庸置疑，但更有力的因素是他决心发扬家族光荣传统的态度。

他的先祖皇帝查理五世，曾御驾亲征攻打突尼斯，与伊斯兰正面交手。在如今的维也纳艺术史博物馆，珍藏有一组大型织锦画，颂扬这段功绩。皇帝莱奥波德注意到，天主教国王在西班牙完成收复失地的大业，而现在，上帝赐给他机会，从伊斯兰手中收复广大土地，若此举成真，将是他家族历来所收复的最广大的土地。收复君士坦丁堡，也不无可能。古老的大一统罗马帝国，说不定可以重现于世。西征或许可带来政治益处，但东征获胜所可能带来的无上益处——荣耀、名誉——却是西征所无法给予。皇帝莱奥波德信教笃诚而热切，但不狂热，圣战号召虽能打动他的心，但最终的决定因素仍是政治与现实上的利害。

维也纳解围的隔天，波兰国王约翰·索别斯基进城，一时兴起，开始逛街，奥斯曼宰相的坐骑由他牵在后面，土耳其人的马尾旗和奥斯曼旗高高举起，如古罗马人凯旋的情景。这支骑马队通过城里几座主要教堂时，群众高声喝彩，表达最热情的感谢。之后他在写给妻子的信中写道：“‘波兰国王万岁’的叫声、欢呼声响彻云霄。”那天晚上史塔姆伯格晚宴款待波兰国王时，后街腐尸无所不在的臭味，盖过较为清淡的食物与葡萄酒的味道，波兰部队一行人早早离席，来到城外的奥斯曼宰相营帐。索别斯基在那营帐里写信，将胜利的消息传给欧洲其他统治者，每封信都仿恺撒的名句写道“我们来，我们见到”，散发着浓浓宗教情怀的“上帝征服”。他派秘书将一面绣有图案的奥斯曼大旗送到罗马给教皇，深信那就是先知穆罕默德的旗。隔天早上，受不了奥斯曼营地里的污秽与苍蝇，波兰人撤营，改落脚于较为边远的施韦夏特。

战后几天，疾病与传染病开始在胜利军队里蔓延。就连亲王、将领都抵不住痢疾与其他各种“腹泻”的折磨，病倒在床。瓦尔德克亲王等着晋见皇帝时，因急性腹泻而倒下。莱奥波德乘船顺多瑙河而下，在索别斯基胜利进城的隔天，抵达维也纳；接见史塔姆伯格之后，他先后巡视过空荡荡的奥斯曼营地和维也纳的受损情况。他的皇宫成为废墟，几乎每个房间都被土耳其人炸毁，因而皇帝一行人不得不下榻于霍夫堡宫后面堂皇的皇家马厩史塔尔堡。皇帝在这里接见指挥官和宾客，办了一场宴会，然后在次日9月15日早上骑马出城，到波兰国王的新营地向其致意。他会见索别斯基与其儿子时，表现得拘谨而不露情感，有些波兰人认为这表示他不知感激，羞辱了他们流血牺牲的付出[1]。波兰国王也这么认为，因为那天晚上他愤愤写信给妻子时，表露了此想法。

在陶醉于胜利喜悦的当天，没有人料到将会有一场持续十六年的征服战争等待着他们，更料不到此后一百多年里会有一连串战争。维也纳解围后，大家乐昏了头，无人沉静下来思考，对于“收复失土”运动需要作何准备没有任何计划。在东方建立大帝国的迷人憧憬，深深地吸引了原本头脑冷静的洛林，继而让波兰国王也为之着迷。两人都深信，解救都城之后，奥斯曼土地就是囊中之物，拿下匈牙利必定可成，甚至可拿下整个巴尔干半岛。9月17日，波兰人不满皇帝迟迟不下令出兵，于是拔营，开始东进。索别斯基想法大胆，想直取布达，洛林的部队则不情不愿跟在他们后面。在维也纳周遭，巴伐利亚与日耳曼的部队仍动向未明，有些分遣队，例如萨克森部队，则已启程返乡。

最初的想法是信心满满地快马加鞭紧追溃逃的奥斯曼部队，后者只在几日行程外，且几乎全军溃散。这也是最可能的方案，因为基督教部队几乎全在多瑙河南岸，而最吸引人的目标全在北岸。北岸丰饶，联军可找到过冬的落脚处，而南岸大部分村庄里，食物已被搜刮一空，大部分房舍遭焚毁。北岸有新扎姆基之类

1. 莱奥波德自豪于他的庄重而不喜形于色，但波兰人想要的并不是这种反应。他不大可能有意怠慢其盟军。

Wer suecht/ der findt.

Deß Türckischen Groß-Vizirs Cara Mustapha Bassa Zuruck-Marsch/ von Wienn nacher Constantinopel.

CHI CERCA ACCATTA

Mustafa Carra Gran Visir, che ritorna dall' assedio di Vienna a Constantinopoli,

Nyvoort f. Lerch exc.

A. Groß-Vizir.

Ach weh mir armen Tropff! jetzt muß ich billich klagen!
Mir lage stäts im Kopff/ die Christenheit zu plagen/
Jch bildete mir ein/ Wienn hätte ich gewiß/
Ey ja wol hintersich/ es wurd ein anders G'biß
Davor mir eingelegt/ es ist nit außzusprechen/
Wie ich hab eingebüst/ das Hertz möcht mir zerbrechen:
Jch andern Grueben grueb/ und fiele selbst hinein/
Das Land ich zwar verderbt/ und gienge blind darein/
Kunnt meinen Fall nicht sehn/ es blieb nicht ungerochen/
Der tapffre Stahrenberg/ hat mir den Stahren gstochen/
Nun hab ichs übersehn/ daß Machomet erbarm!
Die Christliche Armee die machte mir erst warm/
Daß ich alls ließ im Stich/ ich brachte kaum zu decken/
Den Kotzen noch darvon/ ach weh mir Alten Gecken/
Wienn lachet mich jetzt auß/ welchs ich vor mein geschätzt/
Daß es so tapffer mich hat auff den Esel gsetzt.

B. Deß Vizirs Weib/ sambt ihren Freunden und Kindern.

Ach was bedeutet diß/ was mueß ich da ansehen/
Ist diß mein lieber Mann/ wie muß jhm seyn geschehen?
Wo ist die Beuth von Wienn? So er uns mitgebracht/
Ey schöner Groß-Vizir, wo bleibt der grosse Pracht/
Den du vorhin geführt/ wo seynd die schönen Kleyder?
Wo ist dein stoltzes Roß? ach ach ich siehe leyder!
Den dürren Esel nur/ und förcht bey dieser Sach/
Daß endlich mich der Strick/ noch gar zur Wittib mach:
Jch mueß vor Hertzen-Leyd/ mir alle Haar außrauffen/
Jhr Freund und Kinder secht mit Jammer an! den Hauffen/
Den er mit sich geführt/ wie seynd sie zugericht/
Dieser ist Krumb und Lahmb/ und jener nichts mehr sicht/
Ist diß die Tapfferkeit/ der starcken Muselmannen/
Daß sie lauffen darvon/ verlassen Stuck und Fahnen/
Gezelt und Proviant: ich kan nicht reden mehr/
Vor lauter Schaam und Spott/ es jammert mich zu sehr.

C. Die gesambte Rott der Türckischen Soldaten.

Ey daß der Teuffel hätt/ wie seynd wir doch betrogen/
Wie hat der alte Schelm uns dißmahl vorgelogen;
Es hiesse täglich nur/ frischauff jhr Janitscharn/
Wienn ist uns schon gewiß/ aber es fehlt dem Narrn:
Wir hofften reiche Beuth/ dafür wir Stösse kriegen/
Die Köpffe/ Füß und Händ vor Wienn wir liessen ligen/
Die Helfft kombt kaum zuruck/ wir seynd gantz ruinirt/
Der Teuffel hole den/ der uns so angeführt.

D. Muffti.

Das hab ich vorgesagt/ es werde so ergehen/
Wie ich mir bildet ein/ so ist es auch geschehen/
Jch rathet treulich dir/ laß doch die Wienn-Statt seyn/
Weil du dann nicht gefolgt/ so bleibt die Schand auch dein.
Nimb nur damit verlieb/ dem Sultan fall zu Füssen/
Damit dein alter Halß/ nicht mög' am Strange büssen/
Diß wär der rechte Lohn/ auff solche tapffre That/
Dieweil du nicht gefolgt/ dem treugemeinten Rath.

奥斯曼人惨败

1683年卡拉·穆斯塔法兵败后，逃离维也纳，之后被绞死，这些事件都成为了西方雕版画家喜欢的创作题材。这张广为流传的大幅单面印刷品，在1683年9月维也纳之围破解后不久就问世了。

仍威胁维也纳防线的土耳其要塞。因此索别斯基和洛林决定往北进发。他们在布拉迪斯拉发对岸停下，焦急等待工兵前来架设浮桥，以便他们和他们的翼骑兵、胸甲骑兵、龙骑兵渡过多瑙河。但浮桥和熟练的工兵仍在上游远处的图尔恩，也就是解救维也纳之前进攻部队留下他们的地方。这只小船队花了十天才抵达布拉迪斯拉发，又花了两天才将平底船相联结，铺上木板，连通南北岸。9月27日，洛林的骑兵和波兰骑兵跨过浮桥，进入上匈牙利，在避开多瑙河岸的沼泽地后，往东北驰去。

说起17、18世纪收复匈牙利的大业，不管谈到哪个阶段，都必然会提及河川与沼泽地。这块土地为水所支配、切割的形象，最早出现在匈牙利的古老神话中，第一批部落从遥远东方的锡西厄迁徙到阿提尔科兹（多瑙河地区）之时。带领他们的是外号“马扎尔亚当”的阿尔莫斯。他之所以有此称号，源于他母亲在幻觉中见到巨型猛禽图鲁尔头像，“从天而降，落在她身上，使她怀孕。一股大泉从她子宫涌出，开始往西流。水流越来越大，最后汇聚成波涛汹涌的河流，漫过白雪皑皑的山峦，流入另一边的美丽低地。水在那里停住，从水中长出一棵带有金枝的奇树。她认为她的后代会出现著名国君，那些国君统治着的不是她族人现住的地方，而是她梦中那块被高大山峰所围绕的遥远土地。”

在马西利伯爵路易基·费南迪诺笔下，这则匈牙利起源神话变成有凭有据的科学著作。1683年秋，他仍是奴隶，被撤退的奥斯曼人带着跑，在仓皇撤退途中，他仍坚持记录了沿途所见。不过，到了晚年，身为军人、工程师、学者的马西利，对于匈牙利仍魂牵梦绕，他最终出版了六大册著作，介绍这个多水世界的全貌，从悠游多瑙河中的鱼，到栖息于周遭沼泽里的鸟，再到原居住于多瑙河岸和其支流的古老民族，全有详细的记载。

匈牙利在每个方面都与其西边的地区完全不同，武力征服该地的方式，同样与西方军队所打过的任何战役不同。奥地利人和波兰人或许习惯于在他们与奥斯曼帝国交界沿线打小规模战斗，但并不清楚在广大匈牙利内地打仗会是什么情形。在多瑙河北岸，筑有完善防御工事的哈布斯堡王朝科马诺要塞另一头，有一片不归双方控制的无人地带[1]。匈牙利都城布达之前，只有一座桥越过多瑙河，桥建在该河急转向南流向贝尔格莱德的大弯处。桥的北岸是有奥斯曼重兵防守的巴尔坎木堡，南岸是又称“格兰”的匈牙利古城埃斯泰尔戈姆。埃斯泰尔戈姆的护城城堡建在巨石上，可俯瞰这座筑有城墙的古城：自苏丹苏莱曼一世于1543年首度拿下该城后，奥斯曼人和哈布斯堡王朝一直在争夺这块要地，不过苏莱曼花了两年苦战，才拿下这座要塞[2]。一旦渡河，距布达就只约五十公里，行走几日即可抵达。索别斯基和洛林暗中准备闪电突袭布达，把土耳其人杀个措手不及，使匈牙利心脏地带脱离伊斯兰掌控。他们此去唯一担心的就是冬天即将降临，但值得庆贺的是，天气一直不错。

波兰国王带头，洛林跟在后面。“不耐延宕的波兰国王，突然出乎意料地立即上马，并派人告知洛林公爵他要往（巴尔坎）进兵。”洛林要步兵在后跟上，自己带着胸甲骑兵和龙骑兵赶紧跟上波兰部队。索别斯基冒进，未派侦察兵在前勘察敌情，土耳其人已在前方设好埋伏。土耳其人的鞑靼部队观察波兰人的一举一动，计算他们的人数，注意到他们队形的凌乱。埃斯泰尔戈姆的指挥官要从布达调来的增援部队，越过埃斯泰尔戈姆桥。波兰人接近巴尔坎木堡时，已有七千多名奥斯曼人躲在山坡的背面。索别斯基只看到木堡前面有些许土耳其骑兵和鞑

1. 这一要塞名义上位于奥斯曼人领土上，守军不多，且在其东北边是川西瓦尼亚，川西瓦尼亚人虽未尽全力帮助盟友土耳其人，但痛恨哈布斯堡王朝的统治。

2. 他并未靠强攻拿下该城，因为哈布斯堡王朝雇佣兵将它卖给了土耳其人。

鞑骑兵，于是下令全面进攻，欲击溃这薄弱的防线。

波兰翼骑兵在国王亲自带领下一股脑往前冲，奥斯曼伏兵立即杀出。这是土耳其人典型的机动战术。移动快速的土耳其重骑兵从四面八方涌出，切断波兰人的退路。与波兰国王一同往前冲的洛林联络官，见情势不妙，立即派一人快马驰回，向洛林报告波兰人快被打垮，有越来越多奥斯曼人加入攻击。洛林立即率领其先头龙骑兵和胸甲骑兵快马前奔，穿过灌木丛林地。抵达巴尔坎前方的平原边缘时，他让龙骑兵下马，排成类似滑膛枪兵的队形，让胸甲骑兵中队保护他们。波兰人逃离战场，索别斯基庞大的身躯成为每个土耳其人攻击的目标。波兰人穿过洛林防线，许多在后追赶的土耳其人遭龙骑兵开枪击中。

薄暮时，遭受重创的土耳其重骑兵已是一身脏污，不得不退回到巴尔坎城墙下，洛林和索别斯基也后撤，等待步兵和野战炮前来会合。天黑后，埃斯泰尔戈姆的奥斯曼指挥官又派数千人穿过那道窄桥，增援其北岸部队。但天亮时，土耳其人发现波兰部队、帝国部队，大约一万六千人排成战斗队形呈现在眼前：从西方过来的部队，几乎全到齐。约九点时，土耳其人与基督教部队开始朝对方缓缓移动，就在这时，奥斯曼骑兵突然对波兰部队发动大规模进攻。全部奥斯曼部队顿时开始往索别斯基的旌旗集中。土耳其人与翼骑兵和后面的波兰步兵近身肉搏，打得难分难舍之时，洛林率领胸甲骑兵和龙骑兵，带头冲进土耳其重骑兵的侧翼。自信满满的奥斯曼骑兵刚刚还在痛宰波兰人，转瞬阵局大变，他们遭到夹攻，受到压制，没有机动空间。他们两面受敌，没有敌人的重盔甲，辛苦奋战，才杀出一条退往要塞的路。他们败逃时，史塔姆伯格指挥的哈布斯堡王朝步兵、滑膛枪兵，打得他们阵脚大乱，巴登亲王路德维希·威廉则在这场与土耳其人的战斗中第一次接受战争的洗礼。不久有人替他取了一个绰号“土耳其路易”（Turkenlouis，路易为德语“路德维希”的法语对应称呼），又后来，有种大红罂粟花以他的名字命名，叫人想起他在战场上让敌人喷出的血。这绰号也可能因为他带回大量的奥斯曼战利品，装饰他（未完成）的大宫殿——拉斯塔特宫——而得名[1]。他与欧根为表兄弟，骁勇善战与善于应变的精神一如他这位表弟。才几分钟，他就使自信满满的奥斯曼人的进攻转为溃败，奥斯曼人冲回木堡，然后过桥，退到埃斯泰尔戈姆的要塞。

巴尔坎木堡前这两天的战斗，在接下来几年，多次重现。奥斯曼人进攻速度之快，一直令西方人胆寒。土耳其人和鞑靼人会在几分钟之内，仿佛凭空冒出来一般，突然现身，然后挥刀砍倒人和马。西方的战斗队形如果遭打破——不是禁不住如潮水涌来的土耳其重骑兵冲撞而破，就是被杀声震天、猛往前冲的禁卫军冲破——土耳其人就稳操胜券。但如果西方部队能稳住阵脚，保持纪律，并能把尖桩林立的野猪矛防栅往前推进，以稳定速度持续开火，慌乱逃离战场的将是土耳其人。在巴尔坎，土耳其人逃回木堡里，由于人太多，小小要塞区挤不下，数百人留在外面抢着要进去。巴登的路德维希·威廉运来三门火炮，让其龙骑兵排好射击队形，往不远处挤成一团的奥斯曼人开火。木堡的木墙着火，“火与剑屠戮，残酷又血腥。”挤进那要塞小院子里的数千人中，只有约七八百人位于较安全的堡垒里而得以存活，直至最后投降的时刻。

更惨的是那些想走木桥过多瑙河的人。木桥禁不住争先恐后要通过的人重压而垮掉，数千人瞬间掉进水里。“有些人拼命游，保住性命，有些人靠拉住马鬃、马尾保住性命，还有些人靠抓住断桥的木板保住性命……大部分人死在水里；人、马的尸体，还有他们的衣服，挤满了整个河面。”洛林的查理看着奥斯

1. 他的收藏品与日俱增，有一百件是他叔叔巴登所赠。1771年，他儿子奥古斯特·格奥尔格（August Georg）开了一间土耳其室，安置这些珍奇物品；但1877年，当时的统治者把它们带到卡尔斯鲁厄，构成一批“土耳其珍奇品”而将其收藏。1920年起，它们一直被收藏于巴登州立博物馆（Badisches Landesmuseum）。

曼人死在水里，心里涌起一股难以抗拒的冲动。他要率兵渡过多瑙河，围攻并拿下战略要地埃斯泰尔戈姆城，为这一年画下完美句点。自1543年奥斯曼人攻下这要塞以来，为争夺这要塞已打了六场仗，此要塞在土耳其人与哈布斯堡王朝之间几度易手。这时候，奥斯曼人牢牢掌控了该要塞已将近八十年，且渐渐抹去了该要塞最后仅存的匈牙利色彩。如果洛林无法如预期拿下布达，拿下埃斯泰尔戈姆也是一个不小的胜利。该城护城城堡的火炮，扼控多瑙河上的所有往上、往下的交通，若要将攻打布达所必需的攻城火炮顺河运来，必得拿下该城堡。

洛林最后一批部队终于赶上拼命赶路的骑兵，巴伐利亚部队已休息完，精神振奋地急着想与敌人交手。波兰人不然：在巴尔坎打了那场败战之后，波兰部队士气低落，漫长的围城战，不是恢复士气的理想办法。翼骑兵和其扈从想找奥斯曼骑兵报仇，而非在防御完善的城市外，泄气地守在壕沟里，毫无作为。波兰国王约翰·索别斯基不愿让他的部队参与可能旷日持久的围城战。一直有人在私底下抱怨，他想把他们拖进匈牙利境内的持久战，而那似乎没必要，甚至不符合波兰的利益。洛林与其幕僚在下游找到一处不在奥斯曼火炮射程内又可架桥的地点时，波兰人在营帐里生着闷气。10月20日，新桥建成，哈布斯堡王朝与联军的步兵开始鱼贯过河，接着是攻城炮一门门过河。不到一天，他们就在大雨中建立了数个射程涵盖该城每个角落的炮阵地；24日，雨势变小，他们开始炮轰这座筑有城墙的城镇和护城城堡。他们还未开始进攻，奥斯曼宰相就送援兵和补给来到埃斯泰尔戈姆，深信进攻者会遭到和他们在维也纳城外一样的下场，因而攻不下而溃散。如果真如此，巴尔坎的失败，在苏丹面前就交代得过去，卡拉·穆斯塔法进而可以打垮他朝中政敌，同时提出可行的策略，来年可报仇雪恨。

但情势发展与他的计划背道而驰，基督教军队开始炮轰埃斯泰尔戈姆的六天后，土耳其守军接受格外有利的招降条件，开城投降[1]。埃斯泰尔戈姆遭受攻击前，这位奥斯曼宰相已离开布达，抵达贝尔格莱德，发现苏丹已返回位于埃迪尔内的皇宫后，他开始向敌人报仇。但这新近失利的消息依旧会传到穆罕默德四世耳里，挡都挡不住。12月14日苏丹得知这些事那一刻，卡拉·穆斯塔法注定要死。埃斯泰尔戈姆由苏莱曼一世首次予以拿下，然后在1595年奥斯曼守军曾无比英勇地予以守住，结果现在，不到一个星期就失守。苏丹觉得很丢脸，而依照传统，造成如此损失者，一律以命相偿。苏丹派两名朝中高官北赴贝尔格莱德，12月25日午祷时分，来到宰相跟前。他们示以苏丹圣旨，要求他交还象征其官职的物品——印信、先知圣旗、麦加天房钥匙。然后告诉他，他必须得死。

卡拉·穆斯塔法以奥斯曼人面不改色的冷静赴死，不辱他科普律吕家族的门风。他陆续脱下毛皮镶边的华丽袍服、头巾，交予仆人，然后要求拿走他膝下跪着的地毯，使倒下时直接倒在地上，象征他是以战士身份而死，死后必然可进天堂。两名手拿着丝线的刽子手走上前，静静地站在他的后面。宰相再度跪下，这一次他跪在布满灰尘的地板上，双手抬起，露出脖子。然后，刽子手熟练利落地将软绳轻抛过他的头顶，绕颈紧缠，使劲拉。他死前，无丝毫挣扎，几乎未见其颤动，尸体一时未倒下，由刽子手手中的绞绳拉着。他们把遗体放在地上，一人迅速割下其头颅。然后，他们两人合力割下头皮，在头里塞进干草，制成一个让人毛骨悚然但还认得出是谁的战利品。头颅和躯体用白尸布包裹，运送到附近清真寺，葬在紧靠院墙的外面。这一小支行刑队伍，把填充的头用丝巾裹着，放在鞍囊里，启程前往埃迪尔内。完成任务后，卡拉·穆斯塔法漫长而备受争议的一生，就此结束[2]。

1. 皇帝莱奥波德向达维亚诉说了这一重大胜利带给他的喜悦，说维也纳这边完全料想不到会这么顺利。

2. 汉默有稍稍不同的说法，认为行刑时间是午夜前后。

第十章

强攻布达

欧洲人对苏丹穆罕默德四世持不屑甚至是反感的态度，却将卡拉·穆斯塔法视为“敌人的化身”。欧洲人认为，攻打维也纳出自他个人的邪恶意图，而那意图肇生自他对西方所有事物的深深憎恨。我之前提及，奥斯曼人1683年进攻一事，有充分的政治动机驱使他们这么做，这一役之所以失败，大部分得归因于这位宰相军事上的无能。他有作战经验，但这次并不是他所擅长的那种战争。卡拉·穆斯塔法的失败，不光彩的撤退并得到罪有应得的惩罚，让西欧国家都幸灾乐祸。有数幅图画呈现这位宰相受了伤，弓身骑在饿得半死的马上，逃离维也纳的情景。著名的法国小说家让·德·普雷夏克，将这位宰相的一生写成小说，在国际上很畅销[1]；卷首

1.《宰相或卡拉·穆斯塔法的一生，1683年围攻维也纳的奥斯曼军队统帅》。这部小说最先出版了法语版，又先后出版英语、德语、意大利语、荷兰版。

插图画出他最后的下场，如该书的英语版译者所说，图画呈现了这个杀人无数的宰相最后如何“自食恶果”。对英格兰读者来说，心得很简单：“英格兰人要看到……史上最专制的土耳其帝国政府，才能真切体会自己的幸福。当他们想着生活在唯法是依的君王统治下的子民，处境是多么不幸时，再看到那些在随心所欲、毫无法纪观念的君王高压统治下呻吟的子民，才知天差地别……就不得不感谢上帝。”卡拉·穆斯塔法的崛起、衰落成为一则富教化意义的故事，象征了奥斯曼人势不可挡的衰落。彼得·莱科特在其1700年出版的大作《土耳其帝国史》中，以无可置疑的权威口吻宣布，兵败维也纳“给了他们致命的打击，他们的勇气和斗志从此只会一蹶不振”。

在这点上，事实与虚构完全交缠，难以解开。莱科特大错特错：奥斯曼人还是恢复了斗志，联军乐于往反方向认定，因为他们正在筹备收复匈牙利的行动。维也纳得胜的震撼、莱科特所体现的那种昂然乐观，激发出将伊斯兰赶回亚洲的雄心壮志。在法国，老神父科潘为其手稿作最后修润时论道：“我今日所追求的，将远不只是一场圣战。”他提议基督教诸国同心协力，联合出兵，攻打奥斯曼，以消灭这个宿敌，海上攻打地中海和亚得里亚海，陆上则攻打匈牙利。这一次，这份雄心，渐渐要成真。

1684年2月初，人在埃迪尔内的苏丹穆罕默德四世，收到从贝尔格莱德传来的示警报告。匈牙利的指挥官得到消息，基督教诸国正联合起来对付土耳其人，决议打赢这场“欧洲争夺战”。奥斯曼帝国将受到四面八方的攻击。春天，俄罗斯会进攻克里米亚半岛的鞑靼人，波兰人会沿着德涅斯特河前进，往南挺进奥斯曼人掌控的瓦拉几亚。威尼斯会进攻波斯尼亚，打算夺回克里特岛，摧残爱琴海地区。多方投入这一大包围行动，包括瑞典、法国、西班牙、英格兰、尼德兰联合省、热那亚、罗马教廷。报告中虽然夸大了这一庞大的联合体，但基督教的威胁确实存在。1684年3月5日，波兰国王、皇帝莱奥波德、威尼斯总督签署协议，对奥斯曼开战，承诺除非他们三者都同意，绝不言和。即使未来签署任何和平协议，他们仍将维持永久的共同防御同盟，防范日后奥斯曼人进攻。

这份协议后面有教皇英诺森十一世在力推：所有基督教国家都受邀参与这场攻打共同敌人的行动，而且不只基督教国家。皇帝莱奥波德甚至请人在波斯的天主教大主教塞巴斯蒂安·克纳布，试着将波斯国王拉进来，对付共同敌人土耳其。但情势发展并非如莱科特笔下所写。奥斯曼人展现了过人的韧性与坚忍，西方人将这归因于他们的好战本性；从中显露了他们有能力年复一年募得军队投入战场。都城伊斯坦布尔或许弥漫不满情绪，朝廷或许派系倾轧严重，但只要苏丹一声令下，整个军事、后勤体系还是能再度启动运转。

1683~1684年的那个冬天，哈布斯堡朝廷正为重组东征大军忙得不可开交。先前从维也纳城外奥斯曼营地搜刮战利品可作为先例的话，这场战争可能带来战利品和荣耀[1]。先前由波兰国王约翰·索别斯基担任的最高统帅一职，此时抢夺激烈。要求独立行使指挥权的年轻巴伐利亚选侯马克西米利安·伊曼纽尔是想逐此位者之一；1685年7月成婚之后，他将成为哈布斯堡皇族一员。但格林的查理此时已是皇族一员，坚持最高统帅一职应由他担任，如若不然，他可能会退出这次东征。拥有统治权的巴登侯爵路德维希·威廉，是一个充满年轻活力的新竞争者，得到具影响力的叔叔赫曼——巴登侯爵暨哈布斯堡王朝作战会议主席——的强力支持。

还有一位实力强大的角逐者，坚信加尔文主义的布兰登堡统治者弗里德里希·威廉。这位大选候在三十年战争中战功赫赫，但1683年，任凭各方请求，都没出兵援助皇帝莱奥波德，如今则主动表示愿提供他训练精良的部队，参与这场

1. 身为日耳曼皇帝的莱奥波德很想完成这次征服行动，但西边法国的威胁让他芒刺在背，因为哈布斯堡王朝在低地国有利害关系。

新战争。他已老得无法亲自带兵，但仍要求给点回馈——以回报他的付出。但双方到1686年4月才签署协议，然后，八千名训练有素的普鲁士步兵、骑兵才投入匈牙利的战争。

哈布斯堡朝廷里，由洛林与皇帝的宗教顾问马可·达维亚诺为首的一派频频施压，要求立即出兵。1684年，漫长的联军筹组工作尚未完成之际，皇帝就下令攻打元气大伤的奥斯曼军队。约四万三千人的部队，集结于瓦阿格河河边的史卡利亚镇，目标是遥远的布达。5月20日，大军分成数支纵队开拔，沿多瑙河北岸经巴尔坎，再沿多瑙河南岸，向数公里外的奥斯曼要塞维舍格勒前进。这要塞位于多瑙河大弯最窄处的山丘顶上，距布达约五十公里，是抵达布达之前多瑙河南岸最后一个奥斯曼据点。6月15日，洛林在维舍格勒城外部署火炮，开始炮轰。两天后，守军仍不降，他发出最后通牒，只要开城门，交出护城城堡，就给他们生路，如果继续顽抗，“守军将全予赐死”。隔天，“维舍格勒的守军带着全部家当离开”，免去了一场浩劫。自此，一路到布达，畅通无阻。

联军充满自信，因为听说“佩斯与布达的守军只有八千，布达附近只有两三千鞑靼人。”弗洛里蒙·冯·梅尔西伯爵——1682年才投身哈布斯堡军队的洛林年轻人——在1684年的东征中，负责率领侦察队。他带回第一手的可靠消息，证实北至多瑙河，南至的拉瓦河之间的匈牙利境内，土耳其总兵力只一万七千人，没有部队从南方前来增援的迹象。但随着大军日益逼近布达，奥斯曼人的抵抗越来越强。步兵在一身黑盔甲的胸甲骑兵保护下往前挺近，突然遭遇一大群排成传统新月队形的土耳其骑兵。带着胸甲骑兵的将军哈利韦尔几乎不知所措，撤退时，他落马，“胸部中了一（标）枪。脸上挨了一箭”。更多重骑兵加入这场混战，支援受困的胸甲骑兵，赶走土耳其重骑兵，土耳其重骑兵带着奥地利俘虏退走。

穿越丘陵地区途中，这类疾迅如风的突袭骚扰越来越多，认为土耳其人无斗志或能力抵抗的想法迅即烟消云散。在佩斯城旁边的维岑瓦克遇到的奥斯曼野战部队，人数超过一万八，有火炮和步兵。奥斯曼人立即进攻，“扑向我们左翼，声势惊人而迅猛”。奥斯曼人一次次遭击退，仍一次次往前冲。联军拉上野战炮，朝庞大的土耳其部队连续齐发，才逼退他们。上千名土耳其士兵和军官战死，约略同样数目的人被俘。有位帕夏的尸体，“因极为肥胖”，引来多人围观；许多人还在纳闷怎么有马载得动他，更别提载他与敌厮杀。

这次东征并不容易。骑兵花费了许多时间替马找草料，因为哈布斯堡王朝的补给体系不如奥斯曼。此外，鞑靼人在野外毫无生存问题，通过四处寻觅食物才得以存活。这些哈布斯堡的觅食队伍成为土耳其袭击队轻易就能得手的猎物。每次两兵相遇时，联军只要能展现其火力和优越军事训练，他们就能赶跑敌人，但从未因此就高枕无忧。因为鞑靼人和土耳其重骑兵，第二天或当天晚上就会回来，攻击前进部队的边缘。土耳其步兵也能快速移动，当时有几份记录一再提及分遣队猝不及防碰上一大群土耳其人，随之被吞噬，然后，增援部队到来时，土耳其人迅即撤离。“土耳其人重整后，立即紧跟在后面，组成某种队形，狠狠扑向我们右翼。”

1684年夏，洛林非常乐观，他认为攻下布达的概率很大。他仍在等巴伐利亚部队前来会合，届时他的步兵、炮兵实力将大增，但即使没有他们，他还是决定开始攻城。这时候他有一条沿多瑙河到维也纳而通行无阻的补给线，他的工兵迅速复原了佩斯与布达两城之间横跨多瑙河的浮桥——奥斯曼人撤退时曾试图毁掉这些桥，但未果。最重要的是他有整个夏天的时间可以攻下此城，然后在天气变坏前回到冬季居住区。6月14日，大军越过新修复的浮桥，最后集结于布达城外。宽大的多瑙河，隔开北岸筑有城墙的佩斯城和南岸的要塞城市布达。

两城有天壤之别。佩斯位于河岸，地低势，周围有一道中世纪石墙环绕，布达城堡则居高临下，建在陡峭的岩质高地上，为山丘所环抱。这座筑有防御工事的大宫殿，坐落在高原上，可俯瞰多瑙河，以近乎垂直的峭壁和下方土地隔开，有堑壕、层层围绕的城墙、堡垒防护，固若金汤。它状似一根粗短棍，较细的握柄位于南段，最靠近多瑙河。但布达并非坚不可破，因为苏莱曼一世在1526年短时间占领过该城，夺走城中拿得走的财宝[1]。直到1541年，它才被永久占领，成为奥斯曼匈牙利的首府，土耳其语改称之为布丁。1603年，哈布斯堡王朝曾短暂攻打此城，但未能拿下这座高原上的要塞。

前一个夏天坚守维也纳，使奥斯曼人未能得手的鲁迪格·冯·史塔姆伯格，这时是洛林麾下的指挥官之一。他绝不让哈布斯堡王朝这次攻打布达时，犯去年土耳其攻打维也纳时所犯的错。他设置炮阵地，从四面八方炮轰该城，在该城的每一面挖掘坑道，在其中埋设地雷。但布达与维也纳大不相同，它比较像是个山寨。奥斯曼人任由匈牙利国王的王宫沦为废墟，却花大钱修筑该城的防御工事，建造生产火药、炮弹、火炮的工厂。1684年，该城城墙内存有六百八十四吨的火药。此外，与维也纳不同的是，布达有纵深的防御，在被围期间，守军能在防御工事构成的防线内，构筑强固的新防御工事。但哈布斯堡王朝和其盟军所面临的最大难题，是守军的兵力强大且斗志高昂。在维也纳攻防战期间，守方兵力（顶多）是攻方的五分之一，在布达，这比例则是将近一半，联军得时时提防随时可能来攻的奥斯曼强大野战

1. 据说苏莱曼一世的军队是用计攻下这座护城城堡的，在这之前，他们已击退欲从匈牙利人手中夺下这城堡的哈布斯堡军队。“但匈牙利邻邦日耳曼的国王，名叫斐迪南的不信我教者——可恶的异教徒，因一直与伊斯兰信徒交往且一直是报复心切的叛乱分子——想成为匈牙利国王。因此，他不信我教的兄弟的那些省份集结了一支大军，把火炮和武器搬到多瑙河上多不胜数的船上。可恶的佩伦伊（Perenyi），匈牙利上院议员之一，也加入他的阵营。借由这些力量，他入主匈牙利，围攻布达城。”

部队。这场东征在基本上就失算了，土耳其并未逃离匈牙利，也未失去斗志和信心。

17世纪时，有人创造了“eminence grise”一词，以反映灰袍[1]嘉布遣会[2]的告解神父对法国枢机主教黎希留的莫大影响力。但灰袍嘉布遣神父马可·达维亚诺，对皇帝莱奥波德的影响更大。在这之前，达维亚诺就投入大半生对抗土耳其人。十六岁时，他曾试图搭船到克里特岛，以和围攻坎迪亚要塞的土耳其人厮杀，以身相殉，结果未能搭到船。个人圣战事业受挫之后，他加入嘉布遣会，此后几十年间，以讲道和圣洁生活而闻名遐迩。1680年，他成为皇帝莱奥波德的宗教顾问，此后直至1699年达维亚诺去世，莱奥波德都将个人所遇到的许多信仰上和政治上的问题向他请教。他成为莱奥波德最信赖的顾问，布达城外的营地和壕沟里，常可见到神父达维亚诺的灰袍和剃光毛发的头。他不怕死，时时暴露于敌人炮火下；他不怕伤害，面临任何情况都冷静沉着，他成为部队里的传奇人物。他从营地写信告诉莱奥波德，他们能重重打击布达的土耳其人，“使他们陷入莫大的恐慌”。

他略懂战争之事，因为1683年解围维也纳之役，他在场；后来他跟着部队度过收复匈牙利运动的头几年。即使在临死之际，他还告诉莱奥波德如何继续圣战，打出满意的结果。从他们往来的书信，或许最能看出莱奥波德复杂纠结的心思。他曾吐露1683年7月逃离维也纳，置该城生死于不顾的内心不安，借此写下久压心头的愧疚，而吐露对象就是马可·达维亚诺。将维也纳解围消息写信告知皇帝者，还有1686年，用潦草而几不可辨的字迹，在纸片上写下在匈牙利胜利

1. 此一法语词的字面意思为“灰色袍服”，源自该神父的灰袍穿着，后用来比喻幕后掌权者或操纵者。

2. Capuchin，嘉布遣会原来是一个意大利修道会，始建于1525年。它的意大利语名称来自一种长而尖的蒙头斗篷，或称cappuccino，这个词又来自coppuccio，意为“风帽”，蒙头斗篷是这一派修士所穿衣服的一部分。

消息，告知皇帝的人是马可·达维亚诺：“荣耀归于上帝和玛利亚，布达已攻下……这真是来自上帝的奇迹。”

但达维亚诺总是心怀乐观，1684年漫长的夏、秋，却毫无奇迹出现。在居高临下的布达护城城堡下方，洛林部队不断炮轰、不断挖地道埋地雷、不断正面强攻，却总是无法完全牢牢掌控下城——他们的第一个目标。不久，大部分建筑成为废墟，烧到只剩空壳，无险可守。到了夜里，它成为双方战线之间的无人地带，护城城堡派出小队渗透到西方部队的战壕，有时还占领战壕。伤亡持续攀升，每周战死或受伤的军官，甚至上校和将领层级，有增无减。但围城行动还是一尺一尺往前推进，渐渐地，护城城堡的外围防御工事有某些部分被轰垮。发给维也纳的战情报告，仍一派乐观，但不敢掩饰无实质进展的事实。

洛林带兵敢冲敢打不怕死，但对于旷日持久的围城战，粮食、弹药的补给该如何安排，他几无所知或几无经验。最迫切的问题是让骑兵团保持战力，粮食、弹药的补给该如何安排。布达城西侧、南侧地区都有奥斯曼野战部队，这意味着得每天派兵出去巡逻，查探对方是否有进攻之意，而对方来攻时，胸甲骑兵和龙骑兵必须保持兵强马壮，随时可一战的状态。溯多瑙河而上到维也纳的补给线，靠一连串在上下游间穿梭的平底船运行，它们（大部分）运载火药和弹丸，有时由战舰护航。但要使部队得到充足的补给，河上的运输工具根本不足。布达城西、北、南边的道路附近，有奥斯曼人据点，鞑靼人和土耳其重骑兵从那些据点出来，四处巡游，伺机攻击往东走的补给车队，只有派重兵保护的车队才有机会安全通过。

随着攻城战的进行，奥斯曼人与西方人在挖掘坑道上的基本差异豁然清楚。8月9日星期四，围城部队在某小塔旁边引爆一枚地雷，就如日记里所记载的“它反炸向我们，所幸未造成太大伤害；土耳其人察觉到爆炸后，穿过旧墙的一个缺口，大举出击，声势吓人。这时双方都显得极为混乱，发射炮弹和滑膛枪弹，投掷手榴弹，但敌人最终蒙受颇大伤亡，不得不后撤。”这位日记作者，对此事件极尽溢美之能事，最后写道：“这枚地雷虽然安得不好，还是炸出几个还算便于躲藏的洞，我们决定守住这些洞。”苦战一天下来，毫无进展，星期四和星期五，部队休息。星期六，作战会议决定对该塔已变弱但未垮掉的部分发动正面强攻。“最后决定进攻那些缺口。我方步兵英勇开火，但大批敌人涌上前来反制，从塔上猛向我方丢掷石头、手榴弹、炸弹；我方奋战两个多小时，不得不撤退。”

同一天，在相邻的某段城墙，“在该镇一角”，另一枚地雷在守军防御工事下方爆炸，围城部队“打算在该地雷爆炸后，发动总攻；但这次只炸掉一小块城墙，炸药反炸向我们。这个意外，使我们无法执行预定的计划。大家普遍认为，有些逃兵会向敌人通风报信，就在昨天，我们才吊死了一名想溜走的骑兵”。

经过一个月的每日攻击，这份日记在此首次提到逃兵和接连两次无效的进攻。奥斯曼人其实正在强化他们饱受轰击的防御工事，在上城的旧防御工事后面，建造小堡垒和新土木工事。经过六个多星期的包围和炮轰，联军几乎未破坏奥斯曼人的防御。根据该日记，不幸的事继续发生。8月17日，土耳其人突袭围城部队，然后在夜里引爆两枚地雷，造成严重伤害。不知道史塔姆伯格看到布达围城战一直毫无进展，心里会有什么想法，但他肯定会想起眼前哈布斯堡王朝地雷的无效，想起一年前奥斯曼人无休无止挖掘的坑道和摆放得当的地雷，如何摧毁维也纳的防御工事。或许他还会想起土耳其人不知疲累为何物，想起猛向他部队进攻的那种战力。

9月9日，巴伐利亚部队终于全部抵达，士气大振。但选侯马克西米利安·伊曼纽尔进入营地才几分钟，就发生一件惨事，这意味着军官与士兵都可能碰上围城的危险。他刚下马，走向一旁与某些指挥官同僚打招呼，他的马夫牵着马，就在这时，奥斯曼人打来一枚炮弹，炸掉那马的后腿，血、骨、内脏四处飞溅，溅到了附近路德维希·威廉与萨尔姆斯公爵的帐篷上。这与马克西米利安·伊曼纽尔在之前那场维也纳解围战的经验大不相同。为庆祝维也纳突围一周年，他命令体力充沛而斗志高昂的部队发动大规模强攻，但未能得手。第二天，他派一名会讲土耳其语的下士持停战旗爬上那山丘，并献上一名前一次交手时虏获的土耳其人示好。下士带去“一份以土耳其文、拉丁文写成的招降令。土耳其人将他带去觐见布达的帕夏，帕夏静静地听他念完招降令，然后告诉这个下士，他没理由交出这座城，他的粮食与弹药都非常充足，他也不需要那名土耳其俘虏，然后赐给该下士十五枚杜卡特金币，回报他辛苦爬上山”。

同一晚，有名斥候带回消息，说有一支新土耳其部队在奥西耶克渡过德拉瓦河，正往北进，可能几天后就会到。那一晚，联军如火如荼备战，以迎接这一新威胁，但后来传回的报告将那支部队的兵力由四万改为一万五。巴伐利亚部队继续猛轰布达的防御工事，但在两军的战壕里“几无动静”。不过，随着9月渐渐过去，天气变坏，连绵的雨使布达周遭的战壕积满水。恶名昭彰的“匈牙利病”——普发于多、低地势地区的致命热病——开始蔓延，大批人失去战斗力，每天死掉数百人。就连巴伐利亚部队都失去斗志，作战日记上越来越常出现如下的记载：“10月7日周六，没有值得一记的东西”，或寥寥数语的“十一号周四，无事”。到了10月20日星期五，这份日记的作者只写道“无事”，然后，数天后，他写道：“我得了某种呕吐病。”但他仍记载了此后到10月结束，主要发生的事。“土耳其人每天小股出现在营地前，也出击了几次，其中一次，他们在该城入口处抓走我们一名坑道工兵，此外未带来大伤害。”

对围城部队来说，战局显然越来越不妙，有多少关于此情势的消息传到维也

强攻布达

纳，我们不得而知。数千人或战死或病死。1684年6月出征的部队，已有一半若非死亡、受伤，就是因病而失去战力忍受病痛的折磨，而该城仍如夏初一样强固。联军每次遭遇奥斯曼野战部队，都击败对方，但兵力上却渐渐转居下风。如果士气继续低落，每天都有人病死，联军随时有可能因为日益恶化的天气而被困在围城营地里，得在土耳其野战部队和布达上城守军的夹击下过冬。然后，去年奥斯曼人大批逃离维也纳的惨剧可能在联军身上重演，或者联军会饿死。

最后，洛林失去了掌控权。他想继续围城，不顾现实情势的危险。但11月初，哈布斯堡王朝作战会议主席巴登的赫曼来到营地，表面上来接替史塔姆伯格的指挥之职（这位维也纳的救星这时健康不佳），事实上是皇帝派他来查明真实情形。经过一连串激烈争执的作战会议，赫曼直截了当决定撤兵。攻城工事拆除，火炮拉回多瑙河北岸。11月29日，一队船载着火炮往上游驶去，隔天，全军开始往西移向埃斯泰尔戈姆。奥斯曼人沿途骚扰，但并不构成严重威胁。

谁向皇帝或作战会议示警，已不得而知，但最可能的人是巴登的路德维希·威廉或马克西米利安·伊曼纽尔，两人都没理由去保护对手洛林。但也有可能是马可·达维亚诺示的警。现仅存他于11月24日呈给皇帝的一份长篇报告，详细说明下一场仗该怎么打（报告中许多地方显露出相当不简单的军事专业知识）。1684年的几次失败可以归咎于傲慢和自满，联军相信奥斯曼的确已不再是军事强权。未能攻下布达，让他们认识到对手仍然很强。即使事先走遍该城，进行了战斗部署，最终击退了土耳其人，对方付出惨重伤亡，这个胜利仍得靠拼死拼活力战赢来。洛林在达维亚诺圣战热情的鼓舞下，想在这场圣战赢得全面胜利。但他直捣布达的举动，忽视了多瑙河北岸仍有新扎姆基之类尚未攻下的强大要塞，多瑙河南岸有一连串防守强固的奥斯曼城市。元气大伤的联军往西缓慢撤退时，任谁都看得出，若要再攻打布达，得有全然不同的策略。

部队留在多瑙河北岸的营舍过冬，众指挥官则返回维也纳。圣诞节前后召开了一连串公开与私下的会议。有些指挥官想趁土耳其人修复受损的防御工事之前，返回攻打布达。有些指挥官则认为，先前这次进攻太仓促，准备不足，兵力本身就不足以打赢。有些人颇为务实地主张，先用围城或强攻的方式拿下几个较小的土耳其要塞，再重启这一攻势比较好。然后，还有川西瓦尼亚境内叛军的问题，毕竟他们仍是严重的潜在威胁。这一担心并非杞人忧天。因为二十年后，1704年，威胁维也纳的不是奥斯曼军队，而是川西瓦尼亚亲王法拉西斯二世，科拉奇的库鲁奇（kuruc，指"皇家匈牙利"境内反哈布斯堡王朝统治的武装匈牙利叛军）袭击者。那次袭击以及大众一直对奥斯曼人可能再度来犯的担心，促使那时的哈布斯堡王朝作战会议主席欧根亲王，耗费巨资，命人兴建3.6米高的外层防御工事（利宁城墙），设计者是御用数学家约翰·雅各·马里诺尼。

这道城墙用土、石、木头防栅建成，呈一个弧形保护该城和其郊区，建造时把1683年被围的经验也纳入了考量。维也纳一直担心来自东方的威胁，1683年的胜利并未能化解这一忧心。哈布斯堡朝廷在计划如何收复匈牙利时，也在以最快的速度重建、修复该城在1683年受损的旧防御工事，并吸取被围的教训，重新部署并强化棱堡。到了1710年，维也纳的防御已经强化到前所未有的程度，比以往更能抵挡土耳其人的攻击。官方虽大肆宣传必胜的信心，但大众仍然感觉不安甚至忧惧。政府空洞、没完没了的乐观论调，掩盖住表象底下人民的忧虑和怀疑。民众的忧虑必须予以化解，哈布斯堡王朝必须继续在对抗土耳其人的圣战中扮演突出的角色。因此，东征不是战略选择的问题，而是不得不为的事。

1684~1685年冬拟出新策略，计划进行为时两季的战争。这时，1684年的鲁莽自大已消失，对打败奥斯曼人的困难，已有切合实际的了解。要在1686年前召集到攻下布达所需的兵力，是不可能的事，因为欲说动一些主要的日耳曼国家出兵所进行的协商不知何时才会有结果。1685年，最终定案的东征策略，比起前一年过度自信的遽然出兵，谨慎得多。大军将在巴尔坎附近集结，彻底扫除多瑙河北岸那些有奥斯曼人驻守的要塞，以填平维也纳防线的缺口。然后，一旦杜绝了奥斯曼人往西突袭奥地利的可能，联军全部兵力就可以在1686年集结于布达城外。1683年底失去巴尔坎之后，奥斯曼人在多瑙河北岸仍握有三处大据点。其中最具威胁者，乃是新扎姆基。它位于尼特拉河的河曲内，多瑙河畔科马诺护城城堡北方。更东边是新赫拉德地区的几座城堡，最东边是埃格尔的要塞。

洛林的查理在1685年6月13日率领部队抵达新扎姆基，当时联军已展开小规模围城。这一要塞是哈布斯堡王朝于1571年按照西欧最高标准兴建的，作为维也纳最强固的前沿防御，它抵抗过奥斯曼人多次进攻，但于1663年经历一场惨烈而漫长的围攻后失陷。奥斯曼人攻下新扎姆基一事，曾在北欧广为报道，被视为土耳其国力再度抬头的警讯。若能拿下该要塞，等于是昭告世人哈布斯堡王朝国力复振，为世人仍未忘记的那场大败讨回颜面。奥斯曼人抱持同样想法：苏丹命令匈牙利的指挥官死守那座要塞，战至最后一人也不投降。守军坚守到底，全部战死的围城战很少见。以1663年那场围城战来说，哈布斯堡王朝守军顽强抵抗，造成双方惨重伤亡，最后还是向土耳其人议降。“他们遣使觐见奥斯曼宰相，要求不失颜面的投降。”宰相“要他们只把火炮留在堡垒里，投降条件他们可以自拟。”1684年，洛林公爵以同样宽厚的投降条件对待奥斯曼的埃斯泰尔戈姆守军，放他们乘船到下游的布达。

攻下新扎姆基，标志着对待敌人的态度遽然转为冷酷。基督徒与穆斯林之间的战争，并非必然是至死方休的战争。发生在基督教世界边境的圣战，往往不如逊尼派穆斯林与什叶派穆斯林之间的战争，或天主教徒与新教徒之间的战争来得严酷，但在这场新扎姆基攻防战后，情形改观。攻城的基督教军队，目睹守军的暴行而愤慨不已。7月16日，他们眼睁睁地看着一名被俘的基督徒，“戴着脚镣”踉踉跄跄走出正遭联军炮轰的奥斯曼防线。“但三名土耳其人追上来，在壕沟里攻城者的众目睽睽之下，砍掉他的头。”但天谴立即就落在这些凶手头上：他们还未能返回防线，“其中两人就死在帝国部队的子弹下”。隔天，土耳其人将三四百颗砍下的基督徒的头颅，插在木防栅的尖桩上。这些都是虚张声势的举动：1683年，维也纳守军也曾剥去土耳其俘虏的皮，将血淋淋的皮挂在城墙上。象征性的野蛮行径，表明这场战役一直继续，即使只剩下一兵一卒，也不会罢休。7月22日，土耳其人将上了镣铐的基督徒奴隶带出来，修理遭帝国炮兵炸损的棱堡，洛林公爵修书“一封给帕夏，要他知道，如果虐待那些奴隶，等他攻下此地，他绝不会饶过守军，但帕夏对此毫无回应”。7月30日，大批围城部队拔营南移，以因应埃斯泰尔戈姆附近奥斯曼野战部队的威胁。新扎姆基的守军以为联军要放弃围城，于是提出交出城市和要塞的交换条件。洛林断然拒绝：他要强攻拿下该城，届时绝不会饶过守军。

埃斯泰尔哈吉伯爵带来两千名匈牙利人，联军兵力更强。8月19日破晓前，联军大举翻越崩毁的棱堡，进入城里。守军几无抵抗，不久，家家户户和未受损的防御工事纷纷竖起白旗。土耳其求饶遭拒。正如当时的记述所说：“土耳其人待在屋子里想保住性命，但第一波追查时，所有被查到的人全沦为刀下亡魂。”“所有”意味着男女老少。有一群土耳其人试图守住某棱堡，被联军团团包围时，他们跳入下方的水中，在水里“若非溺死，就是遭杀死”。该记述最后扼要说道：“土耳其付出重大代价才拿下的新霍伊塞尔，重入我们怀抱。”

在这期间，洛林统帅的骑兵已在埃斯泰尔戈姆城下击溃奥斯曼野战军，而在多瑙河北岸，奥斯曼守军得知新扎姆基的悲惨下场后，干脆弃守。在更南边，莱斯利将军猛攻位于西耶克的桥头堡，而在川西瓦尼亚的丘陵地区，舒尔茨将军和卡普拉拉将军化解了来自土耳其人之基督教盟军的威胁。由匈牙利伯爵特克伊统帅这支土耳其人盟军，作战不力、运气不佳的他，只能眼睁睁地看着他的称王美梦和川西瓦尼亚的独立美梦化为泡影。[1]奥斯曼人四面受敌，在东地中海受到威尼斯人攻击，在德涅斯特河沿岸有波兰人和哥萨克人来犯。神圣联盟的计划——从四面八方进逼土耳其人——渐渐实现。[2]

但攻下布达的最后一击，留待明年发动。最乐观者认为，土耳其人迟早会弃守退走，永不再涉足"基督教土地"。甚至，基督教联军有可能收复君士坦丁堡这个一直难以得手的都城，把基督教十字架插在圣智教堂上。但抱持这些想法者，不曾真正在战场上与奥斯曼人交过手。1685~1686年的那个冬天，结果似乎已然在望。皇帝的外交官终于和布兰登堡选侯达成初步意向，该选侯同意派其训练精良的部队投入战场对付奥斯曼人。这一协定直到1686年春才敲定，谈判过程几经波折，但终于使八千名步兵和骑兵往东北开拔，前往集结点，投入到1686年的战事。[3]

这一生力军的加入，很可能是最后得以攻下布达的关键因素之一。[4]但这时候的哈布斯堡王朝奥地利部队，训练和装备都优于维也纳刚解围之时。更多士兵的滑膛枪配备了刺刀，且他们受过使用刺刀的训练。此外，野猪矛经实战证明，抵御奥斯曼骑兵极有效，这时普遍配发给哈布斯堡王朝步兵。就连1684年时严重失灵的军需补给体系，这时也大为改善。但有个潜在问题仍未解决，那就是谁来真正掌控草草拼凑成的联军。当时撰写的史书，曾提及"洛林公爵方面""巴伐

1. 他因未全心全力支援奥斯曼阵营，被奥斯曼人抓走，戴上镣铐押到埃迪尔内。

2. 拉拢波斯国王加入反奥斯曼阵营，最后未成，但莱奥波德的特使曾努力游说波斯出兵攻打奥斯曼帝国的东界。

3. 皇帝莱奥波德割让西里西亚一小块地区，并赋予对方庞大补助，以拉拢对方出兵。

4. 根据广泛的军事情报，路易十四无疑这么认为。

利亚部队方面”和“布兰登堡盟国援军方面”，各有自己的将领和军官。定期召开的作战会议，意在制定方针，实行商定的策略，但由于每个人都想抢得荣耀，还有最重要的战利品，于是国家利益和个人利益往往被摆在第一位。

1689年的征战季开始前，皇帝莱奥波德派其掌玺官到巴尔坎附近的战营。6月10日，史特拉特曼伯爵在全员出席的作战会议上表示，他们的目标不只是布达，还有“消灭奥斯曼帝国”。如果拿下匈牙利首府布达，接着就能将匈牙利其他地方从土耳其人手中永远拿走。所有行动决不能偏离这一大目标，攻下布达的护城城堡，“将为在前一次围城时死于壕沟中的弟兄报仇”。6月12日，大军分成两路纵队出发，沿多瑙河而行，由骑兵打前锋。不断有船只经过他们顺流而下，船上满载“火炮、弹药、干草、生存所需的其他必需品”。较轻的船装载了数千个柳条篾筐，还有大量帐篷、医疗用品、食物、草秣、挖掘战壕的工具，以及1684年那一役欠缺的所有辎重。他们以稳定的速度前进，沿途未见敌人踪迹，但侦察兵抓获的土耳其人说，方圆数公里内的驻军全已退回布达。16日，大军已在距布达数小时行程的地方停下，工兵则用船架了浮桥，连接南北岸，步兵受命给篾筐装土。有两天时间，他们缓缓前进，沿途挖战壕，放置篾筐，建筑防御工事，将布达城团团围住，因此，（理论上）将完全切断布达与外界的联系。

布达的要塞有两个部分，彼此相通。上城（城堡）是个平坦的岩头露头，从河平面拔起将近六十米。匈牙利国王王宫原来就建在这里，但这些古建筑一大部分崩溃，这时用作补给站和射击位置。在上城最东段，峭壁几近垂直，往西则一路缓降。精心配制的一套纵深防御体系，再加上石墙和土墙后方构筑的一座座强固小堡垒，使这原本就易守难攻的地方，更加固若金汤。下城（水城）建在河岸与峭壁之间的高地上，保护城堡的城门和出击口。驻守的官员和其家人，有许多住在下城。1684年遭围城之后虽然下城城墙草草修复，但这些城墙是旧式防御工事，所以难敌炮轰。守军除了充足的粮食和饮用水，还有大量的火炮、火药、弹丸。

联军构筑围住上城、下城的战壕线时，偶有齐发的炮火从下城或护城城堡袭来，土耳其重骑兵成群冲出城门，都遭联军骑兵击退。有位被俘的土耳其禁卫军，将布达帕夏向全部守军发表的演说告诉审讯者。他说帕夏已下达（苏丹）要求守住布达“直至最后一滴血”的命令，“他本人决心奉行这命令……土耳其禁卫军和重骑兵则回应，他们愿为陛下，愿为守护他们的律法，牺牲性命。”但对这承诺，他们有严格背书。帕夏必须立刻发饷给每位军官士兵；必须释放城中监狱里的所有囚犯，不管其犯了什么罪；最重要的是，“他必须坚守到最后关头，以免他们的下场和新霍伊塞尔的守军一样悲惨”。这指的是1685年叫奥斯曼人惊骇的那场大屠城。这些要求，他全答应。这一协议意味着，不管会遭围多久，他们都愿为他们所已领到的钱，为他们的荣誉而战。要到已全然不可能有援军到来之时，他们才会放下武器。

6月21日，联军炮兵开始猛轰下城城墙。炮击精准而集中：两天后，就在外墙轰出第一个缺口。反击火力不大，有两天时间，联军以最重型火炮逐步扩大那个缺口，6月24日晚，巴伐利亚部队对外墙发动一波强攻，只遇到少许抵抗。他们穿过缺口，进入城里，发现空无一人，因为奥斯曼部队全已集中于上城。这场初期的胜利令联军大为振奋，协同攻击的技巧比两年前有效得多。此外，不再像前次攻城那样许多人死于战壕里。一队非正规军俘获了数艘趁着夜色往下游前往贝尔格莱德的船，船上有约九十名妇孺，包括帕夏的家眷和大量细软。

6月21日大举展开的围城，最终持续了七十四天，比三年前维也纳被围还要久，战况更为艰苦而激烈。1686年的联军，组织和指挥都比卡拉·穆斯塔法统帅的那支大军做得好。在布达，奥斯曼守军兵力少于史塔姆伯格在维也纳统帅的兵力，而且在那长长的石灰岩峭壁——城堡丘——和下城，他们遭遇来自四面八方的攻击，围城更有计划，更专业：联军从四面八方不断猛轰布达的上、下城。洛林手上有许多重炮，随着巴伐利亚部队占领俯瞰上城的圣盖勒特丘这块高地，6月24日起，洛林部队可以用迫击炮对下方城堡发动精准的毁灭性炮击[1]。联军虽一再强攻，奥斯曼阵地几乎仍是安稳如山。常有人说土耳其人的防守格外顽强，而在布达，他们针对通往上城的多岩地形，修正了传统战术。

联军几乎每天攻击城墙，土耳其人则迅即增援受攻击区域。他们会在既有的阵地后面，用防栅或野战防御工事构筑新防线。新防线一旦完成，与敌接触的奥斯曼前线部队会撤退；然后，得意的西方人会往前推进，结果遭到来自新防线精准的毁灭性火力的打击。训练有素的土耳其禁卫军往往会接着发动反击，炸毁联军后方的战壕线。实战证明，近身肉搏时，奥斯曼人的战法比西方人拘泥形式的战术有用。当时有份西方人的记述，试图掩饰这一状况：“我们无法攻破被围者在缺口后方所构筑的用栅栏保护的二线防御工事……我们的主要军官，遭遇敌人不断射击，不是受伤，就是死亡，因此，（我方）进攻部队作战虽英勇，还是撤退比较好。”就连小巧而发箭迅速的土耳其弓，都是比滑膛枪还厉害的武器。亲王欧根有只手被土耳其箭射穿，鲁迪格·冯·史塔姆伯格的侄子古多，有只脚挨了一颗滑膛枪弹，一边肩膀里有手榴弹碎片；还有许多来自欧洲各地的军官，在日复一日的肉搏战中，被马刀或穆斯林弯刀砍伤。

经过数星期的厮杀，情势渐渐显示，除非能说服奥斯曼人投降，最有希望的制胜之道，就是靠强攻拿下上城。唯一可行的进攻路线是穿过位于城堡丘北端尽头的大城门，而这个城门有一道大弧形的防御工事保护，防御最强[2]。土耳其人攻维也纳时，曾用挖地道并在其中埋设地雷的方式，破坏棱堡和三角堡，手法非常纯熟，但眼前，要用同样手法炸垮这城门，成功的概率极其渺茫。联军炮火虽造

1 .这是1848年后哈布斯堡王朝架起大炮威胁布达城民的地方。

2. 攻城日记记载，每天晚上，“受围者用篾筐和防栅，修补守护该城堡的城墙”。

成目标的部分损坏，但未足以将其摧毁。但那是瓦解奥斯曼防御的唯一途径，因此，正如卡拉·穆斯塔法倾注全力攻击维也纳皇宫旁那两座棱堡一样，联军对布达的攻击力道，也越来越集中于那座城门。

7月24日，巴伐利亚部队发出的迫击炮弹，有一枚正好引爆城里的火药库，炸死多达千名的土耳其人，但仍未取得决定性的进展，联军的伤亡与日俱增。火药库爆炸的隔天，洛林公爵派一人持停战旗进城招降。两小时后，那名特使带回用红丝绒包装的信。奥斯曼指挥官阿布杜拉赫曼·阿布迪帕夏在信中义正词严地说道，他绝不会做这么可耻懦弱的事，他是为了荣耀先知、光荣穆斯林而战；他和守军决心坚守到底，直到最后一口气；大人（苏丹穆罕默德四世）交予他掌管这块地，他要誓死守护。

洛林公爵平静地收下了信，命令炮兵加强炮轰。他似乎把这位帕夏视为一个军人，视为一个可敬的对手；毕竟那是他或史塔姆伯格出于类似处境下会表现出的不屈精神。自围城开始，战斗一直激烈，一直不停歇，但完全未出现围攻维也纳或新扎姆基时双方干出的那些象征性暴行——割俘虏的皮，把头插在防栅上。至这时为止，最惨无人道的事，就是洛林的部队在击退土耳其人后，从死在战壕里的土耳其禁卫军尸体上割下六十颗头颅，献给洛林。

到了1686年7月最后几天，围城已陷入停滞。谣言满天飞：据说有支奥斯曼大军已在奥西耶克渡过德拉瓦河，正往北进发，欲解布达之围。洛林开始保存自己部队的战力，在每日的进攻中用匈牙利志愿军为炮灰。7月27日的大规模强攻，出现许多可歌可泣的英勇事迹，特别是斗志旺盛之布达登堡部队的英勇表现，但这番奋战只取得少许进展，伤亡却超过三千。7月30日，洛林召开作战会议，因为他听闻奥斯曼人内部失和，许多奥斯曼人想投降。他又派一名特使前往山上。帕夏收信后，告知他得征求麾下军官的意见。他给洛林的答复，态度不如前一封信明确。“他既不能也不愿交出这个‘攸关奥斯曼帝国存亡’的地方，但如果他想握手言和，他们会把具有同样价值的城镇交到我们手里。”

看来双方都想找个不失颜面的办法，摆脱眼前的僵局。联军军官在上城受到奥斯曼人的殷勤款待；送到联军阵营充当人质的奥斯曼军官，在巴伐利亚营地也受到周全招待。帕夏清楚表示，他知道自己受困于城中，约定要来的援军尚未到来，但要他在没有合适条件下交出布达，他会被宰相砍头。洛林的特使通过翻译答道，他没有权力协商，但摆在眼前的事实是，如果再来一次伤亡惨重的强攻，届时“将领有没有办法压下士兵的怒火”（就很难说）……这场围攻的结局最后可能和围攻新霍伊塞尔一样悲惨。“也就是说，全部守军和所有城民都会被屠杀或沦为奴隶”。

双方的交谈到了什么程度，已不得而知，但攻下该城已成必然的结局，努力达成某种和解，就是正常的事。不到几小时，敌意再现。8月开始时仍无进展。洛林派人去搬援兵；有关有支奥斯曼援军正赶来的传闻，传得更加沸沸扬扬；双方继续以火炮对决。土耳其人虽然被炸掉一个火药库，但弹药似乎不缺。8月13日，奥斯曼援军的传闻得到证实：有约四万人正往北进发。奥斯曼人打算让援军一路打进上城，八千名鞑靼人则在同时扫荡方圆数公里的乡野，袭击联军的补给线。已有人在布达城旁边的丘陵上，见到部分鞑靼人的踪影。隔天，洛林公爵带着他的所有骑兵和部分步兵——调走围城部队里他大部分的手下——启程迎击奥斯曼援军。这个风险很大，因为如果他的敌人避开他，没有正面跟他交手，将可能成功增援布达。那么这次围城，将如1684年那次一样，最终以一败涂地收场。

不过，实际发生的事情正与此相反。洛林的胸甲骑兵堵到一部分奥斯曼骑兵，将其困住，大批土耳其骑兵和鞑靼人则与匈牙利非正规骑兵遭遇，后者使出奥斯曼人的老招，立即佯逃。奥斯曼人动身追击时，侧翼遭到洛林的骑兵压倒性的攻击。奥斯曼骑兵阵脚大乱，奥斯曼步兵随之遭联军无情砍杀。据围城日记所记载，土耳其人“如落入猎人网里的野兽遭到屠杀”。三千具土耳其人尸体躺在战场上，其余土耳其人全面撤退。这些人“大部分是土耳其禁卫军和精选的壮丁……曾发誓若未能冲进城里，就战死沙场”。这是天赐的大胜，洛林派“年轻的帕尔菲特伯爵将消息告知皇帝，将这次战斗夺来的二十八面旗帜放在他脚边。”洛林还把这次战斗夺来的其他战利品，展示在联军所攻下的各段防御工事，让上方的奥斯曼人得以清楚知悉，他们期盼已久的援军绝不会到来。但坐困愁城的守军反击更为凶猛，到了8月19日，洛林理解到他们“决心坚守，即使只剩最后一口气”。为解此城之围，奥斯曼宰相又发动一次更有力的进攻，终于有小股的土耳其人成功突破联军战线，打进城里。这少数几百人不足以扭转围城局面，但守军士气大涨，在墙头挂起胜利红旗。这一招只能得逞一次，接下来的几次进城行动，都遭击退并付出惨重伤亡。

联军几乎每天都俘获从布达城里欲带信给潜伏城外的奥斯曼军队的传令兵。洛林因此对上城内士气的低落了如指掌，并已在信中看到帕夏提及，再一次强攻，他就会守不住。但守军的抵抗丝毫未见减弱的迹象，联军的每次进攻都只取得少许的新优势。联军尝试了孤注一掷的办法。奥地利工兵制造出了奇妙武器。那是用木板制成的某种木桥，上有遮顶，下有轮子。步兵负责将这装置推向敌人防栅，然后将其抬起，往下砸向那些木桩，将木桩砸毁，最精锐的突击部队通过这座木桥，进入土耳其人的内防线。工人在木桥表面装上铁片，以防这中世纪风格的战争机器着火。但第一次上战场时，土耳其人就在墙头和壕沟浇上易燃液体——“沥青、焦油、硫黄、其他易燃物”——因此木桥全身着火，不一会儿就被烧成灰烬。8月30日，等待已久的联军增援终于抵达，包括五个步兵团和二十五个骑兵中队“全部精神抖擞且训练有素”。决定性的时刻来临了。

援军抵达那晚，洛林与选侯马克西米利安·伊曼纽尔等所有将领会商，一致同意在接下来的几天内强攻城堡，这是最佳的机会。但有些将领认为应得到维也纳的批准，而这将会延误时机。说来也巧，掌玺官史特拉特曼在同一天抵达，并携带着皇帝的密令。莱奥波德要求这场战争要有决定性的结果。这下，所有人达成共识。指挥官一致认为，布达城可以攻下；精力充沛而斗志高昂的援军抵达，带来优势。但他们认为出其不意是得手的关键，因此特地在营地里放出话，说大军将启程，全力去对付奥斯曼宰相，围城部队要抽走绝大部分的兵力。9月2日早上，联军营地里出现明确的异动迹象。骑兵马匹上鞍，准备上战场；步兵接受检阅，所有将领和野战军官聚集在各自队伍的最前头。这些紧锣密鼓的活动，城墙上方的奥斯曼人全看在眼里。但联军准备开拔进攻奥斯曼宰相军队时，突然接到“掉头”命令。不久大军就分成三路纵队，全体向那道弧形防御工事和后面那座城门移动。在这同时，所有火炮开始向布达城齐射。

第一波进攻对准土耳其人的前沿防线，遭击退；第二波进攻几乎就匍匐上前，也遭击退。但这时候联军士兵鼓起斗志，带着怒火与恨意，重回前线发狂猛攻。这一次，三支攻击纵队击溃顽强但寡不敌众的守军。他们往山上强力推进，攻向布达城。进攻者毫不留情，砍向、刺向每个活着的土耳其人。约一千名土耳其人躲在一个小城堡里自保，举出白旗请求饶命。联军进入城堡，开始砍杀这些未抵抗的土耳其人，最后洛林公爵和巴伐利亚选侯直接下令停止杀戮，要敌人缴械，杀红了眼的联军部队攻破城门，攻进上城。

布达帕夏在上城结束一生。“他在城墙缺口手持短弯刀勇猛自卫，不会后退，也不会求饶，宁愿英勇战死。”他曾经发誓“若不能保住这城，就要光荣地结束生命”。许多土耳其人跟着他一起战死：一开始守卫这城的一万三千人，最后只剩两千人活着。莱科特写道：“守军逐屋逐墙后退，从窗户和洞里，从各个方向开火，决心让敌人付出最大的代价，才交出他们的房子和性命……神圣罗马帝国的拥护者成为城市的主人之后，发动极为可怕的屠杀，见人就杀，杀红眼后，连妇孺都没放过。”屠城的情景，我们今天仍可见到。有一幅为洛林公爵而绘的小油画，现藏于茵斯布鲁克的霍夫堡，画中画着上城的主广场。画上注明日期：1686年9月6日。广场上，人体横陈，有男有女，有的还活着，有的已经死去。还有妇女用身体护住自己小孩，其中一名妇女被士兵粗暴地扯下衣服，那个妇人竭力遮住私处。其他的土耳其人一脸惊骇地围观着，手掩着嘴，数队士兵押走已经缴械的土耳其禁卫军，要将他们关起来，发配为奴。画中看不到高阶军官。后来，洛林的孝顺儿子请人制作了一组挂毯，颂扬父亲的军事功绩，其中有张挂毯上的织锦画，就是根据这幅小得多的油画制成的。但在织锦书版本里，那些遭凌虐的裸身妇女消失，换上了一脸严肃巡查现场的洛林和其麾下指挥官。

这场胜利的背后含义，当时人一眼即看出。收复布达的日子——9月2日——正是苏莱曼一世在1541年攻陷它的日子，意义重大。还有些巧合出现，君士坦丁堡是在1453年由穆罕默德二世拿下。这时，有人“发现”一古老的土耳其俗语，说道“另一个穆罕默德在位时，他会被夺回。”维也纳、布达两场奇迹似的胜利，意味着世上没有不可能之事。诚如那部围城日记的作者最后所写：“我们（这时）有理由期盼完成更光荣、更浩大的征服，以推动‘上帝的大业’，提升奥地利皇室的威望，抚慰在异教徒的专制暴政下的许许多多基督教徒。”但那只不过是开始：基督教可能征服、一统全世界；伊斯兰教本身可能衰落，不久会有“无数蛮族重新投入真正的‘上帝教会’的怀抱。”解救维也纳与收复布达这双重奇迹，说不定预示着，将会有一项超乎过去所有圣战所曾取得的伟大成果，在最神圣的哈布斯堡王朝主导下实现。那将是一场全面的胜利。

第三部

玫瑰飘香和紫杉扶疏的时令经历的时间一样短长。一个没有历史的
民族不能从时间中得到拯救，
因为历史向来是由一个个没有时间性的瞬间构成。

——艾略特《小吉丁》

第十一章

英雄辈出的时代

格拉茨市海伦街十六号，堂堂皇皇的巴洛克式建筑后面，坐落着该市的军械库。它始建于1642年，于1644年建成，象征着施蒂里亚地区在反土耳其人战争中扮演的中心角色，里面藏有矛、剑、全套盔甲、马具、手枪、滑膛枪、火炮，共计八万五千多件[1]。危险时期，格拉茨市民和周遭的壮丁会排队领取武器；有些人可能当过兵或佣兵，有作战经验，但大部分人是市民和农庄男孩，前来履行保卫家园的义务。这一模式在许多地方如法炮制，但规模没那么大。哈布斯堡王朝的领地从未有优秀的军事传统，该王朝依赖地方体制，雇用佣兵，或鼓励个人自行招募非正规部队（并自行负担开销）。这是临时性的安

1. 这是1629年馆藏清册上的总数，后来馆藏继续增加，达到十万件以上，光是1683年，就收进一百套胸甲。

排，与奥斯曼人的军事国家迥异。这座军械库说明了这座富裕城市的实力，但也说明了奥地利从事征战时的特色。奥地利籍历史学家迈克尔·霍赫德林格，描述这一“过时的大国”时，说得相当精辟：“它虽拥有堂皇的巴洛克外表，但可能有更多地方只不过是错觉，比如那个靠泥塑的双脚立着的巨像，存亡始终在旦夕之间。”

“骗人的外表和欺人的错觉”尖锐地点出了哈布斯堡王朝的特色，这两者是得过且过传统的固有特质。但有时，外在情势会使这一昏昏欲睡的身体突然振奋起来。那三重震撼——维也纳被围、维也纳奇迹般解围、收复布达——就是这样的外在情势。哈布斯堡体制，在胜利与成功的刺激下，在国际舞台上大展身手，直到那股冲劲衰退为止，长达三十余年。

哈布斯堡王朝许久没尝过胜利的滋味：从16世纪初期起，他们大多是用巧妙的宣传，将失败说成胜利。1593~1606年奥斯曼与哈布斯堡两个王朝，进行了一场没完没了、无关大局的“长战”，而在官方宣传下，这场“长战”变得像是一场胜利，失败被粉饰隐藏，成功则遭夸大。但1683~1699年的第二场“长战”，是一场前所未有的真正胜利。这之后的1716~1718年间，又出现短暂的战争。第二场“长战”期间，哈布斯堡王朝成功收复匈牙利，收回被苏莱曼一世纳入伊斯兰势力范围的所有土地。在十六年间，莱奥波德一世的军队和他儿子约瑟夫一世（1705~1711）、查理六世（1711~1739）的军队，几乎把奥斯曼帝国自1521年以后所攻占的土地全数收回。只有贝尔格莱德仍争而未决，在奥斯曼哈布斯堡两王朝之间几度易手。1704~1713年的西班牙王位继承战中，哈布斯堡王朝军队连战皆捷，联军将领——马尔伯勒公爵和帝国指挥官萨伏依的欧根亲王——挫败欧洲兵力最强的法国军队。

打败土耳其人，不只是哈布斯堡王朝的胜利，也是法国以外基督教欧洲许多地方的胜利[1]。1684年3月5日，教皇英诺森十一世已发起一新的神圣联盟，打算打一场直到取得最后胜利才罢手的战争，而加入联盟的各方，均不可自行与奥斯曼人谈和。就连莫斯科大公国的沙皇也受邀加入。这一联盟决意立即采取联合行动——哈布斯堡王朝出兵匈牙利，波兰人出兵德涅斯特河以北地区，威尼斯人出兵亚得里亚海、地中海、希腊。这一战略构想——从四面八方压迫奥斯曼帝国——使土耳其人受到决定性压力。攻下布达之后的十年间，基督教世界频频出兵，在战场上取得一连串不凡胜利。如今把奥地利历史上这段战争时期称作“英雄辈出的时代”，名列英雄者包括洛林的查理、“土耳其路易”（即巴登的路德维希·威廉）、古多·冯·史塔姆伯格（鲁迪格的侄子）、弗洛里蒙·德·梅尔西，以及已在东方战场打出名号，后来在西班牙王位继承战争期间，在西欧与法国军队交手的战斗中，战绩同样斐然的其他许多人。在这时代之后，除了瘦但结实的萨伏依亲王欧根之外——他堪称是这个“英雄辈出时代”最伟大的英雄——其他人全变老变胖，相继去世或退休，因此奥地利的灿灿光芒也随之黯淡。在这时代，有一连六场奇迹似的胜利，当时的人们可以如连珠炮般一下子背出来。第一场胜利，当然是波兰国王约翰·索别斯基所领导的解救维也纳之役。第二场是洛林的查理在1686年攻下布达，让奥斯曼老帕夏战死在城门边。第三场是1687年的哈尔萨尼之役，又被称作“第二次莫哈奇之役”，是洛林的查理戎马一生的最大成就，让1526年苏莱曼一世在莫哈奇消灭旧匈牙利王国的耻辱，终得洗刷。第四场胜利是巴伐利亚选侯马克西米利安·伊曼纽尔在1688年攻下贝尔格莱德这个

1. 1708年8月18日的英国《每日新闻》报上，刊有推销亲王欧根肖像的广告。“今天出版了亲王欧根的祈祷文，有精巧刻在铜凹版画上的欧根画像。祈祷文精美印在大幅单面印刷品上，适合装框，挂在每户家里。这份祈祷文，思想深邃，绝无仅有，已受到所有国家的赞赏，并译成所有语言，理当收藏保存，让以后的世世代代同享这位作者的不朽光辉。价格三便士。（伦敦）Stationer's-Hall附近的J.Morphew贩售。”

兵家必争之地，只可惜，第二年，该地又被土耳其人夺回。第五场是“土耳其路易”在1691年的斯兰卡门之役消灭土耳其军队。第六场胜利是1697年萨伏依亲王欧根在森塔大败苏丹穆斯塔法，苏丹仓皇逃离战场，蒂萨河上布满奥斯曼人尸体。经过多达十四次战斗，双方终于达成和解，1699年，在贝尔格莱德附近卡洛维茨镇旁的小亭里，双方签署了合约。

这些胜利是在有限资源下赢得的，因而更显不凡。在西侧对法国重新用兵，使哈布斯堡王朝这时和奥斯曼人一样陷入两面作战。1691年8月19日，在贝尔格莱德北方约六十五公里处的斯兰卡门，巴登的路德维希·威廉只有两万兵力，对方则是由法齐尔·穆斯塔法帕夏（又一位活力十足的科普律吕家族成员）领军，兵力强得多的奥斯曼军队。“土耳其路易”能赢，有一部分得归因于奥斯曼人作战所不可或缺的鞑靼部队仍在南下途中，未能前来助阵，还有一部分是因为他那人数居于劣势但身经百战的部队，能精准而有效地回应他的指挥。但最重要的或许是幸运之神的眷顾。一颗流弹不偏不倚打死奥斯曼统帅，其部队立即瓦解，丢下所有火炮，甚至丢下供应全军作战开销的金钱，掉头逃向安全的贝尔格莱德。若同样的意外发生在“土耳其路易”身上，他因此死在战场，他的部队也不会分崩离析。因为届时会有别的高阶军官接下兵符继续战斗，同时计划撤兵事宜。这是奥斯曼军事体制的固有弱点：奥斯曼军队若没了头领，就等于是一群乌合之众。但当哈布斯堡王朝军队的人数变少（大部分因病而死），缺人、缺粮食、缺钱，士气很快会低落，有位英格兰人说，奥西耶克那座桥的守军，“看上去个个像死人”。

哈布斯堡王朝于1697年结束其对法战争后，维也纳慢慢将更多资源投入东方，帝国作战会议同意让亲王欧根（哈布斯堡王朝历史上唯一用兵如神的指挥官），返回匈牙利前线。皇帝莱奥波德不失其一贯作风，在任命他时提醒他道，“行事要极谨慎……避开所有风险，且避免与敌交手，除非有优势兵力，且有百分之八十把握打赢。”1697年7月结束时，欧根抵达哈布斯堡王朝部队的新集结点，位于贝尔格莱德更上游处，多瑙河畔的彼得瓦尔丁（今彼得罗瓦拉丁）旧要塞。他的部队（名义上）有三万名奥地利、萨克森、布兰登堡的步、骑兵，但其中许多不适合作战。不到一个月，他就拟好扫荡多瑙河东岸广大地区，最北及于川西瓦尼亚的计划，并重新振奋了部队的士气。他担心部队未领到薪饷会出大乱子，于是他自己借钱发薪饷。他要求带上相当于五万人部队所需的弹药、口粮、装备。他派体能状况最好的兵到北边对付匈牙利叛军，并专注于改造参与的士兵。不久，维也纳、布达之间开始有船只穿梭往返，船上满载补给。这来得非常及时。

8月18日，苏丹穆斯塔法三世从贝尔格莱德率领一支奥斯曼军队，约八万人，横渡多瑙河，往北前往蒂萨河——川西瓦尼亚之前最后一道主要的河川障碍——从那里往西，有路通往布拉迪斯拉发，最后抵达维也纳。欧根的军事情报做得很好，他的侦察兵一直尾随奥斯曼军队。苏丹缓缓北进时，欧根要其部队从彼得罗瓦拉丁南移，渡过蒂萨河，沿着东岸往上游走。他已从北方召回其部队，在蒂萨河畔会师后，他的兵力达到约五万人。奥斯曼人完全不知敌人的行踪，大概认为欧根已转移，以躲开他们不停的进逼。

这时候，不管是哪里的军队，渡河仍是危险的调动，特别是军队有一半在此岸，一半在彼岸时。奥斯曼人经历过多次惨不忍睹的败仗，其中有多次（例如1664年的圣哥达之役）吃败仗的原因就在于此。但奥斯曼军队抵达蒂萨河畔的森塔时，苏丹下令严防敌人来袭。搭浮桥时，土耳其禁卫军挖战壕以保护渡河点，甚至立起防栅，用铁链将两轮兽拉车连在一块，构成野战防御工事，其做法大异于从前。9月11日早上，骑兵和炮兵开始移动时，奥斯曼步兵在野战防御工事后面各就各位，摆出准备射击的姿势，严密注意敌人的行踪。那是渡河时的标准防御作为，这显示奥斯曼人能从先前的挫败中吸取教训。如果欧根遵照皇帝谨慎行事的指示，特别是敌众我寡时，那么这些土耳其人大概会安全过河。但一旦土耳其人过了河，欧根就未必能阻止土耳其人的前进。

他采取了一个极度冒险的方法。9月11日大清早，欧根的翼骑兵抓到一名奥斯曼帕夏。欧根威胁这位帕夏：说出苏丹和其军队的位置，不然就等着被砍死。帕夏犹豫不决，欧根叫他的克罗埃西手下抽出剑，将土耳其俘虏大卸八块。这些克罗地亚人转而要对帕夏下手时，帕夏说出欧根想知道的事情。苏丹位于森塔，他的火炮和辎重位于对岸，但大部分步兵仍未过河。欧根立即带着翼骑兵，先行全速驰往，步兵和野战炮兵则急行军到森塔与他会和。欧根和轻骑兵在下午三点左右抵达，主力部队几小时后赶到。剩不到三小时就要天黑了，奥斯曼人仍未全部渡河，仍未摆脱危险。

哈布斯堡王朝部队出其不意突然出现，吓坏了奥斯曼人。谁来发号施令？苏丹、宰相分在河的两岸。叫他们更为吃惊的是，欧根未采取他们眼中西方部队一贯的做法——缓慢调动——而是采用一典型的奥斯曼战术。天色渐暗时，哈布斯堡王朝部队，将骑兵作为左右翼，步兵当作中军，对敌人驻守的桥头堡发动直接的全面进攻，将桥头堡团团围住。欧根未留下预备队，因为他靠的是战况最激烈时能将部队在战场上四处调动的能力。不久，敌人防御圈开始出现弱点，在某些地方，土耳其禁卫军开始撤出防线，撤向桥那边。接着欧根从战线不同地方抽出一部分胸甲骑兵和龙骑兵，将他们重组成密集的战术队形，攻打土耳其防线上开始出现裂隙的地方。在大部分地方，土耳其禁卫军坚守不退，欧根因此要其部队将他们困住即可，但对于防线出现裂隙的地方，则要求毫不留情地挤压。激战于黄昏中继续进行，欧根与身边的传令兵，在奥斯曼防线中央的战场附近，在越来越暗的光线中观察战局的变化。

暮色降临时，土耳其人的防御圈瓦解。哈布斯堡王朝骑兵大肆砍杀在桥四周乱窜的万名惊吓过度的奥斯曼人，龙骑兵和步兵则开枪将他们一个个撂倒，直到天暗得看不见目标为止，然后他们向着乱成一团的土耳其人齐射。主要战斗结束后才抵达的炮兵，狂轰滥炸那些未死的土耳其人。隔天早上，整个战场就像是人间地狱：河岸上土耳其人尸体横陈，已开始腐烂，他们或是被马刀杀死，或是被滑膛枪弹或炮弹打得肢体不全。河正处于低水位，流动缓慢，河的两岸之间布满土耳其人的尸体，有些与浮桥碎片纠结在一起，有些被轻缓的水流推挤在一块，成为一簇簇交织的浮尸。据说有两万人在河岸被杀害，可能有一万人溺死于河中。欧根的军队则有三百人战死。他们终于过河到对岸时，发现苏丹与奥斯曼骑兵已逃往泰梅什堡（今蒂米什瓦拉），留下九千辆载运辎重的二轮车、六千头骆驼、一万五千头牛。此外还有奥斯曼人丢下的作战钱箱，里面有三百万“皮阿斯特”（金钱的单位）。

森塔之役胜利之后，欧根带领配备有轻型火炮的六千骑兵，南袭波斯尼亚，洗劫了萨拉热窝，带着“大量土耳其布、许多土耳其女人……”返回萨瓦河北岸。1698年，双方都有言和之意，最后，终于在贝尔格莱德附近的卡洛维茨签署协议（非停战协定）。在这条约中，奥斯曼人被迫割让许多土地，但保住他们在1689年从哈布斯堡王朝手中收回的贝尔格莱德。

“收复失土”的行动，要到1716~1718年那场决战打过之后，才真正结束。1715年，奥斯曼人出兵，收复了在“神圣联盟”如日中天时，被威尼斯人夺去的希腊土地。哈布斯堡王朝出兵援助其威尼斯盟友，1716年7月，过度自信的奥斯曼宰相希拉赫达尔·阿里帕夏，再度在贝尔格莱德集结军队，出兵攻打哈布斯堡王朝。他将森塔之役惨败的记忆抛到九霄云外，结果当然很惨。土耳其人在卡洛维茨附近，看到1699年签约的地点后，渡过多瑙河，然后往北迅速推进，抵达彼得罗瓦拉丁，开始围攻该地新建好的要塞。他们所面对的将领又是亲王欧根，他熟悉当地地形，土耳其人则不然。这座要塞俯瞰多瑙河岸的平坦之地，矗立在纵横交错的溪河水道网之中。1716年8月5日，率兵来援的欧根，将奥斯曼宰相的大军困在严密防守的要塞外，使其腹背受敌。若非欧根就在附近，可即时来援，这座要塞大概会不保，因为土耳其禁卫军已攻下外围防御工事。但一如森塔之役，奥斯曼人不知欧根的行踪，欧根率兵来袭，叫他们猝不及防。

奥斯曼宰相处于难以防守的位置，前后遭彼得罗瓦拉丁守军和欧根复仇军队的夹击。在森塔，欧根逼得土耳其人退入河中溺死，这一次他则用一波波骑兵、无情炮火和滑膛枪火力，摧毁他们。战斗结束后，在堆积如山的奥斯曼人尸堆下，发现锡拉赫达尔·阿里的尸体。这一仗十分的惨烈，河里堆积着无数的尸体。亲身经历过这一战役的人，依然清晰地记得那场突如其来的夏季雪暴，茫茫大地和士兵融为一体，只看见一个纯白的世界。奥地利部队里开始流传圣母玛利亚为了保护他们，撒下了保护物的传说。后来，人们在泰基耶建了一座朝圣教堂，供奉白雪圣母，现在，每年的8月5日，当地人依旧会聚在一起狂欢，纪念这场胜利。

但不管是战场上那一连串胜利，还是1699年《卡洛维茨和约》，或是欧根于1717年夺回贝尔格莱德之后，1718年签署的《帕萨罗维茨条约》，都未能让“欧洲争夺战”画下句点。《帕萨罗维茨条约》签署之后，奥斯曼与哈布斯堡王朝的边界，不在位于距维也纳数日路程的地方，而是在多瑙河和萨瓦河，接近奥斯曼帝国欧洲地区的巴尔干心脏地带。这时贝尔格莱德就坐落在边境。1683年时，哈布斯堡王朝得时时提防奥斯曼人来犯，如今形势大变，换成奥斯曼人受到哈布斯堡王朝强化边境要塞的严重威胁。但哈布斯堡王朝显得较不安。他们有时把奥斯曼人视为不堪一击的敌人，认为奥斯曼人经过一次次的挫败，对于哈布斯堡的宏伟大业——欲建立远及伊斯坦布尔的大业——不构成实质障碍。有些时候，他们又认为土耳其人是致命的威胁，永远准备侵占匈牙利，甚至入侵奥地利诸省。没有人真的认为维也纳被围之事会再上演，但鞑靼人带来新恐怖，绝对是有可能的。

因此，维也纳政府花费巨资，在匈牙利南部和穿越克罗地亚的边境沿线，建造了极复杂的边境防御体系。作战会议的逻辑很简单：除非有纵深防御，有军队驻守边境，有庞大预备部队，否则难保1683年被围困的事不会重演。1699年时，哈布斯堡王朝已开始在贝尔格莱德上游八十公里处，多瑙河畔的彼得罗瓦拉丁，建造要塞，该要塞比贝尔格莱德的护城城堡庞大得多。彼得罗瓦拉丁的旧要塞，将是他们防御体系的关键。这座要塞于1687年被联军攻下，然后，亲王欧根那两场大捷，都以此为基地。庞大的新要塞建筑群于1692年开始动工，1760年才完工，外号“多瑙河上的直布罗陀”。这座要塞的建造，说明了哈布斯堡王朝认为他们的主要威胁来自南方的奥斯曼人。不过事实并非如此。

扼守北侵路线者，不只彼得罗瓦拉丁，还有位于萨瓦河、德拉瓦河之间，1712~1721年间建成的一排新要塞，18世纪70年代建成的布罗德，以及靠近亚得里亚海岸的卡尔洛瓦茨。这些沿着南部边境布设的庞大防御工事，花费颇多，消耗了大量军事预算。在这浩大计划的背后，有一诡异现象。到了18世纪中叶时，严重威胁奥地利的敌人已全在西方；但这时奥地利已没钱在抵御法国或腓特烈二世与其普鲁士军队入侵的战略要地建造防御工事，迈克尔·霍赫德林格指出一无法答复的问题：“18世纪下半叶，普鲁士一直是奥地利的最大敌人。失去西里西亚之后，保住波西米亚变得至关重要。”但除了强化摩拉维亚境内奥洛穆茨的防御，奥地利对这方面的投入相对较少。但在这同时，南疆的要塞建设工程，正紧锣密鼓地进行。奥地利认为“强化与奥斯曼帝国交界地区的较大型要塞，是必要之务。”

那么，为何针对较不迫切的威胁建造这些复杂的防御工事，是奥地利的“必要之务”？原因在于那威胁或许并不存在，但无疑存在于人们心中。如20世纪第一次世界大战之后那道马其诺防线，彼得罗瓦拉丁让奥地利安心，防范噩梦上身，经过维也纳被围之役后，奥地利人更加惧怕土耳其人。奥地利诸省被鞑靼人蹂躏已久，鞑靼马蹄几乎深入到施泰尔——有人估计已有多达十万人被杀或被抓去当奴隶。当时制作的一张地图，详细地呈现了遭焚毁的村子的情境：大地上布满这些小象征。整个社会生活结构被摧毁，大部分地区档案和土地资料在鞑靼人的大规模劫掠中付之一炬。虽已经过三代，那时期的记忆仍然十分深刻，依旧让人感受到切身之痛。在更南边的施蒂里亚境内和与克罗地亚交界的地区，土耳其人确确实实就在近旁。

签署《帕萨罗维茨条约》时，哈布斯堡王朝已彻底掌握了对东方式战争的对应之道。在东方要存活，步、骑兵就必须合作无间：一时疏忽，土耳其人就会如闪电般奔来，直捣那处弱点。缓慢、稳重、笨拙的西式战法，在这里不管用。但哈布斯堡王朝新军队得应付在东西方作战的需求，且东西方地形全然不同，作战方式也大不相同。有位于17世纪80年代服役的高阶军官，扼要地说明了在东方的战争：

他说的这个战术非常高超，因为帝国军队排成紧密队形，坚定服从指挥，让土耳其人犹如碰上铜墙铁壁。这一战法是蒙帖库科利将军所创，通过这种战法，他碰上兵力远大于己方的土耳其人时，仍占上风。根据他遗留的一份给皇帝的珍贵手稿，可以看出他是从经验和深思熟虑中构思出这个战法的。他的接班人洛林公爵，学到这些观念，并运用到实践中，取得了斐然的成就，因此，与土耳其人交手许多次，他都获胜。

胸甲骑兵中队排成紧密一排，缓缓推进。除非已极接近（敌人），否则不准开枪。土耳其人无法打破骑兵中队紧密的横排队形，他们的锐利马刀也就无法发挥威力，这意味着一旦横排队形瓦解，骑兵中队立即会遭到四面八方的攻击。但由于撞上坚不可破、坚定不移的帝国部队，土耳其人只能撤退，自认打输。以这种方式，一万人的帝国团队可顶住数万名土耳其人。这听来或许不可能，但从以往的经验，已证实确实如此。

在西方，战争过程可预料；在东方，则不然。奥地利最终要其步兵与土耳其禁卫军对抗时，一定要瞄准目标持续不断地开火，而非采用已渐成西方作战准则的齐射方式，因为齐射一有中断，就给了奥斯曼靠近的机会。若近身肉搏，土耳其人拥有绝对优势。同样，在大军前方侦察敌情，摸清捉摸不定的奥斯曼人行踪，成为翼骑兵和其他轻骑兵的首要任务。这种新战法，是数十年实战经验的总结，有时由军官写下，以手写稿的方式传阅。而且这种新战法渐渐成为新式战争的核心。

克里斯多夫·杜菲是钻研18世纪战争的历史学家，对哈布斯堡帝国和俄罗斯尤其有深入的研究，他称这种新式战争是“处于较野蛮边陲地区的战争”。17和18世纪的西方战争，或许会装出某种程度的文明样，但在东方边境地区，则完全把文明抛在脑后。割人皮、把人钉在尖桩上，无穷无尽随心所欲的暴行，双方都已司空见惯，而这些行为全是为了恐吓敌人或激怒敌人。有时的确吓到并激怒了敌人，但通常只招来以牙还牙的报复。“较野蛮边陲地区战争”的节奏和凶残催生出另一种作战心态，那种心态比较类似于21世纪“特种部队”的作战心态，而不像受规则约束的传统军事战术下的作战心态。

杜菲描述了二十一岁的莫里斯·德·萨克斯——日后成为极善带兵打仗的名将——在1717年8月16日，欧根攻打贝尔格莱德的战役中所学到的教训。当时萨克斯在山丘上，看着不远处独立部署的两个奥地利步兵营：“我看见那两个步兵营举起滑膛枪瞄准，对着二十步外来犯的一大群土耳其人一起开火。齐射和接下来的混乱，几乎同时发生。那两个步兵营没时间逃，所有人在三十或四十步纵深的一块地方被砍死。”他首次目睹奥斯曼人攻击的骇人情景，并算了土耳其禁卫军死于齐射的人数：只有三十具土耳其人尸体，但奥地利人死了一大堆。凡是在东方打仗的人，这些是每天要面对的危险。奥斯曼人是比任何欧洲人更危险、更快速、更致命的敌人。

“收复匈牙利”运动的编年史里，记载了许多这类不在计划内的残暴行径。“我爬上缺口，一名土耳其禁卫军持马刀砍来，我一刀刺穿他的身体；上一场仗里手部挨了一弹，这次右脸颊又中了一箭，没有比这更光荣或更血腥的事。恐怖与可笑汇聚在一起，世所罕见。[1]”对接下来的几代人来说，这些硬汉似乎体现了英勇彪悍的作战精神，是死战到底的“不折不扣的高贵骑士”，亲王欧根正是个中典范。1719年有首很受欢迎的歌谣，歌名为《高贵的骑士，亲王欧根》，以拉丁语和日耳曼语描述了他在1717年攻下贝尔格莱德的故事。那是哈布斯堡王朝所要推崇、歌颂、奖赏的那种英勇，那是哈布斯堡王朝所深信的，他们的军队继承到的武德，从其与土耳其人战斗的英勇行为中衍生出的武德。

如果，土耳其战争正好在1718年（哈布斯堡王朝如日中天那年）签署《帕萨罗维茨条约》后结束，那么有关奥斯曼国力日渐衰落的传统认定，将被证明是对的。但土耳其战争并未在那时结束。还有两场战争爆发，摧毁了那一代哈布斯堡英雄连连大捷所激发出的乐观自信。1737~1739年攻打奥斯曼人的那场侵略战争，1788~1791年的那场防卫战争，大概是哈布斯堡王朝史上最没意义、最愚蠢的两场战争。事后来看，这两场战争都思虑不周，只为满足外交考量而打，主事的哈布

1. 这段话名为亲王欧根所写，实则出自德利涅笔下。贝尔格莱德城墙缺口这场战斗，或许是“欧根”主导，但关心遭强征入伍之犹太人的遭遇，则是不折不扣的“德利涅作风”，他在这之前已为犹太人的法律权利和保障写过文章，而欧根对此议题毫无兴趣。

斯堡王朝官员昧于军事现实。1737年战争开打时，哈布斯堡王朝无比乐观，举行了盛大的出征仪式。

7月14日，浩浩荡荡一行人，包括宗教修会代表、法官、外交使节、朝臣、皇帝本人，从霍夫堡宫曲曲折折走到圣史蒂芬大教堂，向维也纳市民宣布战争已开打。所有人聚集在大教堂大门前，聆听宣战声明和敕令。根据敕令，城内各教堂会在每天早上七点敲钟，每个人不管在哪里，不管正在做什么，都要跪下来，祈求上帝保佑皇帝的军队。

这场战争，就只有这个部分按照计划进行。

整个漫长的边境沿线，不急不促，兵力不够，到1737年8月下旬，仍不见作战计划的踪影。奥地利人攻打土耳其人的维丁要塞，行动拖沓——若进攻迅速，当能攻下——而挺进波斯尼亚境内攻取巴尼亚卢卡镇的部队，碰上奥斯曼大军，不得不迅速撤至萨瓦河对岸，留下九百二十二名士兵和六十六名军官的尸体在战场上。这一年以失败收场，着实让奥地利人颜面无存。这次出征唯一重大的成就，是攻下位于通往伊斯坦布尔之路线上的战略要地尼什镇。该镇帕夏一看到奥地利军队出现就举旗投降。在维也纳，夺下尼什这样的名城，则被视为大胜，人们认为这正证明了奥斯曼人确已失去过去的斗志。

但1737年10月，一大群土耳其重骑兵来到尼什城外，先锋告知该城指挥官，奥斯曼宰相艾哈迈德·科普律吕已率其所有部队，在攻来的路上。指挥官道萨特将军自持兵力不足，援兵无望，于是科普律吕来到城外时，他就主动表示愿献城，以换取他和他部队安全前往奥地利营地的通行许可。1737年7月，土耳其守军放弃该城时，表现出来的似乎也正是这种不战而降的怯懦。消息传回维也纳后，群情激愤：经过军法速审，为贝尔格莱德设计、建造了庞大新防御工事的道萨特遭斩首，以示惩戒。

道萨特不是最后一位受惩的军官。到1738年这场尼什镇战争结束时，高阶指挥官不是已被撤职，就是被停职，或被报纸文章冷嘲热讽。蛊惑人心的政客问道："新的欧根在哪里？"维也纳群众的愤怒日益高涨。老亲王欧根已死将近两年，接替人仍不明朗。战地最高指挥官陆军元帅塞肯多夫被召回软禁，等待军法审判。他是新教徒，神父佩克哈特在圣史蒂芬大教堂的讲道坛上公开说道："由异教徒将军统帅天主教军队，只会侮辱上帝，使天主教陛下的军队得不到他的祝福。"为消除疑虑，证明哈布斯堡王朝仍把自己的天主教徒身份看得最为重要，皇帝任命驸马爷，洛林的法兰西斯·史蒂芬，担任1738年作战季的名义统帅，他随之启程前往南部边境。这项任命最初未能"赢得民心"，后来传出年轻的洛林"在枪林弹雨中冷静下达命令"，才有所改观。这时，朝廷称誉他是欧根在世（不可能的事），是1683年拯救维也纳之洛林公爵查理五世不折不扣的孙子。

不久，接替塞肯多夫出任最高指挥官的伯爵科尼希塞格，也显得懦弱，他下令战略性撤退，以避开与奥斯曼人开战；他的高阶军官反对，要求追击敌人，如亲王欧根处于同样情况下所会做的一样。皇帝认定他那没有经验的驸马爷军事履历更佳，更有能力领军得胜，于是要他总管兵符。法兰西斯·史蒂芬识时务称病返回维也纳，于是兵符复归科尼西塞格，法兰西斯·史蒂芬和妻子玛利亚·特蕾莎被送到托斯卡尼公国过田园生活，心情大悦。在这期间，皇帝"事事不顺心……极度激动不安，内心苦楚于'我帝国的前途会跟着欧根去世而完蛋？'"他继续寻找具有大无畏特质的指挥官。用过所有看起来可用的人选之后，他最后选择了陆军元帅乔治·奥利佛·瓦利斯。爱尔兰裔的瓦利斯家族效力于哈布斯堡王朝已久，长久以来拥护流亡在外的英王詹姆斯二世。瓦利斯曾在欧根麾下打过1697年的森塔之役、1716年彼得罗瓦拉丁之役、1716年攻下蒂米什瓦拉之役，以及1718年占领贝尔格莱德之役。在这之前，他一直未得到重用，因为他不是个好相处的部下：执拗、专横、暴躁。他在戎马生涯的晚期，认识到应带几分谨慎行事，但他的第一本能是攻击，如果查理六世想要找个欧根型的战将，上了年纪的瓦利斯大概是最好的人选。

1739年7月中旬，接掌兵符不久的瓦利斯，已来到贝尔格莱德，和扎营在该地的三万奥地利部队会合。斥候向他报告，奥斯曼宰相的军队正从东边逼来：奥斯曼的先遣部队位于多瑙河畔的小镇格罗茨卡，距奥地利营地只数小时行程。有位暂调到奥地利指挥部任职的苏格兰籍英国军官，生动记述了接下来事情的发展。这位年轻苏格兰贵族是第二十任克劳福伯爵约翰·林赛，他曾以志愿军身份跟随亲王欧根打过欧根在西方的最后一场战役，1737年加入东方军打这场奥土战争，最后为格罗茨卡这场惨烈的战役，留下精彩的手稿记录。诚如克劳福所述，瓦利斯的军队有一部分仍在多瑙河北岸，由奈佩格将军统帅，幕僚建议瓦利斯等这一万五千兵力抵达再开战。瓦利斯派人通知奈佩格，要他在通往格罗茨卡的路上会合，随即连夜带兵出发，欲夺下据称只有少数土耳其人据守的该村。一旦得手，他就可以在他选定的地方等候奥斯曼宰相。从地势上来说，从贝尔格莱德穿过低矮丘陵，道路良好，行走容易，但过了格罗茨卡，地势就渐渐变高。

快到格罗茨卡时，道路变窄，进入隘谷，随之豁然开朗，进入平原，再往前即是这个河畔村子。道路出村后往南，通往更高的地方。瓦利斯知道速度是成败关键，因此他率骑兵——大部分是胸甲骑兵和龙骑兵，加上一些翼骑兵——迅速推进，派他们穿过隘谷，占领下方地区，赶走占据该地的土耳其人。他们由伯爵帕尔菲的胸甲骑兵打头阵，冲出隘谷，开始往下疾驰，进入格罗茨卡前方较开阔的地区。天刚露出曙光，他们隐约看到下方有一大群人，然后从前方和道路两侧突然传来刺耳的开火声。他们仍占有居高临下的优势，但情势清楚显示，那不只是奥斯曼的先遣部队。事实上，全部奥斯曼大军已在山丘上和下方山谷里就位，完全掌控了奥地利骑兵前方的道路。土耳其人第一波齐射，许多人中弹，或死或伤，地上横七竖八躺着已死或垂死的人和马。

克劳福伯爵是伤者之一。他熬过了这场战斗，但腹股沟中弹，伤势严重，十年后，这疼痛化脓的伤口要了他的命。在这十年期间，他奋力撰述，为这场战役及其接下来的发展留下生动的记录。

从拂晓到早上十点左右，靠着卡宾枪和来自后方部队的火力支援，他们顶住土耳其禁卫军的进攻。正午时，步兵抵达，十八个连的掷弹兵顶着枪林弹雨强行冲入隘谷，将他们解救。早上，奥斯曼宰相已下令部队上到奥地利骑兵受困的山头，以便包围敌军，从正上方往他们的临时阵地开枪。在隘谷另一头，统率步兵的陆军元帅希尔伯格豪森命部队强攻那些山头，击退土耳其人。野战炮被拉上山坡，他们开始与对面山坡上的奥斯曼炮兵对决。战斗持续了一整个白天，越来越多的奥地利人穿过隘谷，奥斯曼人的致命火力则未停歇。夜色降临时，奥斯曼宰相井然有序地撤回部队，除了伤兵的叫声，战场上一片静寂。这场战斗伤亡惊人：从天亮到天黑，奥地利一方就死了两千两百二十二人，伤两千四百九十二人，损失了瓦利斯兵力的一成以上。帕尔菲的胸甲骑兵损失将近一半，包括大部分军官。即使过了一年，那里仍像是个死人谷，有位旅人写道："今时今日，十步以内必定会踩到层层堆叠的尸骸，那些尸骸只糜烂一半，许多还穿着制服。断手断脚的尸体、帽子、马鞍、子弹带、靴子、清洗器具和其他骑兵装备，散落一地。每一样都埋在林下植物里，在周边的乡村，农民拿颅骨当稻草人：许多颅骨被戴上帽子，有一个甚至戴了假发。"瓦利斯麾下的高阶军官，有一部分建议对敌紧追不舍，但他担心再中埋伏：奥斯曼人在格罗茨卡设陷阱让他跳入，他吃了大亏，他不想重蹈覆辙。

因此，在第三个作战季，因为恐惧，奥地利军队一直按兵不动，最后还是以不幸收场，奥地利在1717年拿下的贝尔格莱德，这时已成为了一个美好的城市，对说德语的人来说确实如此，而其他人并不是这样想的；倒霉的道萨特生前已为这个城市修筑了很高明的防御工事。但它将在混乱的战局中，被献给土耳其人。奥斯曼宰相在营中与奈佩格谈判，说奥斯曼人一定会攻下此城，想要保住性命，最好是马上敞开城门，投降迎接。奈佩格最后还是同意了，他提出了一个条件，即把《帕萨罗维茨条约》后教皇与全欧天主教徒出资兴建的该城防御工事拆除，以免其落入异教徒之手。宰相爽快答应，只要求先让他的土耳其禁卫军占领护城城堡的城门和城墙。

奈佩格是奥地利派出的全权谈判代表，但他谈出这协议后，维也纳朝廷更加大力寻找代罪羔羊。两人被召回，押入大牢，审判庭最终给瓦利斯扣上四十九项罪名，给奈佩格扣上三十一项。后者因签约割让贝尔格莱德，犯下“世上未有”的大罪。两人就要走上和道萨特一样的命运，但1740年10月皇帝查理六世突然驾崩，救了他们。他二十三岁的女儿，奥地利女大公玛利亚·特蕾莎想结束这场灾难，于是下令停止调查，赦免已遭惩罚之人。她恢复他们的官阶和特权，甚至补发他们损失的薪水。

哈布斯堡王朝的威信，甚至存亡，这时系于它新塑造的英勇传统和战场上的胜败。它经不起在战场上再遭奥斯曼人羞辱，毕竟奥斯曼是它最弱的敌人。该王朝决心不再犯过往的错误，约翰·格尔奥格·布朗在其五卷手写稿中（现藏于维也纳战争档案馆）简明记述了那些错误。因此，1788年与奥斯曼人再动干戈（最后一轮交手）时，皇帝约瑟夫二世御驾亲征。自1535年查理五世亲征突尼斯以来，哈布斯堡王朝终于又有统治者这样做。不幸的是，这次仍犯下半个世纪前那场战争的许多错误，甚至还冒出一些新错误。从某个角度来说，这无法避免，因为基本难题仍在。军中青年才俊之士不足：多的是想以战场上的血气之勇赢得

“玛利亚·特蕾莎勋位”的军官，而且规划者、军师、军事工程师不足。1788年南征的这支军队，可能是哈布斯堡王朝历来派去与土耳其人作战的军队中，装备、训练最好的一支，但还是有数千人未见到敌人就病死于途中。

这场战争的情况未如实呈现于民众眼前，而是经精心净化后才公诸大众。战争期间，极受欢迎的维也纳艺术家约翰·希罗尼穆斯·勒申科尔，推出一组蚀刻版画，用图画的形式呈现了著名出版品《战争日历》。他在版画中讥讽土耳其人的无能，把他们刻画成完全无法吸收欧式战法的一群人，也呈现奥斯曼军队的衰弱，有意让人以为奥斯曼军队里老头子居多。这位艺术家通过迎合大众喜好而名利双收，而报喜不报忧无疑正是维也纳人所做的。奥地利人一直被灌输以“英雄辈出时代”的种种胜利故事，在那个时代，靠着基督徒的勇气、进取、本事，奥地利始终能打败东方的游牧民。好在，历史最终抹除了这位艺术家的虚构迷障。

虽然事事都未如计划所愿，但还是有个满意的结局：陆军元帅劳东在1789年9月夺回了贝尔格莱德。他在炮轰前对全军讲的话，几乎就是亲王欧根所讲过的话的翻版：“这里是我们未能取胜就得成仁的地方。我绝不会后退。”经过一番猛烈炮轰——至当时为止，战场上最猛烈的炮轰——贝尔格莱德投降。劳东的炮兵指挥官德利涅，发动十六小时不间断的齐射式攻击，炮击之猛烈把土耳其人吓得乖乖投降。奥斯曼指挥官奥斯曼帕夏致函劳东：“阁下，您的大名叫我们的人害怕；您的火力将岩石劈为两半；您的炮弹叫我的士兵在街上魂飞魄散。我必须呈上我绝望守军的恳求。”这最后一仗完全照欧根的方式打：绝不留情，直到得胜为止。但事后证明，那只是徒劳。在尼克波利斯附近多瑙河畔的锡斯托瓦镇签约缔合之后，贝尔格莱德依照条约归还苏丹塞利姆二世。他还没来得及看到和平就去世，和约由他兄弟莱奥波德二世接位后匆匆签订。如他们的母亲玛利亚·特蕾莎，他上任后迅即与前任皇帝的蠢行划清界限。

第十二章

迷思取代历史

“英雄辈出的时代”是刻意创造出的传统，斧凿痕迹鲜明，这一传统始于17世纪90年代，最早创造出这传统的人就是那些英雄本人。洛林的查理和亲王欧根是这一传统的核心人物；我们可以看到对他们的迷思如何被创造出来，如何传播出去，如何历久不衰。洛林所扮演的英雄典范角色不如曾追随他的晚辈欧根鲜明有力，但他创造了这角色的原型。洛林开始其匈牙利战役时，就带了一名战争艺术家随行（此人姓名不详）。在这点上，他只是在效仿皇帝查理五世，后者于1535年率兵远征突尼斯时，就带了画家扬·佛默伦同行；佛默伦听指示作画，他所重现的那些围城场景，最后化身为一组华丽气派的挂毯，现藏于维也纳的艺术史博物馆。在17世纪，法王路易十四通过设立戈布兰工厂，进一步将挂毯发展成宣传文化的有力工具；1699年，他送了一组气派的挂毯给皇帝莱奥波德一世，整组挂毯取名为《亚历山大大帝的征服事迹》。这份大礼背后的用意，不言自明。

这种颂扬自身成就的做法是否出自洛林的查理本人，我们不得而知，但他的孝顺儿子洛林公爵莱奥波德，在1709~1718年，出资在南锡制作了十九张一组的挂毯。这些挂毯全面呈现了他父亲的戎马生涯，以解放布拉迪斯拉发之役为始。这城在联军集结以拯救维也纳之前，遭匈牙利叛军和奥斯曼人夺走。有张挂毯描绘解救维也纳，八张刻画最终拿下布达的那场战役，最后一张呈现洛林将川西瓦尼亚交还皇帝莱奥波德的场景。这些挂毯以洛林本人认可的人像为基础，以他本人委制的一组画作为蓝本。但从那些油画到这些挂毯，内容更动颇大，那些油画提供了得自观察的原始资料，这些挂毯则是精细得多的叙事画。在每个场景里，洛林公爵都被摆在舞台中央，即使在原油画中他并不在那位置。

军队指挥官可能会写作战日记，日记中合适的资料，有时被不同作家、印刷业者抄录下来后出版。这些资料称得上是官方的战争史，任何作家或艺术家若偏离那官方历史，很可能会招来麻烦。作者和出版商最大化地利用了这些内容。《洛林公爵的政治军事评论》就是以洛林留下的资料片段为材料，其中提到史特拉特曼参与“收复失土”的经历，就是在1684年与1686年，他为了把皇帝的亲笔信带给前线将领，前往巴尔坎、布达参加作战会议。前面约一百页与最后部分，也就是“军事评论”的部分读起来的感觉不同。或许史特拉特曼在统兵作战的细节之外加进一些东西，使该书更显庄严高尚。这本书后来还被译成了其他语言，并定期重印；最后一版问世于1760年，洛林去世的七十年后。第一版于1699年问世时，哈布斯堡王朝军队没有印刷版的作战教学手册，洛林的军事评论正填补了这一空白。

洛林与亲王欧根的见解，往往大同小异。年纪较大的洛林撰写时，口吻颇似这亲王：“军人应有敢于正视危险的勇气，军人应有不是胜利就是战死的决心。”洛林的军事评论，放诸百代而皆准，不只适用于他那个时代。他写道，指挥官在必要时必须严厉，但绝不要成为只知要求他人遵守规定的军官：“（部下的）小错可以放过，但对所有人绝对要公平。”洛林把自己比喻为父亲：“一个自认为暗地里偏爱某个小孩，但很聪明地不表露出那份偏爱的家长——鼓励所有小孩，不让那个小孩心生怨念。”陆军元帅，他所熟悉的角色，“逃不过嫉妒与责备，因而那是荣耀与烦恼多过满意的职位”。

对于共同的敌人——“喜欢乱砍、杀人、在无辜者的血泊中打滚的”土耳其人——他这样说道：“鄙视敌人之前，要先了解敌人……不怕敌人者，不知何为战争。”洛林是个冲动的骑兵将军，带兵打仗时总是带头冲，因此，可想而知，谈到骑兵作战时，他的精神一下子就来了。“劫掠乡野靠马，骚扰乡野靠袭击。只要与马有关的，都离不开危险或困难。”让敌人畏惧的是马背上的人。真正让土耳其人畏惧的马背上人，仍是身形矮小的亲王欧根。

洛林公爵查理五世，四十七岁就去世了。他未像欧根那么幸运地活到七十几岁，因而没有充裕时间和大量财富来美化自己的形象，让其完美呈现给后人。如洛林一样，欧根雇了一名名叫扬·胡赫腾堡的艺术家，在1708年和1709年时跟随他征战。他画了许多画，最后画出一组十一幅同样大小的画，欧根大为满意，他认为它们真切地呈现了他的戎马生涯。这组画所描绘的，包括他与土耳其人的那些大战，还有他在西班牙王位继承战争中于西方取得的胜迹[1]。胡赫腾堡是为一专横、坚决的客户作画，这些画想必正是他所希望画的。

画是欧根的最爱；他的藏画全都是红皮装帧，并用镀金饰章。他决定将这位艺术家的作品集合成一部高品质的书籍，于是他请法国作家尚·狄蒙执笔撰文，

1. 马克斯·布劳巴赫（Max Braubach）在其为欧洲所写的传记中，提到在施洛斯霍夫乡间邸宅，特别收藏有一组意在确保其身后名声的画作。布劳巴赫未道出画家的名字，但那些画无疑是出自胡赫腾堡之手。

由他本人出资出书，并将胡赫腾堡的画作转制为雕版画，作为书中插画。狄蒙和胡赫腾堡联手打造了一部传记杰作，而我们知道欧根本人参与了此书的制作，至少在结构的规划上，在大部分附加资料、地图、平面图的选取上是如此。但欧根未留下任何文件，因此他参与到何种程度，将如他的私生活的许多细节一样，永远无法查明。

狄蒙和胡赫腾堡拟好132页正文，然后胡赫腾堡亲自雕制所有整版插图版画。1725年此书以对开本形式在海牙出版，书名为《最尊贵的萨伏伊亲王欧根，在匈牙利、意大利、日耳曼等低地国，战胜信仰上的敌人和皇帝、帝国之敌人的诸多战役》。今日看来，那是一个很怪的出版品，在当时也定是如此。亲王欧根还采取行动，让他的民间地位和文化地位广为人知。他委请年轻艺术家萨罗蒙·克莱纳绘制“观景宫”（欧根在维也纳建造的巴洛克式宫殿建筑群）和他动物园的整版插图。这些插图是该豪宅的设计图，在插图旁边，呈现了该豪宅里的生活情景：一辆四轮大马车抵达停车门廊时，一只猎犬跑下气派的楼梯，有等待主人接见的权贵访客，还有四处走来走去的仆人。偶尔可见到亲王本人，身形瘦小的他，戴着“金羊毛勋位”项圈（哈布斯堡王朝颁予个人的崇高骑士勋章），在接见室接待奥斯曼使节（帕夏与土耳其禁卫军），或者独自一人站在他的藏书室里，站姿相当拘谨，或者会出现在他的私人书廊里。

但不管书中有没有他的身影，他的个性烙印在每张版画上。这位亲王把维也纳的凡尔赛观景宫打造得比皇帝的任何皇宫还要气派堂皇。如萨罗蒙·克莱纳在书名页上对其赞助人的形容，欧根是“无与伦比的英雄”。亲王很喜欢自己养的动物，克莱纳则为亲王的动物园绘制对开图，集结成薄而有趣的一本画册。通过画册中的雕版画，可以看出，观景宫是整个人类社会的缩影，天地万物被带进了欧根的生活圈，从鹦鹉、猩猩、猴子，到野猫与非洲狐，甚至是一脸严酷的狮子和健壮的野牛，还有来自西西里岛、印度、匈牙利的雕，以及数量可观的绵羊和山羊都涵盖其中，种类繁多。这些动物或在观景宫庭园里林立的雕像与植物间徜徉，或在那些雕像、植物上攀爬。这些画册于1731~1734年在奥格斯堡出版，他死后又重印。欧根甚至打算以胡赫腾堡的雕版画为蓝本，制作一组挂毯，正如为马尔伯勒公爵所制造的，现仍挂在莱尼姆府邸墙上那十张“胜利”挂毯。欧根的战场功绩，最后未以此方式传世不朽，原因不详。

通过狄蒙与胡赫腾堡的作品，亲王欧根的形象得到重新包装，在18世纪与19世纪普遍传播到欧洲各地。这些作品有法语版、英语版、德语版问世，并有兼纳欧洲其他名将的特殊版本出版。有位名叫鲁赛的伙伴，在狄蒙死后继续出版了新版本，使欧根成为万能的欧洲英雄。在哈布斯堡王朝，从18世纪到20世纪，他一直是最伟大的民族英雄，是民族一统的象征。

“英雄辈出的时代”对哈布斯堡帝国此后的整体历史影响甚大。它推崇英勇行为和攻击精神，而把较平实、较乏味的军事技艺摆在其次；欧根在波兰王位继承战争（1733~1738）中乏善可陈，被归咎于年老和健康不佳。正如那首歌谣所说，他仍是“高贵骑士”，是勇猛的化身。1740年哈布斯堡帝国遭普鲁士攻击，被用兵如神的腓特烈二世和其骁勇善战的军队打得无招架之力时，社会各阶层都认为哈布斯堡帝国需要新英雄，需要欧根之流的人物。

1757年，奥地利女大公暨匈牙利女王玛利亚·泰蕾莎[1]下令设立新的骑士勋位，以纪念奥地利在科林出人意料地击败了普鲁士入侵者所取得的胜利，这明显是在宣扬“英雄辈出时代”所体现的奥地利英雄传统，使人民对英勇精神的渴望得到官方的支持。打赢科林一役的是陆军元帅莱奥波德·冯·道恩，奥地利尽忠职守传统的象征。至莱奥波德·冯·道恩为止，道恩家族已一连三代

1. 她不愿加冕为皇后，因而从未成为女皇，她丈夫登帝位的加冕仪式，她也未参加。

在哈布斯堡王朝担任陆军元帅；他击溃此前所向无敌的腓特烈二世——奥地利的新死敌——为接连败北的哈布斯堡王朝讨回颜面。第一位获颁玛利亚·特蕾莎勋位大十字勋章者，就是道恩。只有哈布斯堡王朝金羊毛勋位，比这更为尊荣。玛利亚·特蕾莎军事勋位的设立，旨在奖励过人的大无畏表现，只颁予有显著英勇战功者。赢得这勋位的军官，人生与前途随之而改观，能跻身奥地利更高的社会阶层。但极看重英勇表现，导致年轻军官一心只想着在这方面得到青睐，而忽视了其他方面。[1]

但他们该以谁为榜样？1809年，拿破仑威胁消灭奥地利帝国时，帝国人民想起他们的民族英雄。《亲王欧根传：以其亲笔手稿为本》首度问世，十分畅销。这本书颇有蹊跷。欧根未留任何自传、个人书信，生前对其个人生活只字未提。他的友人和仰慕者也不可思议的谨慎，至死都未泄露欧根的秘密。这让哈布斯堡王朝陆军元帅德利涅亲王查理约瑟夫，大为头疼。崇拜欧根的他，决心替欧根立传，以弥补欧根生前疏于提供的个人生平。亲王欧根的短片《传记》于1809年在威玛首度问世。欧根生平事迹重见天日的过程，叫人费解，但最初没有人质疑其真伪。

这本书极为畅销，在日耳曼、法国、美国印刷出版，在英格兰以英语版、法语版印刷问世，重印了许多次。突然间，亲王欧根以专横、傲慢、不怕死的勇者形象，重现于世人眼前。但德利涅为何写这本书？他说，他从小就把欧根视为偶像。这本传记出版时，他已74岁，戎马生涯已结束。生前最后十年，德利涅看着奥地利军队接连打败仗，看到那位“高贵骑士”辛苦得到的教训，在奥地利“得过且过”的旧习下被冷落或遗忘，于是他将心目中的英雄赋予生命，重现于人间。萨伏依亲王欧根成为类似日耳曼神话中的沉

1. 当时，那是欧洲境内唯一专为奖赏战功而设立的勋位。普鲁士勋位的颁予对象，既有军官，也有平民，直到1810年才规定只颁予军人。

睡英雄、查理曼大帝、“红胡子”腓特烈大帝一般的人物，在一个又一个世纪里耐心蛰伏，等危难时刻奋起拯救民族。德利涅重新唤醒逝去的英雄，以拯救哈布斯堡王朝。[1]

我们可以看出欧根的象征性身份在几个世纪间有哪些转折。18和19世纪时，他忠心耿耿于哈布斯堡王朝，拥护帝国。最后他成为不朽的典范。1878年，皇帝弗朗茨·约瑟夫将霍夫堡宫莱奥波德房（围城期间遭奥斯曼炮火严重炸损的部分）与拆除旧城墙而新建的环城大道之间的空地，指定为英雄广场。这广场以两尊已存放仓库十年的青铜马巨像为中心来设计。其中一尊巨像，是欧根驾着扬起后蹄奔驰的骏马，巨像的底座周边，铭刻了他历来打过的胜仗。这些胜仗并未完全按照时间顺序来排列。底座正面刻有打败土耳其人那几场胜仗的名称，而没有他打败法国的战绩[2]。20世

1. 他也向其大女儿及知己克莉丝汀吐露同样想法：“我觉得我似乎已让亲王说出（1809年）为保卫维也纳我们本应做的事。”

2. 奥地利历史学家彼得·史塔赫尔（Peter Stachel），描述了“亲王欧根”如何被塑造成非宗教性的国家守护神和想象的祖国守护灵。第一次世界大战和哈布斯堡王朝覆灭之后，这位毫无日耳曼血统的意大利亲王，突然成为日耳曼的民族英雄。1932年起，奥地利法西斯分子进一步在教育上推动“爱国”运动。民谣“贵族的骑士，亲王欧根”（*Prinz Euger,der Ritter*）出现在许多学校的歌本上，而在1938年遭纳粹接管之前，支持教权主义的奥地利法西斯政权，一直将宣扬亲王欧根视为施政重点之一。1935年新通行的小学初级识字读本，以A（可想而知的）代表Ausrty（奥地利），以C代表Christianity（基督教），学校教导孩童：“奥地利是个基督教国家”。E则代表Prinz Eugen（亲王欧根），H是“为祖国打仗，牺牲性命”的heroes of the homeland（祖国英雄）；V代表“被我们如热爱父母般热爱”的Volk und Vaterland（人民与国家）。但这些东西，并不是在同一时期仇恨犹太人的思想架构下设计出来的，他们全是针对敌人土耳其而设计的。1935年新推出的中学课程，导入一新主题：祖国研究。它为课程提出如下受认可的基本思想：“奥地利是欧洲天主教文化的支柱之一”，“奥地利是对抗土耳其的堡垒”。较年长的孩童被灌输：哈布斯堡王朝覆灭后的奥地利是旧帝国在东方使命的承继者，奥地利一直在捍卫基督教世界，使其免遭土耳其人的迫害，且将文明带给东方。在奥地利教育界的主要刊物*Die osterreicbiscbe Scbule*上，有位投稿者写道，谁都不该忘记1683年发生的大事，学童当然也是。那一年，“奥地利、维也纳、施蒂里亚抵抗土耳其人……坚定不屈，（因此）西方诸民族保住命脉，存活至今。”甚至1938年遭德国人接管后，亲王欧根仍极受推崇。1938年出版的《德国奥地利地区书》（*Book of the German Ostmark*），颂扬“亲王欧根的日耳曼胜利”。

纪30年代初期，“胜利之王”欧根也成为奥地利法西斯主义者的象征，然后在1938年后遭纳粹据为己用。他身不由己为邪恶理想服务，但捱过了这段黑暗期。[1]二战后出版的1948年《奥地利年鉴》中，他是新奥地利的全民英雄：

胜利终于到来！

如果在历史长河中，有称得上是真正胜利的，这次应该就算是。它的意义，不只是单纯地描绘萨伏依亲王欧根的历次远征，或者是使奥地利势力范围深入至巴尔干半岛后成为西方列强之一的《卡洛维茨和约（1699年）》和《帕萨罗维茨和约（1718年）》能显示出来的。[2]

这时，与欧根挂钩的是善良的奥地利使命，“甜美的奇迹”不是“战争的苦难与回响”，而是人民所渴望的：

他们所梦想的，是为圆满充实的生命全心全意地敞开心怀，欣然地接受所有美好、迷人又刚强的事物，还有那些源自东方与西方、北方与南方的相对立的元素，在对立中创造出和谐。

有人把这认真看待吗？到20世纪50年代，奥地利的小学孩童拿那首有关亲王

1. 彼得·史塔赫尔写道：“在德国，欧根被宣扬为纳粹征服东方政策的先驱。1932年至1941年在德国境内出版了二十二部有关亲王欧根的小说，其中绝大部分小说，或多或少呼应这一趋势。德国海军以他的名字为重型巡洋舰命名（1938年）。”

2. 1952年的中学课本（lesebuch fur Mittleschulen）第三册里仍收录民谣“贵族的骑士，亲王欧根”。但这时候他与日耳曼民族胜利的关系已完全被清除掉，已和1942年从东南欧的日耳曼少数民族招募成军的纳粹党卫军亲王欧根师，没有任何瓜葛。

欧根的老歌来开玩笑，把它改编成粗俗版本：

Prinz Eugenius,

der edle Ritter

Sitzt am Scherbm und spielt die Zithe......

意思大略为：

亲王欧根，

高贵骑士，

坐在幼儿便盆上弹齐特琴……

这是各地小孩都会做的事，是他们开始运用语言的方式，或许纯粹是他们听腻了欧根的故事。但是否如此，我们不得而知。

1736年，亲王欧根与黑眼睛美女暨他的缪斯女神包贾尼伯爵夫人于某个晚上打了牌之后，与世长辞，享年73岁。就连他的死都被神化：传说那天早上人们发现他死在床上时，他养的那只大狮子死在其兽栏里。皇帝查理六世带着怒意在日记里写道："这下，所有事情都会比较好办；"但经过1739年土耳其战争的惨败之后，查理六世改变了看法；"我们的幸运星难不成已跟着欧根一起彻底消失了？"几年后，欧根唯一存世的继承人，也就是他素未谋面的侄女，卖掉了他的豪宅、乡间庄园、艺术收藏品、摩洛哥皮革装帧的书籍。欧根在世时已是欧洲最有钱的人之一，他一个两手空空逃难到维也纳，只能靠亲友接济的年轻人，如此风光地走过一生，可说世间少有。但他死后，除了辛苦挣来的名声和不断增生的谜团，没留下其他东西。相对的，在对法战争中与他并肩作战的英格兰籍同僚，马尔伯勒公爵约翰·丘吉尔，死时也是有钱的大地主，他死在他牛津附近布莱尼姆的豪宅里，但他的家族传承不息，至今家族后人仍在他所造的豪宅里过着尊贵的生活。

亲王欧根的家当，因此落入他人之手。他位于维也纳旧城的冬宫，如今已成为办事员和官员的办公场所。观景宫成为博物馆，他的施洛斯霍夫猎屋和其他乡间府邸，被后人冷落。从威尼斯艺术家贝尔纳多·贝洛托那里，我们仍能一窥那个世界。这位以“卡纳列托”之名为人所知的艺术家，以欧根的观景宫为中心画了维也纳全景图。他以抒情笔调画了施洛斯霍夫乡间宅邸，从其宏伟正立面到其庭园中的长长大道，尽纳入画中。这些油画如今传递了一个错觉——一种运用绘画技巧欺骗、约束人眼而让人产生的错觉——就像那些宏伟教堂，虽然有着高耸大理石柱，但那些石柱其实就像涂上石灰一样不能持久。欧根努力想传承香火。如果他娶妻，创造自成一派的显赫家族，他的后代将和历来的马尔伯勒伯爵一样，拥有一份世间少有的世袭财产。如果他的兄弟没那么体弱，能绵延子嗣，他的家族就可以世代传承。

但这位亲王，正如亚历山大大帝一样，成为英雄谜团。第一次世界大战的最后一个礼拜，哈布斯堡帝国瓦解时，《纽约时报》有则标题，简洁扼要地总结道：“奥地利三百年来的战争，除了萨伏依亲王欧根统率时期，其他皆败北收场。”欧根迷思之类的虚构故事，建立在事实上，但对那事实的记忆，随着时间流逝而逐渐模糊变质。本书所提及的迷思——“英雄辈出的时代”、欧洲争夺战、对土耳其人的恐惧——全始于千真万确的胜利和确有其事的恐惧。但随着岁月的推移，那段历史渐渐消逝无踪，而谜团与传说则幸存下来，并方兴未艾。[1]

本书所描述的那段漫长冲突史，最后以历史传统的形式收场：奥斯曼与哈布斯堡王朝双方的谈判人员，1791年8月4日，在热得让人发昏的多瑙河港镇锡斯托瓦签订合约。他们的决定迅即在伊斯坦布尔和维也纳得到批准。过去九十年间，双方已签署过三项和平协议，分别是1699年在卡洛维茨，1718年在帕萨罗维茨，1739年在贝尔格莱德。前两个合约被当时人视为奥斯曼已走上无可挽回之崩溃的铁证，后来的历史学家也如此认为。但我们不该轻易相信，因为外交、条约、政治协议只能算提供了现成好用的标记，它们呈现的是某一特定时刻瞬间的优势或劣势。

当时人称之为“土耳其战争”的那段漫长冲突，就此画下了句点。“那之

1. 小谈一下过去与记忆：个人的记忆只存在于个人在世时，以及与那人有直接关联者在世时；从集体的角度来说，社会能“记住”很长一段时期的事。扬·阿斯曼（Jan Assmann）、阿莱达·阿斯曼（Aleida Assmann）这两位德国埃及学家，以及约翰·萨普利卡（John Czaplicka），在1995年《新德国评论》（*Ner German Critique*）第六十五期刊出的文章，《集体记忆与文化认同》（*Collevtive Memory and Cultural Identity*）中，进一步诠释了法国哲学家暨社会学家莫里斯·阿尔布瓦克斯（Maurice Halbwachs）——1925年首次探讨这主题的学者——提出的这个观念。扬·阿斯曼谈到人与人间通过交谈传递的知识、态度、“吐露个人想法”的个人记忆。但那过程顶多只能持续三四代，大约一个世纪。在那之后，剩下“文化记忆”，而“文化记忆”较趋近于理论，而不像是对真实作为的描述。这是考古学家与人类学家普遍使用的一种解释，在历史学界则较不受青睐。阿斯曼描述了创造并维持文化记忆的“固定点”。那可能是“过去的重大事件，对那些事件的记忆，通过文化构成物（文本、仪式、纪念性建筑）和单调而复杂的沟通（背诵、练习、奉行）维持。”这些记忆遭到彻底的整编和简化。诚如阿斯曼所说：“多余的成分遭扬弃，明确而有力的文化讯息问世，供进一步传述。”不管要被“记住”的东西为何，都和随性、混乱、不精确的个人记忆大不相同。阿莱达·阿斯曼则在《社会与集体记忆》（*Soziales und kolleektives Gedachtnis*）中，描述了“文化记忆”如何“以正面陈述‘我们是这样’或反面陈述‘那与我们相反’的方式……保存住一群人赖以从中意识到自己之单一独特的知识库。”但事实上，不尽然能这么顺利。要在长时期内保存住“我们是这样”和“那与我们相反”的这个认知，难如登天。宗教信仰——犹太教、伊斯兰教、基督教——相较之下相当成功；即使在这些宗教内，异议“内敌”的威胁，往往比“外敌”来得大。新教徒仇恨天主教徒，逊尼派仇恨什叶派，恨意之强超乎天主教徒和什叶派的其他敌人。长远来看，“彼”“我”的分界线绝非永远不动如山。只要是最让人感受到威胁的，就是最令人害怕的。

后，平静无波”。但这说法只是个便于行事的历史假设，以为过去某段时期已结束而新的时期已开始。事实上，继续有事发生，只是发生的方式不同以往[1]。他们已抵达他们的终点，而历史继续往前发展。就在谈判人员庆幸离开多瑙河畔的湿热后一年，发生了“从今天起，世界史进入新时代”的大事。1792年9月19日，锐不可当的普鲁士大军（反制法国大革命的联军里兵力最强的一支），正从莱茵河逼来，打算扭转1789年法国大革命的情势。法国革命政权阻挡普军前进的部署，已如螳臂挡车迅遭普军扫平；凡尔登、隆维的边境要塞迅即投降，因而，此去直到巴黎，只有一支临时拼凑成的军队，瓦尔米村附近，法军陈兵于高地。他们有三十四门野战炮，由受过训练而手法纯熟的炮兵操作：就是这些炮手细心瞄准而发射迅速的炮火，摧毁了普鲁士军队从容笃定的进逼。

率领三万五千余人的普鲁士指挥官布伦瑞克公爵，在只有一百八十四人死伤后，退兵撤走。这场战斗规模不大，但9月20日的“瓦尔米炮击”挡住了普军对巴黎的进攻，保住了法国大革命，使拿破仑得以改造欧洲，包括废除神圣罗马帝国和派其军队占领维也纳。1809年，奥地利皇帝法兰西斯一世不得不将其女儿嫁给法国狂魔；正如德利涅亲王粗俗但贴切的说法：“让一个女大公给干掉，总比让这个君主国给毁掉来得好。”

1815年拿破仑终于遭彻底击溃而旧制度得到“恢复”，情势显示有太多改变已无法挽回。来自德绍的艺术家海因利希·奥利维耶所绘的一幅小型水粉画，具体说明了“恢复旧制”的虚妄。“恢复旧制”的主导人物是俄罗斯沙皇亚历山大一世，他已在维也纳会议后主导成立了由俄、奥、普组成的“神圣同盟”，以对

1. 哲学家约翰·利尔（John Lear）在一本篇幅不长但思想精辟的小书中，描述了这个过程。在《孤注一掷的希望：文化崩毁下的伦理学》（*Radical Hope:Etbics in the Face of Cultural Devastation*）中，他描述了他的研究对象（克里族印第安人）在其打胜仗和获得荣耀为基础的文化根基遭摧毁之后，如何捱过那段“平静无波”的时期。克里人靠着“先知梦”存活下来，而我认为哈布斯堡王朝和奥斯曼王朝也是如此。

抗无神论革命思潮的影响。奥利维耶将虚构的哥德式大教堂作为该画的背景，将这三国的统治者画成道德高尚的中世纪武士，十字军骑士。三人从头到脚穿着发亮的金属盔甲；站在中央的奥地利皇帝法兰西斯一世，从头到脚趾头都有镀金，另两人则只镀银。神圣罗马帝国已于1806年遭拿破仑废掉，所以法兰西斯不再享有其古老尊荣的头衔。普鲁士国王和俄罗斯沙皇站在奥地利皇帝两侧，兄弟般握着他的手。这幅画不知是有意还是无意，刻画出了这新时代的政治实情。

1789年，哈布斯堡王朝已名列欧洲一等强国之林；1815年，该王朝主要以传统主义者不可或缺的团结象征身份，继续保有此地位。在与拿破仑法国的对抗中，欧洲列强之间的均势已遭改变：1815年时的主要大国是俄、普和世界强权英国。法国短暂势微，角逐失败者包括西班牙和某些较大的日耳曼国家。哈布斯堡王朝（打肿脸充胖子）主办维也纳会议，表面上看似臻于顶峰，实际影响力已一日不如一日。奥斯曼帝国在这欧洲架构外，国力日渐衰弱。

哈布斯堡王朝和奥斯曼帝国很快就处于模棱两可的位置：地位低于那些大国，但高于那些竞逐大国之位而失败的国家。他们已在实质上被降级；两者都亟欲恢复往日的风光，但终都是徒劳。这两个世代为敌的国家开始发现彼此之间有共同利益，开始凑在一块。1828年，作风务实的奥地利首相梅特涅终于写下其肺腑之言："我们把奥斯曼帝国视为我们最好的邻邦；她绝对说话算话，因此我们认为与她往来，就和向来不起眼或从不需我们努力维持的天然边界一样。"避而未谈的，是两国与同一个凶狠而好侵略的国家为邻。俄罗斯或许是维持梅特涅独裁统治的坚实支柱，但也是难相处而盛气凌人的伙伴。相对的，奥地利丝毫不担心南邻的奥斯曼人会有不利举动。

这一国际均势的调整，是克里斯多夫·贝利所谓"从旧制度过渡到现代性"过程的一部分。事实上，奥斯曼与哈布斯堡两王朝虽能自行完成这过渡，但两王朝认为没理由变动。1848年即位活到1916年的奥地利皇帝弗朗茨·约瑟夫一世，曾得意自称是“欧洲最后一位老派君主”。奥斯曼最后一位专制君主，苏丹阿卜杜勒·哈密德二世，强调奥斯曼王朝自古以来守护伊斯兰的传统职责，借此局部重建了该王朝对内部的统治。哈布斯堡王朝和奥斯曼帝国都把目光转向内部。法、英、德、俄能期盼恢弘的未来；二流的欧洲国家则只有一个选择：把没落的往日荣光当作目前未来地位的中心。

他们努力打造出以纪念性仪式为基础的新政治文化，而这种创新没有可以值得效法的榜样，哈布斯堡和奥斯曼两王朝过去都已发展出精细复杂而令人费解的仪式。这时他们出于本能，开始庆祝、纪念过去的胜绩，以供大众消费，就奥地利来说，“英雄辈出的时代”或许已显露未来该走的路，但19世纪下半叶，这两个古老王朝各自发展出“遗产”的观念，差不多就是在该观念于20世纪70年代在欧洲重被发掘的一个世纪前。哈布斯堡和奥斯曼两王朝刻意整理、改造其历史，拼凑出有所遮掩的新版历史。我们可以说那清楚表现了其品牌形象。他们所建构的迷思体系，无一处经得起严谨的历史考证，但那不是重点。他们成功提升了王朝的神秘性和群众魅力，他们的计划，文化性、政治性意识形态，运作良好，并维持将近七十年。这些“遗产”运动有力界定了哈布斯堡王朝的忠贞子民或奥斯曼的忠贞公民应有的作为。

如果这语言如今听来显得时空错乱，这些远超过他们所处时代的观念，在当时也给人这样的感觉[1]。哈布斯堡王朝与奥斯曼人创造了能改写事实，甚至能将惨败改写为胜利的体制。曾是日耳曼地区龙头老大的哈布斯堡王朝，1870年后被完

1. 大大小小的发展中民族国家，常使用这套庆祝、团结方法，但手法上往往不够细腻。他们有值得庆祝的事物，但反过头来，他们受到现实状况与事件的约束：英国人觉得难以忍受1857年的印度反英暴动，法国人为1870年普法战争的挫败而震撼不已，帝俄因日俄战争的惊人挫败和接下来的1905年革命而胆战心惊。

全排除在新日耳曼帝国之外，它随之赋予自己新职责：创造有益世人道德帝国。1878年，俄罗斯帝国的军队在伊斯坦布尔的国土上获得了胜利，并驻扎于此，奥斯曼苏丹因此也遭受了俄罗斯帝国的羞辱，几年后他开始将注意力转移至其在近东（奥纳托利亚、黎凡特、阿拉伯半岛）的领土之上。在这同时，勤于政事的皇帝弗朗茨·约瑟夫一世，孜孜不倦地向人民灌输哈布斯堡王朝首开先河提出的多民族帝国理念。奥斯曼王朝则颂扬苏丹对其子民、对真主、对穆斯林世界的贡献。哈布斯堡与奥斯曼两王朝都找到象征性办法，让这些抽象观念能够被子民所理解：政府的合法性从统治者的外显人格表现出来，这个做法与灌输君主制或共和制优点的其他欧洲国家不同。但这办法有其风险，因为无法持久，因为“亲爱的皇帝”终会衰老、死去或失去魅力。

事实表明，支撑这两个帝国的这些观念，就如成功的广告宣传，比他们所推销的产品，存世更久。他们往往运用类似的方法，包容他们所管辖的不同的族群，且试图修正这些观念以用在国际上（但成果较小）。他们投入了庞大的政府经费，以维持他们所创造的东西。他们也投入资金在宣传品上。哈布斯堡王朝往往通过纪念品、装饰物之类的东西，补助或批准商业计划。他们把重点放在弗朗茨·约瑟夫一世这位自我牺牲之领袖的形象和性格上，把他的肖像弄得四处可见，他的肖像出现在政府赞助的宣传资料和爱国展览上。因伊斯兰教义限制而无法运用图像的奥斯曼人，创造了能体现对子民之关心的象征性物品。因此，安卡拉一家咖啡店老板出于忠心，在店内墙上展示了一张苏丹阿卜杜勒·哈米德二世的肖像时（在奥匈帝国，即使在最小的小村，都必须摆出君主的肖像），报告即一路上传到苏丹。苏丹立即命人制作了一件上面只绣有“苏丹万岁”的横幅，送给那店老板：这些不违背宗教禁忌而彰显爱国精神的东西，渐渐出现于帝国境内各地。

安卡拉这一事件，说明奥斯曼帝国花了多大心血寻找最适于影响、说服人民的方法。在奥地利，则通过展示皇帝（与极受爱戴之皇后伊丽莎白）的肖像来表达爱国精神。肖像可见于从公共场所到家居环境的各个层面：官方纪念堂和雕像、明信片、海报、供摆设于客厅的半身瓷像。但奥斯曼政府也制作出让人民得以声明其参与“效忠计划”之意的东西。最可观者是一套二十四册的百科全书，总共超过一万页，书名为《奥匈君主国文图百科》，王储鲁道夫是这计划的推手，他在1884年写信给父皇说道：“研究帝国内的子民，不只为学者提供极重要的活动领域，也对发展团结爱国精神有部分助益。随着对各民族的特质、特色及民族间的日益了解，将祖国所有民族统合为一的团结精神必然得到强化。”这套书从1885年至1902年逐月分册出版，因而就连收入普通的人都订购得起。这不只是寻常的出版计划，还是官方主导的作为。“编辑群明显有更大的目标，即把文化的多元视为哈布斯堡王朝的基本特质予以呈现，配合‘联合力量’这句箴言的要求。”但阿科斯·莫拉凡斯基有更为鞭辟入里的阐释：“乌托邦是观念的测试场，用以引导未来的行动，所以是不可或缺的。王储完成的这二十四册，可视为是中欧乌托邦的基石，是一个典范。这典范不以现代民族国家原则为基础，而让多民族现象保留在由历史赋予合法性的君王制构架里。”

“联合力量”是皇帝弗朗茨·约瑟夫于1848年即位后采用的个人箴言，详细说明了这个多民族君主国的中心思想。1898年，为庆祝他在位五十周年（他妻子——皇后伊丽莎白遭杀害，使这盛事蒙上了阴影），她的小女儿，大公夫人玛丽·瓦勒里，出资出版了一部纪念性的巨册，名叫《联合力量：皇帝弗朗茨·约瑟夫一世之书》。这本纪念册巧妙弥补了这位老皇帝所象征的传统与这新时代的精神之间的差距。出现在此书中的弗朗茨·约瑟夫一世，围绕在他身边的不只是廷臣和官员，还有欢喜接受这位“亲爱的皇帝”统治的子民：农民、城市居民、各种民族的子民。在某幅雕版画中，描绘了这位皇帝迎接他的小孙子的场景，每个小孙子都穿着不同地区的传统服饰。书名页上满是衣着暴露的年轻女子、衣着不男不女的年轻男子、身形轻巧的丘比特裸像，全以“维也纳直线派”风格呈现。在这位皇帝眼中，那是堕落而骇人的艺术风格[1]，但在公开场合，他不得不把那视为他身为国父这象征性角色的一部分而予以接受。

此外还有两项非常浩大的工程，分别在奥斯曼王朝和哈布斯堡王朝完成。两工程象征性地体现了两王朝处于日益格格不入的两个世界里，双方都有各自的使命感。第一项工程（奥斯曼）是条沙漠铁路，第二项（哈布斯堡）则创造了社会团结的官方表象。就第一项的铁路工程来说，阿卜杜勒·哈密德二世是穆斯林圣地麦加与麦地那理所当然的守护者。他每年送一个绣有金线的古兰经文的新罩幕到麦加，用来替换罩住克尔白方形石殿的旧罩幕。他身为所有真穆斯林的哈里发，是一年一度朝觐活动的守护者。朝觐信徒来自世界各地，许多人走海路，在红海岸的吉达上岸。但大部分朝觐者聚集于大马士革，然后组成骆驼旅行队前往位于希贾兹地区的麦地那。这趟行程至少要花上三个星期，途中常常有盗匪或当地部落的威胁。1864年首次提出从大马士革建铁路到麦加的构想，但最后未付诸实行。1900年9月1日，这位苏丹登基二十五周年纪念日，开始动工兴建哈密德—希贾兹铁路。铁路挂上苏丹的名字，以表明这是他个人发起的工程，而他也大力捐助这项工程。但大部分经费来自各地虔诚穆斯林的个人捐献。奥斯曼政府官员和军官被要求捐出一定比例的薪水，商家也被要求捐款。工程由土耳其工兵和奥斯曼军队负责，花费了八年时间才完工。这条铁路由穆斯林建造、经营，清楚说明伊斯兰社群完全不靠西方之助也能成事，强有力地体现了哈里发苏丹阿

1. 他极欣赏国家剧院和艺术史博物馆的克林姆传统画作，颁予其特别的奖项。

卜杜勒·哈密德二世支持、捍卫“真信士”的决心。铁路于1908年启用，被视为哈里发为伊斯兰社群谋福祉的表现，在伊斯兰世界各地广为宣传。这条铁路还具有可贵的军事价值，让奥斯曼军队得以迅速派兵增援其在阿拉伯半岛的驻军。遗憾的是铁路修得太晚：开通一年后，阿卜杜勒·哈密德二世遭奥斯曼军队罢黜。1916年阿拉伯人暴动期间，大部分铁路遭毁，至今未能恢复到完全营运的程度。

第二项工程，奥匈君主国通过文化多元（“联合力量”）增强国力，体现了哈布斯堡王朝与奥斯曼人长久以来竞争对抗的最后阶段。安德烈·金格里奇的《边境东方主义》理论，为19世纪最后二十五年和20世纪初期所真正发生的事，提供了最令人信服的解释。事实上，哈布斯堡王朝将几百年来的敌对转化为某种艰巨的慈善事业。边境东方主义源于爱德华·萨义德出版的《东方主义》，这本书首次出版于1980年，但金格里奇迅即超越《东方主义》的理论架构，边境东方主义不是萨义德笔下英、法帝国主义特有的那种僵固而不可更动的结构，它的适应能力更强。简而言之，他描述了过去攻击边境的“坏”穆斯林转化为“好”穆斯林的过程。消灭敌对的心态，乃是哈布斯堡王朝得以在波斯尼亚和赫塞哥维纳展开良性殖民事业的“决定性前提”。[1]

金格里奇说明了几百年来，哈布斯堡王朝如何相应于奥斯曼人的作为，重新建构他们的重大使命，借此合法化他们的统治。他们将查理曼大帝于公元1000年

1. “边境东方主义的迷思——历史后设叙事（meta-narrative），基本上主张，坏穆斯林和坏东方人攻击且严重威胁我们的边境，如他们在现代初期土耳其战争中所为……历史踏入现代时，坏穆斯林是‘我们’的难缠对手，严重威胁‘我们’的生存。哈布斯堡王朝接下来要顺利展开殖民扩张，就一定得先击溃那对手。”这一关键理论，是安德烈·金格里奇在《东方主义的边境迷思：中欧官方文化与民间文化里的穆斯林世界》一文中发展出来的，此文章出现在1996年斯洛凡尼亚举办的第三届地中海民族学夏季学校。因此，边境东方主义存在于奥斯曼—哈布斯堡的边陲地区已超过十年，但其在史学界所产生的回响，我仍认为不理想。

创建神圣罗马帝国，集合众人之力拯救基督教世界的作为，与他们自己在16、17世纪捍卫欧洲的作为之间，虚构出一脉相传的关系。

虚构出这种一脉相传的关系，哈布斯堡王朝在17世纪将“初期现代性”扩及半个地球，这也是完成了某种历史任务……哈布斯堡王朝在自己与查理曼大帝之间建构出一脉相传关系——作为先驱和作为另一个日耳曼裔的“欧洲统治者”——当然有其当时的目的，那目的根植于16世纪的欧洲政治、世界政治。但在19世纪晚期，国力日衰的帝国将注意力转向东南欧时，这第一次构建的关系，再度被搬出来使用。这帝国的巴尔干“边境”，成为重新祭出之一脉相传关系——天主教东方前哨基地的一派相传关系——新指涉的对象，这时，在这地区，“驯服”的穆斯林是对抗新“斯拉夫威胁”的忠贞卫士。

哈布斯堡王朝一直声称从未有重大改变，但其实他们极善于创新。1867年的政治“妥协”和二元君主国的创建——两个成员国彼此关系完全平等的奥匈帝国——已解决了匈牙利问题；但很快产生别的问题。奥匈帝国境内的斯拉夫族群——西部的捷克人和斯洛伐克人，南部的克罗地亚人、塞尔维亚人——开始要求享有与日耳曼、匈牙利同胞一样的权力。他们后面有所有斯拉夫民族最强大的靠山俄罗斯：这是来自沙皇的威胁，但更大的威胁来自苏丹。

对土耳其人的恐惧，有很长一段时间仍很强烈，但那绝非不可改变。即使在这一恐惧最强烈的时期，都有奥地利人认为奥斯曼人是厉害而可敬的对手。在很久以前，也就是17世纪，就已有男女要画家将他们画成奥斯曼人打扮，已有人沉迷于对东方的想象里。到18世纪启蒙运动期间，这一既爱又恨的心态普遍存在于欧洲许多地区。越来越常见到把“土耳其人”拿来代表人类错误行为的案例，但用意不是拿来专指邪恶的穆斯林，而是用来代表全人类皆有的行为。这时还出现了富于幽默感的讽刺。伏尔泰虚构的主人公史卡门塔多，描述了他旅游途中所见的“趣事”。在法国，有人拿人肉给他当早餐；在英格兰，虔诚的天主教徒要炸掉国会；在荷兰，他看到有人割下首相的头。“看到这叫人震撼的一幕，我心生同情，于是问他犯了什么罪，是否叛国？”“他犯的罪比那严重得多，”身穿黑斗篷的传道士回答；“他深信人除了可靠信仰得救，还可靠善行得救。你得清楚，”他补充道，“这种看法如果大行其道，共和制无法维持；必须有严刑峻法压制这种可恶且可怕的亵渎言行。”

伏尔泰在西班牙遭到宗教裁判所的另眼相待，然后前往土耳其。“我向同伴说，‘这些土耳其人是尚未受洗的异教徒，因此会比宗教裁判所那些牧师大人审判官还要残酷。与穆罕默德信徒在一块时，我们要保持沉默。’”在君士坦丁堡，他未能上教堂做礼拜，于是决定：

为了抚慰这一失落，我时常去找一位长得非常漂亮的切尔卡西亚人。我在寻花问柳的场所从未碰过像她那么周到的女子，而且她是最虔诚的穆斯林。有天晚上，她温柔体贴地招待我，甜蜜地说道：“阿拉，除阿拉外，别无他主。”

那是土耳其人做礼拜的呼唤语。我以为那是在表达爱意，于是跟着以非常温柔的语调喊道：“阿拉，除阿拉外，别无他主。”

“啊！”她说，“感谢真主，你是土耳其人？”

我告诉她，我在感谢真主给我这么舒服的享受，我认为自己快乐无比。早上，伊玛目前来要我去行割礼，我拒绝，该地区的卡迪（按伊斯兰教法进行宗教审判的法官），信徒极虔诚之人，提议将我刺死在木桩上。我付了一千枚西昆金币保住自由之身，然后一路逃进波斯，决心以后绝不去做希腊或拉丁弥撒，也绝不在爱的邂逅中喊“阿拉，除阿拉外，别无他主”。

伏尔泰的意思很简单：土耳其人再坏也不会比其他人更坏。乔纳森·以兹雷尔把“重思伊斯兰”——“与主流意见相左的一套伊斯兰观”——视为启蒙运动的中心原则之一。

1753年，女皇玛利亚·特蕾莎为翻译者创立帝国东方学院，开启了维也纳对东方的研究，到了19世纪20年代，这一研究已开始影响奥地利人对东方的态度。年轻的约瑟夫·默于1788年进入该学院，以其对东方的研究闯出名号。他的事业扶摇直上，他以约瑟夫·冯·哈默普格史塔尔之名，出版了德文和几种外文的著作。这些著作影响深远，标志着观念上的缓缓改变：奥斯曼人于东方而言不再是宗教上令人厌恶之物，而渐渐成为值得研究与理解的历史现象与文化现象。

随着奥斯曼帝国开始有意向西方靠近，合作开始出现。1853~1856年的克里米亚战争，法、英、意大利的皮埃蒙特王国与奥斯曼帝国四国联手对付俄国，最终缔结《巴黎条约》，在这条约中，土耳其人首次获承认为欧洲国际体系的一部分。从那之后，奥斯曼人处心积虑参与国际事务。1863年，奥斯曼政府在伊斯坦布尔举办博览会（效仿1851年在伦敦举办的博览会，那次土耳其有参与）。博览会场地位于阿雅索菲亚清真寺前面，古罗马赛马场所在的市中心区。主场馆展示土耳其产品，附属建筑里展示参展国的东西，包括奥地利泰尔的约瑟夫·温德尔兵工厂的产品。此后，每场大型国际展览，奥斯曼人几乎都未缺席。

1873年，维也纳效仿1867年巴黎的万国博览会，举办了国际博览会。来自埃及、波斯、奥斯曼帝国的“东方”展示品大受欢迎，特别是土耳其馆和土耳其咖啡馆。柏林《画报》刊出描绘一群奥地利人和身穿传统服饰的土耳其人相谈甚欢的画作。奥斯曼政府最用心准备的参展品中，有三件是书：一是传统土耳其服饰的大部头照片集，书中有男女小孩，精确呈现奥斯曼人的社会生活；另一部检视奥斯曼建筑；第三部说明博斯普鲁斯海峡周边的景点。这符合此次博览会的目的，即维也纳应成为东西方的交汇点。后来，奥地利艺术与工业博物馆的著名馆长阿图尔·冯·史卡拉写道："新世界呈现在大部分参观者眼前……他们不得不开始觉得，东方传送到维也纳的丰富宝藏……提供了用之不竭的知识来源，而那知识来源是与四面八方建立热络新接触的起点。"因为这些联系——从东方学家哈默普格史塔尔与东方学院，到商业网和贸易网——一种新的结合关系出现。奥匈帝国与东方可以成为天造地设的经济伙伴和文化伙伴。曾针对巴黎万国博览会之后未来的艺术产业撰文的雅各·冯·法尔克描述了1873年维也纳博览会的影响："欲治疗退化的色彩感，东方不可或缺……将改变我们的色彩品位，将改革我们所生产之地毯、挂毯、瓷器者，乃是东方。"而且不只是应用艺术：克林姆在1876年进入维也纳艺术学院，终其漫长一生，他的绘画都显示出"东方"对色彩与表面的着迷，正如法尔克所预料。

这一文化上、政治上的连接，渐渐促成政治上的进一步转向，借以反制俄罗斯的势力和影响力。因为这一长久的连接关系——原敌对但现今良性的关系——奥匈帝国或许可接下使落后的土耳其欧洲诸省进行经济、社会转型的任务。借此，哈布斯堡王朝可在前敌人的热心合作下，完成其文化转化任务。正所谓"敌人的敌人就是朋友"。套用金格里奇的说法，"坏"穆斯林正渐渐转化为"好"穆斯林。这一战略憧憬，非常突然地转化为政治现实。1878年，奥匈帝国通过外交取得其最大胜利。1877~1878年的俄土战争，造成欧洲境内奥斯曼帝国的瓦解，而柏林国会肩负解决此战争所导致的政治动乱的责任。经过一番快速谈判，条约决议让奥匈帝国永久占领并治理波斯尼亚、赫塞哥维纳、"新帕扎尔的桑扎克”之带状战略要地，但主权在形式上仍属奥斯曼帝国[1]。

称霸东方的古老企图立即再起，奥地利立即派兵南下，以占领天外飞来的领土。协商移交事宜的奥匈帝国外长伯爵安德拉西表示，用两支翼骑兵中队和一支骑兵军乐队就可以将其占领。结果他错了。他花了四年才占领下来，而且哈布斯堡王朝军队已蒙受超过五千死伤，乡间仍是武装游击队横行。叛乱爆发前，法国驻萨拉热窝领事认为，叛军“大概会在奥地利军队发出第一炮时就作鸟兽散了”。他也错了。奥地利的强行统治，最终造成双方庞大的财力损失和许多人丧命。此后三十年间，浩大的现代化工程施行，波斯尼亚——赫塞哥维纳成为奥匈帝国现代化计划之“良性”结果的主要受益者之一。帝国军队招募进来的波斯尼亚人、赫塞哥维纳人，以最勇敢、最坚毅的军人形象而著称，其轻快的军队进行曲，为奥地利城市居民所喜爱。许多城镇有穆斯林步兵驻扎其中，居民感受到他们的沉静、严肃和循规蹈矩。好处之一是这些头戴红色非斯帽、受军中伊玛目严密掌控而军纪严明的帅气军人，没有让当地出现居民的女儿或女仆肚子被搞大的事件，这对帝国的其他军队来说，是难能可贵的事。

哈布斯堡王朝迅即在巴尔干帝国中学到殖民伎俩。在波斯尼亚，宣扬改信基督教的那套古老观念遭扬弃，取而代之的是比奥匈帝国其他地方更为公正的态度，用以对待宗教上的少数族群。波斯尼亚穆斯林军人在第一次世界大战的可靠——第二波斯尼亚师赢得的战功奖章，多过其他任何单位——进一步驱散了长久以来的恐惧。维也纳对波斯尼亚的统治，最终产生了“好穆斯林，危难时刻‘我们’坚定不移的盟友。”这就是这段漫长而多变历史里的最后阶段，1918年以奥匈帝国的战败收场。这一阶段完成了——或几乎完成——奥地利边境东方主义的

1. 1908年，奥匈帝国以阿卜杜勒·哈密德遭罢黜为由，吞并了这些省份。

进程。[1]它结束于何处？结束的过程始于战场。奥地利军队开始时担心于军事挫败，于是计划先发制人。“联合力量”这个出于想象的奥地利多元文化办法，最后，一如诺曼·斯通所一针见血指出的，成为“一套制度化的逃避现实的体制，它带给其对象的主要好处，乃是使他们脱离现实”。第一次世界大战于1914年8月4日的爆发，肇因于哈布斯堡王储在萨拉热窝遭暗杀，开枪行刺者是受塞尔维亚人的历史幻想鼓舞的波斯尼亚民族主义分子。因为在1389年的同一天，塞尔维亚帝国就在科索沃波利耶遭奥斯曼人击败，开启了五百年来受土耳其人统治的日子，也随之展开了哈布斯堡王朝与土耳其人的“欧洲争夺战”（1912年，第一次巴尔干危机后，原本塞尔维亚有机会扩张领土，但是北边的土地遭奥地利强占，南边的土地又因为新成立的阿尔巴尼亚而幻灭）。刺杀事件之后，奥地利对塞尔维亚的报复性攻击，败得一塌糊涂。这场战争乃是古老神话与当下政治现实之间的猛烈撞击。一边阵营是德国、奥匈帝国和奥斯曼帝国；另一边阵营则是俄国、法国和英国，三个世界性帝国强权。四年战争摧毁了德国、奥地利、奥斯曼以及俄罗斯四个帝国，把世界留给英、法、美三个民主国。这场大灾难产生了许多诡异现象，而最让人不可思议的，乃是强大的土耳其从奥斯曼帝国瓦砾堆中崛起，领导此一大业者乃是后来被称作“阿塔图尔克”（土耳其人之父）的战争英雄穆斯塔法·凯末尔将军。他的肖像如今仍可见于每个机关学校，如同亲爱的皇帝弗朗茨·约瑟夫一世的肖像，曾装饰奥匈帝国的建筑一样。

---

1. 安德烈·金格里奇：“奥地利边境东方主义的后续叙事，因此连接了其实彼此没什么关系的时期和社会政治体制，以构建出永恒的边境任务。通过边境东方主义的迷思——历史叙事，通过好、坏东方人的叠合，查理曼大帝对抗东方的中世纪前哨基地、1529年和1683年两次攻打维也纳之前奥斯曼人的几次挫败、19世纪末期和20世纪初期哈布斯堡王朝与塞尔维亚、俄罗斯的敌对，全被肤浅而人为地连在了一块儿。”

尾声

20世纪90年代，海地社会人类学家米歇尔罗尔夫·特鲁约，以“历史如何创造”为题，写了一本令人信服且引发争论的书。他称那本书为《让过去噤声》。在该书开头，他道出其用意：“这本书主要描绘了历史和权力。历史叙述的产生，涉及相对立的群体和个人双方，对此生产历史的工具具有不平等之取用权，而本书即探讨在此涉及的诸多方面。我所提到的力量，不如炮火、阶级属性或政治圣战那么清晰可见，但我要在此强调，那些力量的威力丝毫不亚于这些东西。”

我这本书中炮声隆隆（且完全未涉及阶级或属性），但它的焦点其实就是特鲁约所描述的：相对立的两个群体对生产历史的工具有不平等之取用权。在历史的生产上，哈布斯堡王朝（和涉及征战的其他西方国家）稳占上风，而我已提过，这一历史需要一再斟酌。

在奥斯曼哈布斯堡两王朝的漫长斗争期间，发生了一件不寻常却一直未受到注意的事。他们互为死敌数百年，之后却化敌为友，在1914~1918年间成为令人难以置信的盟友。第一次世界大战之后，彼此的商业关系日益密切，到20世纪50年代，土耳其人开始以外劳身份赴奥地利工作，也有更大量的土耳其人赴西德工作。他们未受到善待，但也没有人视他们为威胁。如今，西方陷入恐惧之中，有人主张，要直接延续过去那场“欧洲争夺战”，打一场新的“欧洲争夺战”。

实际发生的历史和这些精心捏造的迷思，两者差别之大，令人震惊。1683年的维也纳围城之战，再一次成为鼓舞西方人投入西方对东方、穆斯林对基督教那场永恒对战的暗喻，一如数百年前它曾扮演的角色。这一事件再一次被有心人士拿来替自己的主张助威。如今，它为新“欧洲争夺战”提供了依据。在21世纪，决不可让土耳其人加入欧盟，因为这会摧毁基督教世界。他们会在维也纳品尝一下1683年其奥斯曼先民未能得手的遗憾。

持有这些观点者，包括一些有头有脸的大人物，前欧盟执行委员会委员弗里茨·博尔凯斯坦就是其中之一。他非常公开地表示，如果土耳其人加入欧盟，“1683年解放维也纳就将是白忙一场。”后来成为教皇本笃的枢机主教约瑟夫·拉钦格，也乞灵于历史：“塑造出欧洲的东西，使欧洲得以在这大陆形成的东西，源自基督教。土耳其一直以来代表与欧洲永远相异的另一个大陆。土耳其攻打过拜占庭帝国、攻占了君士坦丁堡、曾发动巴尔干战争、曾威胁维也纳和奥地利。将这两个大陆混而为一，将是个错误……让土耳其人进入欧盟，将会与历史背道而驰。”

与历史背道而驰？这是一种非常有利的主张。但相信这一传说者，不只博尔凯斯坦和教皇本笃十六世。“维也纳战斗”博客的刊头，说得简单明了：“1683年伊斯兰围攻维也纳时，似乎打算侵占基督教欧洲。我们现正处于这一古老战争的后续阶段。”我一直努力以不偏不倚的态度呈现过去几百年所发生的事。那段时间，交战者之间有令人难以想象的残酷、野蛮和无法消除的仇恨。但到了19世纪，充斥于那些对抗里的仇恨消减，新关系问世（在前一章我已提及）。那时候，较古老的想法和态度仍存在（且如今仍存在），但它们无疑潜伏未发（如今也是）。

在历史较黑暗的部分里搜寻，创造出不实的记忆作为武器，此举有其危险性。没人知道那会导致什么结果。在19世纪90年代的巴尔干战争中，我们看到许多为满足政治目的而生出偏颇的历史观点的例子。神话化的历史成为野蛮暴行的借口：种族清洗是20世纪最令人反感的新词之一。

伊丽莎白·科斯托娃在其畅销小说《历史学家》中，呈现了历史中隐藏的危机。女主人公在诉说自己的故事之前，写了份短笺给读者，内容简短而一针见血：“身为历史学家，我已了解，把手往回伸进历史者，其实并非个个都能捱过历史。而且，威胁我们的，不只是把手往回伸回历史一事；有时，历史本身就在用难以捉摸的爪子，以难以阻挡之势，往前伸向我们。”她所写的土地，正是我在写的土地，东抵伊斯坦布尔，西至维也纳，南邻马其顿，北至比喀尔巴阡山更北的土地。她所描写的历史，其实是“迷思—历史”，那不是安然保存在图书馆与档案室里的那种历史，而是世界上未受约束的那种历史：永无止境，可能和恶魔般的疾病一样危险。诡异的是，对付这种恶魔最有效的就是历史过程本身：通过对历史进行仔细地剖析，将过去如实地揭露出来，让所有人都能够了解真相。

返顾典籍记载的历史的信念后面，

回转头去，只须稍稍返顾一下，

就将会看到那远古的恐惧。

——艾略特《干燥的萨尔维吉斯》

维也纳攻防战地图

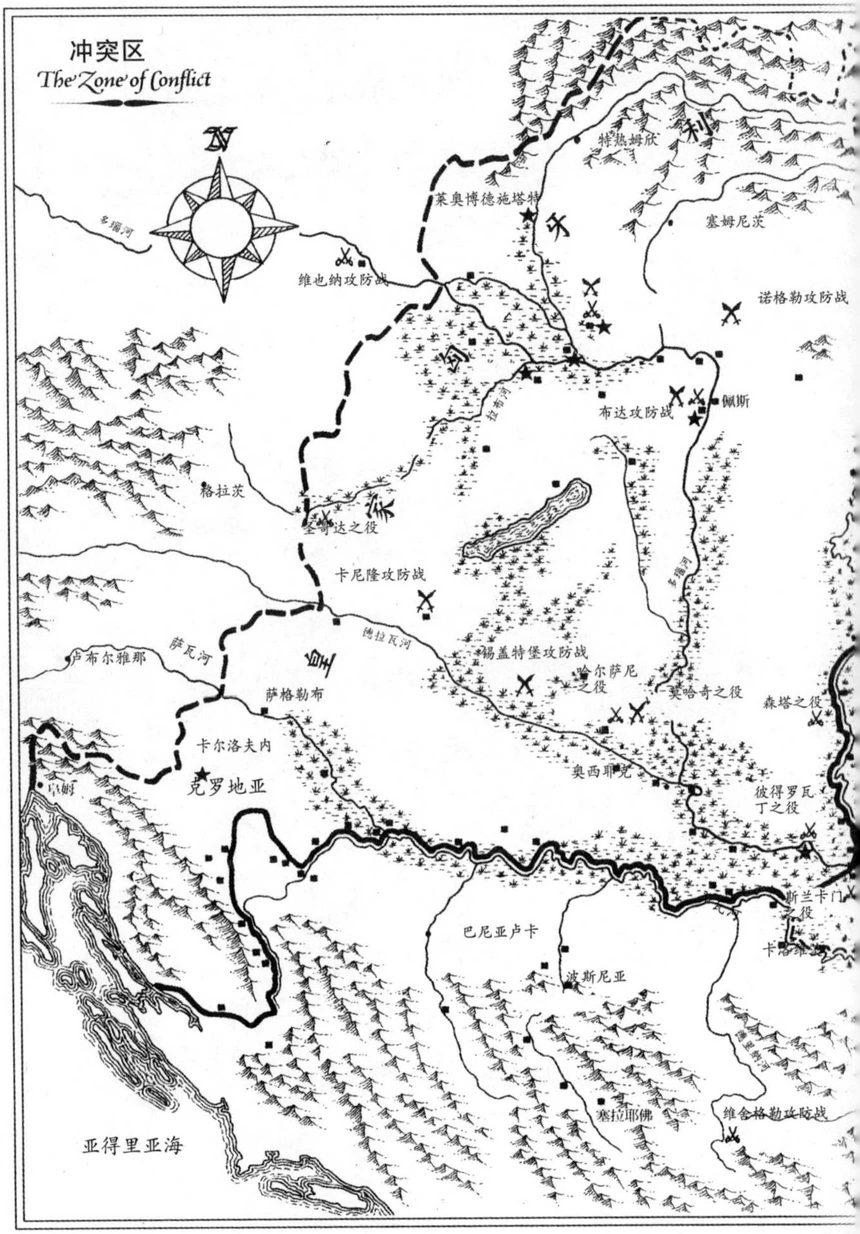
冲突区
The Zone of Conflict
N
多瑙河
维也纳攻防战
莱奥博德施塔特
特热姆欣
塞姆尼茨
诺格勒攻防战
布达攻防战
佩斯
拉布河
格拉茨
圣哥达之役
卡尼隆攻防战
德拉瓦河
锡盖特堡攻防战
哈尔萨尼之役
莫哈奇之役
森塔之役
卢布尔雅那
萨瓦河
萨格勒布
卡尔洛夫内
克罗地亚
阜姆
奥西耶克
彼得罗瓦丁之役
斯兰卡门之役
巴尼亚卢卡
波斯尼亚
塞拉耶佛
维舍格勒攻防战
亚得里亚海

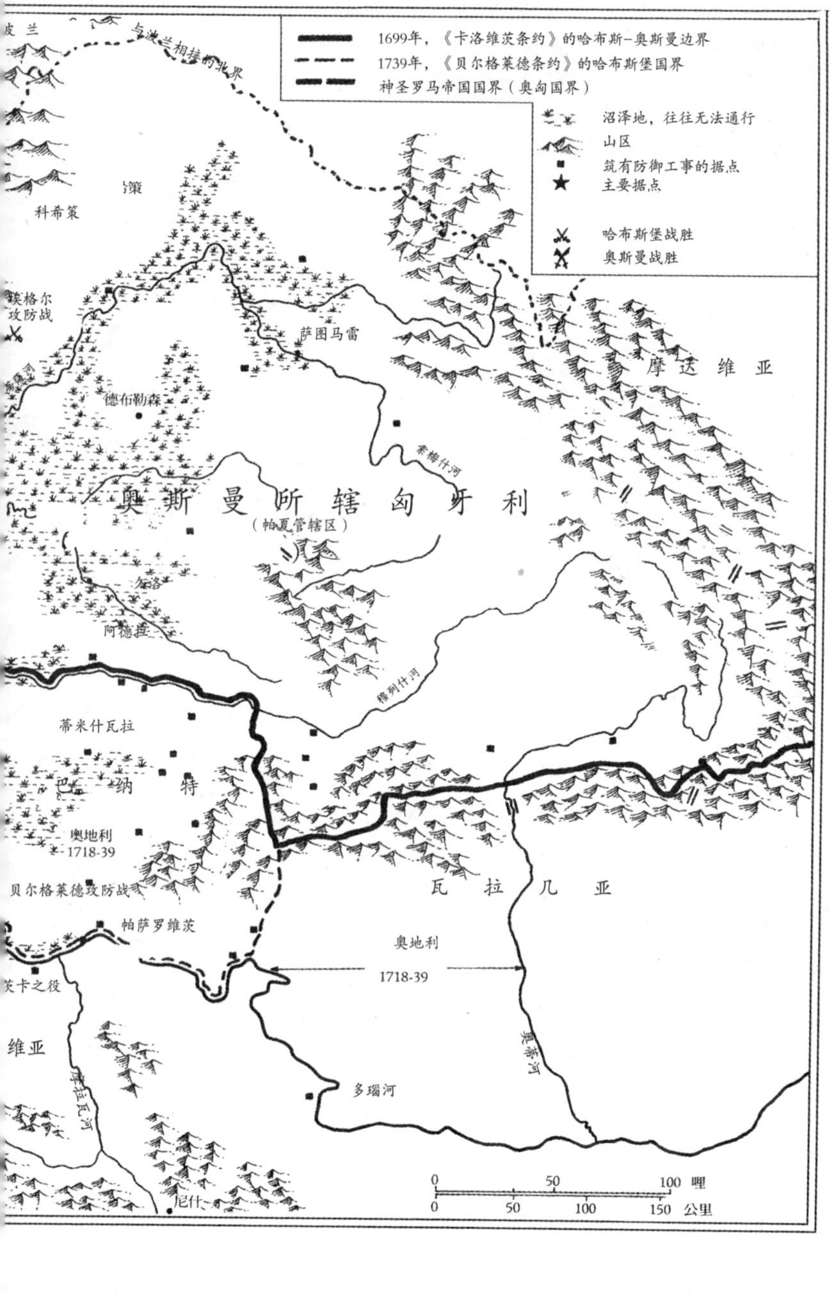
1699年，《卡洛维茨条约》的哈布斯-奥斯曼边界
1739年，《贝尔格莱德条约》的哈布斯堡国界
神圣罗马帝国国界（奥匈国界）
沼泽地，往往无法通行
山区
筑有防御工事的据点
主要据点
哈布斯堡战胜
奥斯曼战胜
与波兰相接的北界
科希策
萨图马雷
德布勒森
摩达维亚
索梅什河
奥斯曼所辖匈牙利
（帕夏管辖区）
穆列什河
蒂米什瓦拉
巴纳特
奥地利
1718-39
贝尔格莱德攻防战
帕萨罗维茨
瓦拉几亚
奥地利
1718-39
多瑙河
尼什
0 50 100 哩
0 50 100 150 公里

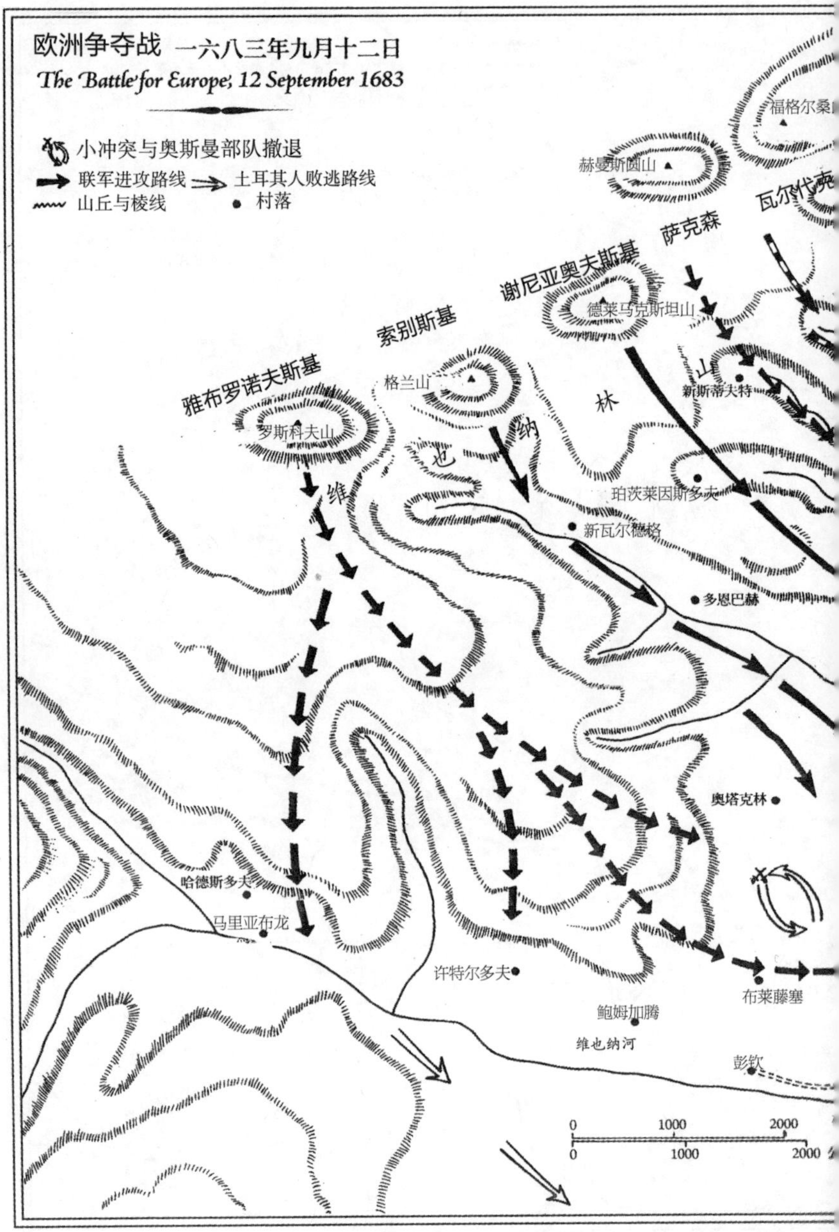
欧洲争夺战 一六八三年九月十二日
The Battle for Europe, 12 September 1683
小冲突与奥斯曼部队撤退
联军进攻路线
土耳其人败逃路线
山丘与棱线
村落
福格尔桑
赫曼斯圆山
瓦尔代
萨克森
谢尼亚奥夫斯基
德莱马克斯坦山
索别斯基
雅布罗诺夫斯基
格兰山
罗斯科夫山
维
也
纳
林
山
新斯蒂夫特
珀茨莱因斯多夫
新瓦尔德格
多恩巴赫
奥塔克林
哈德斯多夫
马里亚布龙
许特尔多夫
布莱藤塞
鲍姆加腾
维也纳河
彭钦
0
1000
2000
0
1000
2000

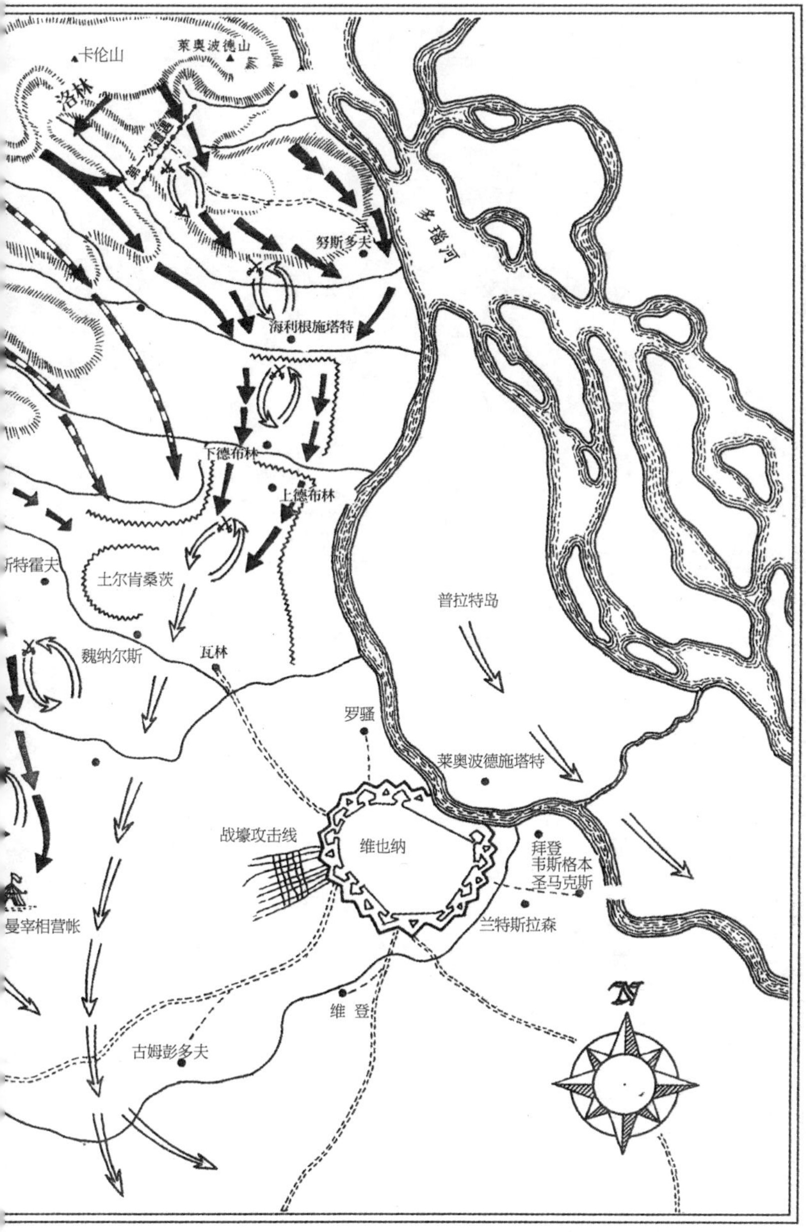

卡伦山
莱奥波德山
洛林
努斯多夫
多瑙河
海利根施塔特
下德布林
上德布林
土尔肯桑茨
魏纳尔斯
瓦林
普拉特岛
罗骚
莱奥波德施塔特
战壕攻击线
维也纳
拜登
韦斯格本
圣马克斯
兰特斯拉森
维登
古姆彭多夫
N

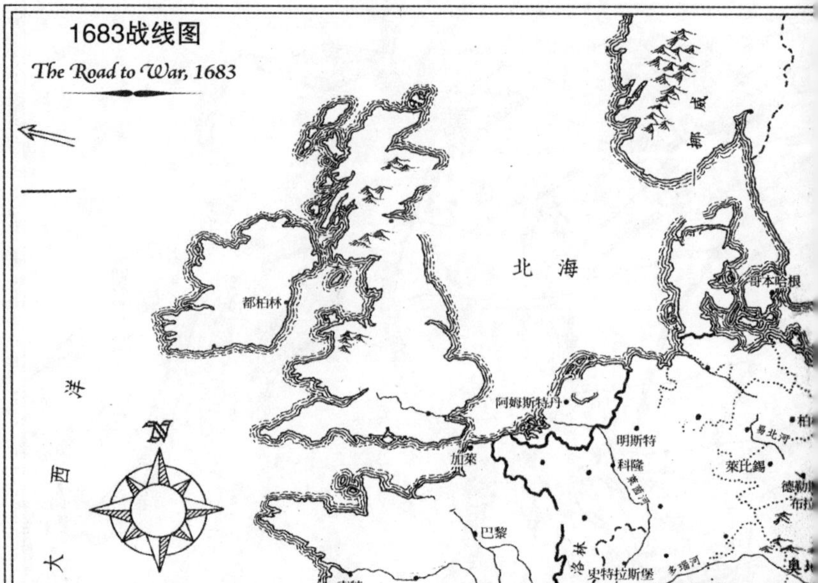

1683战线图

The Road to War, 1683

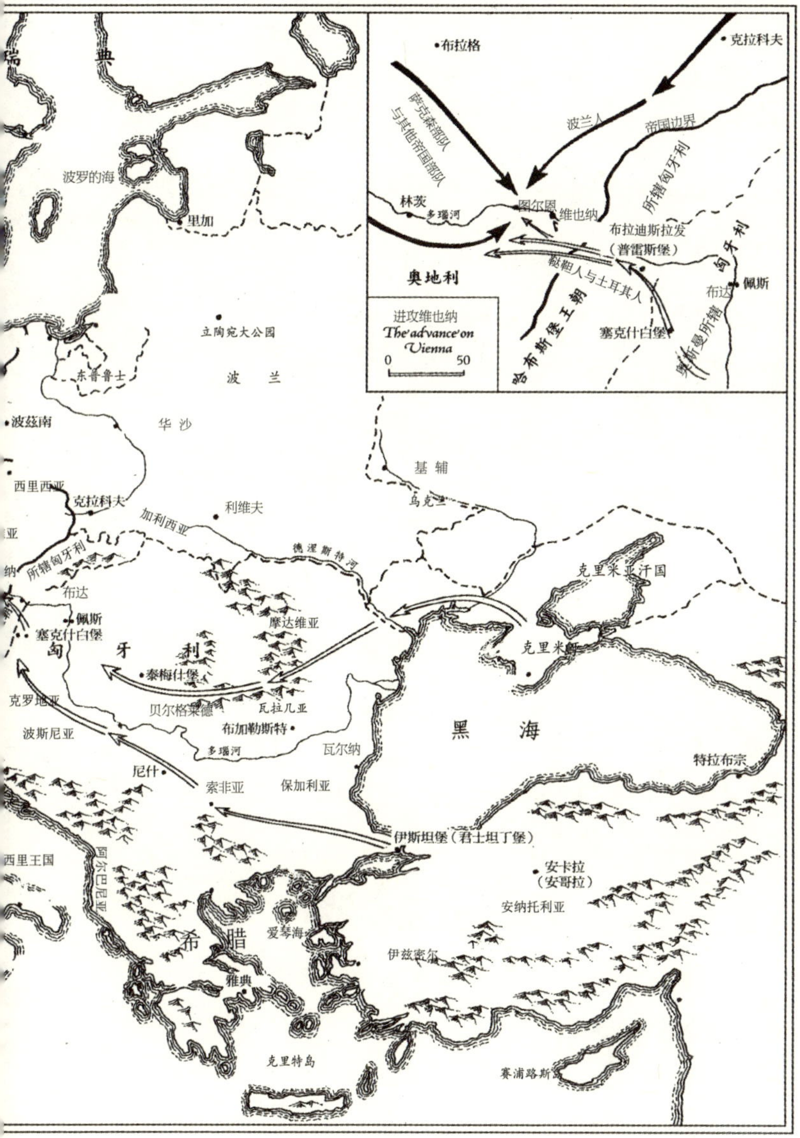

进攻维也纳
The advance on Vienna
0 50
布拉格
克拉科夫
萨克森部队与其他帝国部队
波兰人
帝国边界
所辖匈牙利
林茨
多瑙河
图尔恩
维也纳
布拉迪斯拉发
（普雷斯堡）
鞑靼人与土耳其人
奥地利
哈布斯堡王朝
匈牙利
布达
佩斯
塞克什白堡
瑞
典
波罗的海
里加
立陶宛大公国
东普鲁士
波兰
波兹南
华沙
基辅
西里西亚
克拉科夫
利维夫
加利西亚
德涅斯特河
克里米亚汗国
所辖匈牙利
布达
佩斯
塞克什白堡
摩达维亚
匈
牙
利
泰梅什堡
克里米亚
克罗地亚
贝尔格莱德
瓦拉几亚
布加勒斯特
波斯尼亚
多瑙河
瓦尔纳
黑海
特拉布宗
尼什
索非亚
保加利亚
伊斯坦堡（君士坦丁堡）
阿尔巴尼亚
安卡拉
（安哥拉）
安纳托利亚
希腊
爱琴海
伊兹密尔
雅典
克里特岛
赛浦路斯

致谢

此书从酝酿、成形到完成，花费了颇多时日，几乎涵盖了我整个写作生涯。从某个角度来说，这本书萌芽于一场会议，完成于另一场会议。1972年，杰福瑞·贝斯特与我在爱丁堡大学举办了一场会议，主题是当时的新兴研究领域：战争、和平、民族。那时我们两人的兴趣都已经转向研究战争与社会；杰福瑞在这领域的研究成果已远超过我，自那之后，我和他的友谊一直持续下去。

20世纪90年代末期，我重拾这一已搁置了十五年之久的主题。那时我已写了几本以哈布斯堡王朝和奥斯曼帝国为题的著作，自觉有把握处理作为本书主题的大疑问：他们为何相互攻伐如此之久，为何最后停止攻伐？2007年，在文稿快结束时，我参加了另一场在瑞汀大学的会议，会议主题是“跨越分水岭：中世纪末期和现代初期战争的变与常”。爱丁堡的那一次会议，我们在短时间之内，就精心挑选了一群人，在四天时间里聚会、交谈、辩论（有时候是激烈辩论），而这一次，法兰克·塔列特、大卫·特里姆，则花了两年时间邀请专家，才办成这场规模更大的且更开放的会议。说实在的，我并不喜欢研究战争；描写战争和苦难有时仍让我极度反感。但1972年的爱丁堡会议和2007年的瑞汀大学会议，让我体悟到了解历史的关键是战争和冲突。

我要感谢那些一直鼓励我，又如好友般给我实质帮助的人。在列出他们的大名时，请原谅我省去了他们的头衔。

约翰·基根是我们1972年爱丁堡小组的成员，自那之后，我一直很珍惜和他的友谊，欣赏他的努力。我们合写过几本书，他第一个鼓励我研究哈布斯堡王朝，鼓励我使用视觉资料。在这本书里，我努力将他的划时代大作《战役之面》中的一部分洞见，运用于书中。

约翰·布鲁尔对此书的写成有无形的贡献。他几乎是我所探讨的每个主题的开路先锋。《权力的主要凭借》说明了在发达社会里，战争带来的经济影响；与罗伊·波特合编的集合性大作《消费与商品世界》，为我的作品提供了有关交通网研究的上层结构。如今，他在《感性杀人：18世纪的爱与狂》一书的最后一章里，再度把我绝不可能发现的理念和材料引介给我。过去几十年里，无论是在佛罗伦萨，还是在洛杉矶、牛津、伦敦，约翰与史特拉一直是我最好的朋友；他们可能一直都不知道，他们对我持续不断的支持，有多么大的意义。

撰写此书使我对陌生的匈牙利燃起了强烈兴趣。神奇有力的匈牙利语，我很遗憾只懂寥寥几个字和短语；同事黛安娜·卡利告诉我，现在开始已经太晚。我很感激她帮忙将匈牙利文资料翻译成英文，包括米克洛斯·兹尼伊的史诗作品

《锡盖特堡的覆灭》的最后一段，她用令人荡气回肠的英文展现于我。这部史诗出版于1651年，此前从未翻译成英文。

如今我可以完全领会拉丁古谚“extra Hungariam non est vita，si est vita non est ita”（出了匈牙利，就没有生命，即使有，那也不算是生命）的意思。在这新天地指引我前进的是斯蒂芬・帕尔菲。在安娜玛丽亚・阿尔马西的热情支持下，斯蒂芬引导我认识了匈牙利人的生活方式（从佳肴、美酒到生活乐事），并为我没完没了的疑问，提供了有效的答案。斯蒂芬知识广博，让我受益颇多，对我所遇到的问题、人物提供了许多帮助。因为有数代帕尔菲家族之人，曾经在那些战场上奋力战斗，这些信息都弥足珍贵。

对我来说，布达佩斯已是我学习生涯的中心。多亏华盛顿特区的加博・阿戈斯顿为我铺路，让我结识了帕尔・福多，以及匈牙利科学院那群博学而精力特别充沛的奥斯曼主义者。通过其中的泰尔扎・奥博尼，我又进一步认识了任职于国立赛切尼图书馆的阿涅斯・萨尔戈・沃伊提拉。该馆所收藏的图像资料，品质之高，是我在其他地方所未见过的。图书馆对面，就是位于城堡丘上的哈布斯堡皇宫（本书中上演过无数次杀戮的地方），如今内部辟有国立艺术馆，馆内珍藏有19世纪的历史书；艺术馆隔壁的市立博物馆，收藏有关于1686年布达[1]攻防战的大量资料。

本书其他部分，得益于在维也纳、格拉茨、伦敦、华盛顿特区，以及费城的研究。维也纳的维也纳图书馆、奥地利国立图书馆、维也纳博物馆；格拉茨的约安鲁姆国立图书馆；英国的大英博物馆、伦敦图书馆、剑桥大学图书馆、苏拉蓝国立图书馆；华盛顿的国会图书馆和佛尔格图书馆，我都曾去过，收集了不少资

1. 此处所指布达位于现在匈牙利首都布达佩斯的附近，位于多瑙河西岸，而后文中的佩斯城指的是多瑙河东岸的城市佩斯城。在1873年布达、佩斯与老布达合并，成为了今天的布达佩斯。

料。在斯德哥尔摩，亨利克·安德森带我到皇家武器博物馆一睹意大利人马西利最后一部作品的手写稿，协助了我的研究。我特别要感谢彼特·帕夏尔，经他的引介，我才得以一窥华盛顿特区国家艺廊格外丰富的雕版书、木刻版书收藏。

对于任职于慕尼黑巴伐利亚州立图书馆的克劳狄娅·法比安，我要致上我诚挚的感激。她第一个了解到我为撰书而搜集图像一事，可为欧洲诸图书馆的数字化工程提供多大的附加价值。她与詹姆斯·诺尔斯、杰拉尔·麦克林、阿涅斯·萨尔戈·沃伊提拉、席尔维雅·马特尔·伍姆、专案经理苏珊·彼得斯，一同设定了我们的研究计划——印刷图像研究联合会——的方向。为这本书付出最多者，莫过于苏珊。她一字不漏地看过我一遍又一遍的草稿，委婉地提出修正建议，也毅然决然地删掉了草稿中某些冗言赘语，并出借书籍予我，为书稿的完成提供了许多宝贵看法。光是“谢谢”两字无法表达我的谢意。本书最后呈现的内容，有许多部分得益于杰拉尔·麦克林的文字与言语的启发。多亏他和唐娜·兰德里的协助，我才得以更深入理解以“马”为中心的世界，进而理解“马”在东方战争中扮演的角色。我那些流于简单的提问，想必曾叫他们大为摇头。

我还要感谢彼得·盖迈耶、芭芭拉·盖迈耶夫妇在巴伐利亚的殷勤款待，感谢彼得在奥地利雕版书领域的渊博学识。例如，因为他的藏书，我一下子就掌握了1914年前波斯尼亚兵团的驻地详情，使假设一下子变成史实。书中之所以一再出现格拉茨，除了充分的历史理由而必须如此，还因为彼得与格雷塔·斜切瓦的启发，因为他们为施地里亚这个地处古奥地利心脏的神奇地区，提供了深奥难解的资讯。

与泰莎·哈维一起处理本书文稿，始终是愉快且成果丰硕的。对于文章该如何铺陈才能吸引人，她一贯有正确的判断，让我受益良多；如今，我还能听到她在说。（现在还不是说这事的时候。）

在此提到克雷吉本这一地名，或许会让人觉得突兀。本书围绕着边疆、边界而谈：我住在这栋非常老的老房子，在1570年首次遭劫掠者放火烧毁的苏格兰边界塔的塔顶上写作，使笔下这段发生在另一个遥远边界上之袭掠、战争的历史，显得非常真实。历史上，克雷吉本一直是有争议的领土，受抢夺的标地，非常类似于哈布斯堡、奥斯曼兵戎相向的那块领土。克雷吉本曾上演了大小战争，但如今它展现了何谓友好。

内人珍妮是这本书的中心，也是其他每件事情的中心。她抽出时间协助我完成这一计划，提出了许多建议，帮我回想我们去过而我已忘记的地方。最叫我感激的是，她几乎完全配合我的工作，使我免遭许多俗务缠身。

安德鲁·惠克罗夫特

于克雷吉本宅